JN411083

무대 위의 국가:

초기 드라마에 재현된 미국

무대 위의 국가

: 초기 드라마에 재현된 미국

박정만 지음

1760년대 독립혁명부터 —— 1900년대 세기의 전환기까지

HU:iNE

서문

일찍이 영국의 대문호 셰익스피어는 『햄릿』(*Hamlet*)에서 연극의 임무를 "자연을 비추는 거울"(the mirror up to nature)로 정의했다. 현대에도 문학적·예술적 가치를 넘어 연극이 지니는 사회적 기능과 역할은 꾸준히 그 가치가 입증되고 있다. 현대 드라마 연구의 거목 스타이언(J. L. Styan)은 그의 저서 『드라마, 무대, 관객』(*Drama, Stage, and Audience*, 1975)에서 연극과 극문학을 "한 시대에 대한 진맥"(a feeling of pulse of an age)으로 정의했다.

더욱 최근에 미국 연극사학자 윌머(S. E. Wilmer)는 저서 『연극, 사회, 국가: 미국 정체성의 무대화』(*Theatre, Society and the Nation: Staging American Identities*, 2002)에서 시대의 역사와 문화를 반영하는 거울로서 연극·극문학의 역할을 강조한다. 그에 따르면 연극은 한 사회의 정치 환경의 변화 및 국가·문화 정체성과 관련된 담론이 형성되고 재편되는 역사적 순간들을 포착하고, 나아가 당대 사회가 직면한 과제와 나아갈 방향을 가늠케 하는 "국가 공동체의 축도"(microcosm of the national community)로서 역할을 수행한다. 이를 전제로 윌머는 건국의 시대에서 서부 개척 시대와 시민운동 시대를 거쳐 뉴밀레니엄으로 일컬어지는 동시대에 이르기까지 미국 역사의 중요한 순간들을 포착하고, 문화사적 맥락 속에서 각 시대의 연극과 극문학이 어떻게 반응하는지를 탐구한다. 아울러 각 시대의 관객 대중이 사회의 거울인 연극과 극문학을 통해 당대의 현실과 직면하고 이에 대해 비판적 시각을 표출하는 양상을 입체적으로 분석한다.

주목할 것은 윌머가 연극과 극문학을 바라보는 입장이다. 그는 연극과 극문학을 엔터테인먼트 혹은 문학적 관점에 국한해 바라보는 전통적 시각에서 탈피해, 연극과 극문학에 '사회적 유용성'이라는 새로운 기능성을 부여한다. 즉 지금까지 연극과 극문학을 일상의 노동과 스트레스로부터 도피하기 위한 하룻밤의 여흥 거리 정도로 취급했다면, 윌머는 이들에게서 보다 근본적인 사회적 효용 가치를 발견하는 것이다.

최근 들어 인문학의 위기라는 말을 자주 듣게 된다. 실용적 가치가 삶의 지배 원리가 되어 버린 작금의 세태 속에서 실용성과 거리가 멀게만 느껴지는 인문학이 설 자리를 잃어 가는 것은 부인할 수 없는 현실이다. 최근 학계에서 유행처럼 번지는 학제 간(interdisciplinary) 연구니 통섭(consilience) 연구니 하는 기치와 방향성은 인문학의 고유 영역들이 실용성의 측면에서 자생력을 상실하고 있는 현실에 대한 방증이겠고, 또 이러한 딜레마로부터 벗어나 협력이라는 수단을 동원해서라도 생존해 보고자 하는 자구책 모색 노력의 피력이라 하겠다. 이 지점에서 던질 수 있는 질문이 있다. 과연 인문학은, 특히 문학은 실용성에 있어서 빵점짜리 학문이라는 오명으로부터 영원히 벗어날 수 없는 것인가?

본 저작은 이러한 의문에서 처음 기획되었고, 서두에 언급한 윌머가 연극과 극문학을 바라보는 통찰력 있는 시각에서 힌트를 얻어 수년에 걸쳐 진행되었다. 결과적으로 본 저작은 영문학자이자 연극사학자로서 필자가 평소가 품고 있던 질문, 즉 연극과 극문학이 엔터테인먼트와 문학이라는 고유 성격의 한계를 뛰어넘어 사회와 소통하는 기능체가 될 수는 없는지, 나아가 관객과 독자가 사회를 바라보고 인식하는 매개체로 활용됨으로써 사회적 유용성을 확보할 수 있는 것인지에 대한 필자의 궁금증에 대한 답변이다. 윌머의 방법론을 '임상적'으로 적용하고 대입시킴으로써 이에 대한 긍정적인 대답을 얻을 수 있었다.

필자는 2013년 가을『드라마에 비친 미국: 남북전쟁에서 경제공황까지』를 출간했다. 이 책은 1860년부터 1930년까지 미국 역사를 10년 단위로 쪼개고 각 시대를 특징짓는 역사적 순간 및 이와 관련된 극문학을 선정해, 지면과 무대를 통해 해당 문학 텍스트가 당대의 시대적 맥락과 조우하고 반응하는 양상을 문화사적 관점에서 분석하고 기술했다. 7년의 공백을 깨고 올해 가을 필자가 발간하게 된『무대 위의 국가: 초기 드라마에 재현된 미국』은 언급한 졸고의 후속 작업 성격을 지닌다. 한편 전작이 1860년대 남북전쟁 시기를 시작점으로 하는 반면, 금번 집필은 1760년대 독립혁명 이전 시기를 시작점으로 하여 전체의 절반이 넘는 분량을 1860년대 남북전쟁 시기 이전에 할애하고 있다. 이런 점에서 금번 집필은 전작에 대한 후속 작업임과 동시에 시기적인 면에서 전작에 대한 확장 작업으로서의 성격도 지닌다고 하겠다.

전작의 경우처럼 이번 집필을 위한 초기 미국 드라마 텍스트 선정에 있어 우선적으로 고려된 점은 한국 영문학계에서 좀처럼 다루지 않았던 새로운 텍스트를 발굴해야 한다는 것이었다. 결과적으로 이 책에서 제공하는 텍스트들에 대한 비평과 분석은 한국 영문학계에서 최초로 시도되는 것들이다. 요약하면 이 책은 한국의 영문학도들에게 새로운 문학 연구대상 텍스트와 이에 대한 학술적 글쓰기 사례를 제공한다는 점에서 의의가 있다 하겠다. 아울러 이 책은 미국 초기 드라마 연구에 있어 문학 텍스트와 문화사적 콘텍스트 사이의 '간극 읽기'라는 연구방법론의 모델을 제시한다는 점에서도 의의가 있다. 이는 앞서 언급한 문학과 문화사 간의 학제 간 및 통섭 연구의 실증적 방법에 대한 예시라는 말로 갈음해도 좋을 것이다.

책을 구성하는 여덟 개의 장은 필자가 다년간에 걸쳐 국내 학술지에 게재한 개별 논문들을 취합하고 수정해 엮은 것이다. 개별 논문들을 '무대에 재현된 미국'이라는 공통된 주제로 묶어 냄으로써 1760년대 독립혁명 이전 시기부터 20세기를 여는 1900년대까지 미국의 역사를 문학과 문화사를 넘나드는 입체적 관점에서 통시적으로 고찰하는 기회를 마련했다는 점은 이 책의 일차적 성과라 하겠다. 아울러 각 장마다 학술지 게재 논문에 없었던 화보 자료를 삽입했는데, 이는 해당 극문학과 문화사적 맥락 간의 연결고리를 독자들로 하여금 보다 쉽게 이해하도록 배려 차원에서 의도된 것이다. 여덟 장으로 구성된 이 책은 영문학 관련 학부 및 미국 드라마를 전공하는 대학원 학생들을 위한 교재로 활용하려는 목적도 지닌다. 각 장은 해당 극문학 텍스트의 강독 및 토론을 포함해 2주 분량의 수업 보조 자료로 활용되어, 전체적으로 16주 수업의 분량을 소화할 수 있도록 기획되었다. 수업 운영상의 형편과 필요에 따라 일부 장을 취사선택해도 좋을 것이다. 아울러 이 책은 영문학 전공자뿐만 아니라, 대중을 위한 미국문화사 교양서로서도 손색이 없을 것이다. 언급한 화보 자료와 함께 해당 극문학 텍스트 및 문화사적 사건에 대한 상세한 설명과 주해는 미국문화사에 대한 대중의 이해를 도울 것이다.

아무쪼록 이 책을 통해 영문학 전공자와 대중 모두가 지식 습득의 기쁨과 함께 미국문화사에 대한 이해를 넓히는 계기를 마련하기를 바란다. 필자가 이 책을 집필하던 미국 일리노이주 샴페인에서의 1년여 연구년 기간 동안 바다 건너에서 물심양면 원거리 내조를 아끼지 않은 아내 주현 그리고 초보 주부 아빠의 턱없이 부족한 보살핌 속에도 특유의 명랑함과 웃음으로 집필 작업에 힘을 보태 준 딸 가원에게 한없는 감사의 마음을 전한다.

2020년 10월

왕산 연구실에서

박 정 만

목차

[그림 01] 〈카운티 선거〉(*The Country Election*). 조지 칼렙 빙햄(George Caleb Bingham)의 기록화(1852년). 19세기 중반 미국 중서부 소도시에서 있었던 선거 풍경으로, 식민지 시대의 지역 투표 전통이 유지되고 있음을 보여 준다. ©virginiaplaces.org

제1장

1760년대 미국 선거 풍토와 정치풍자[1]:

로버트 먼포드, 『입후보자들』

Robert Munford, *The Candidates* (1770)

---

1 이 글은 『현대영미드라마』 28권 3호(2015년)에 게재된 논문 「18세기 미국 선거 풍토와 정치풍자극의 지형도: 로버트 먼포드의 *The Candidates* (1770)」를 다듬어 정리한 것이다.

1. 정치의 실험장, 미국

영국 청교도들이 최초 정착한 이래 미국은 줄곧 정치의 실험장이자 현장이었다. 정착 이후에는 미지의 땅에서의 생존을 위해 그리고 모국 영국의 식민지 상태에서 벗어나 독립된 국가체로 거듭날 명분과 실력을 갖추기 위해, 백인 정착민들은 최선의 정치력을 동원해야 했다. 건국 이후에는 남북전쟁과 경제공황 등 내분과 재난 상황을 타개하기 위해 또 많은 정치적 지혜와 정책이 실험되어야 했다. 이처럼 건국을 전후해 근대사를 거치는 동안 미국은 위정자들의 정치 실험과 국민의 정치적 관심이 역동적으로 행해지고 상응하는 공간이었다. 이런 점에서 영국의 전통으로부터 자유로운 토착적 '미국 문학'의 태동은 애초부터 '정치'라는 미국적 환경 또는 주제와 뗄 수 없는 운명이었다. 또한 이런 이유에서 '정치풍자극'(dramatic political satire)이라는 극문학 장르의 탄생은 어쩌면 자연스러운 미국 문학사의 수순이었다.

미국 정치풍자극 전통에서 기억해야 할 인물이 로버트 먼포드(Robert Munford, 1737-83)이다. 그는 미국 문학사에서 그리 잘 알려진 인물은 아니다. 정치인, 법률가, 군인, 플랜테이션 지주였던 그는 평생 단 두 편의 희곡과 몇 편의 시, 고전 번역서 한 편을 집필했을 뿐이다. 이들은 작가 생전에 출판 및 공연된 적도 없고, 미국 문학 발전에 기여할 만큼 문학적 우수성과 가치를 인정받는 것도 아니다. 먼포드가 직업 작가도 아니고 본업이 아닌 여가 활동으로 문학을 선택했음을 감안하면, 그의 집필 활동은 출판이나 공연은 물론 문학적 완성도를 특별히 염두에 둔 작업이 아니었을 것이다. 흥미로운 것은 그럼에도 불구하고 그가 남긴 희곡 두 편이 미국 드라마에서 중대한 위치를 점유하고 있으며 그 결과 먼포드는 미국 문학사에 큰 족적을 남기게 되었고, 미국 연극사 및 초기 드라마에 대한 논의에서 매번 등장하는 인사가 되었다는 점이다.

[그림 02] 로버트 먼포드 초상
ⓒamazon.com

먼포드를 본격 미국 연극사의 시작점에 위치시킨 두 편의 희곡은 『입후보자들』(*The Candidates*, 1770)과 『애국자들』(*The Patriots*, 1777)이다. 이 두 편은 먼포드 사후 그의 아들 윌리엄 먼포드(William Munford)에 의해 1798년에 한데 엮여 『희곡과 시 모음집』(*A Collection of Plays and Poems*)이라는 이름으로 출간되었다.

두 작품은 모두 관료 및 정치가로서 작가의 실제 체험에 기초해 집필된 정치풍자극으로, 특히 첫 번째 작품인 『입후보자들』은 미국 연극사학자들로부터 미국 정치풍자극 전통의 기원으로 평가받는다(Hubbell and Adair 217). 반면 상기한 문학사적 가치에 대한 실증적 논의 및 작품 내용에 대한 본격적 분석과 소개가 현재까지 미흡한 상황이며, 이러한 점은 『입후보자들』의 재조명 필요성을 방증한다.

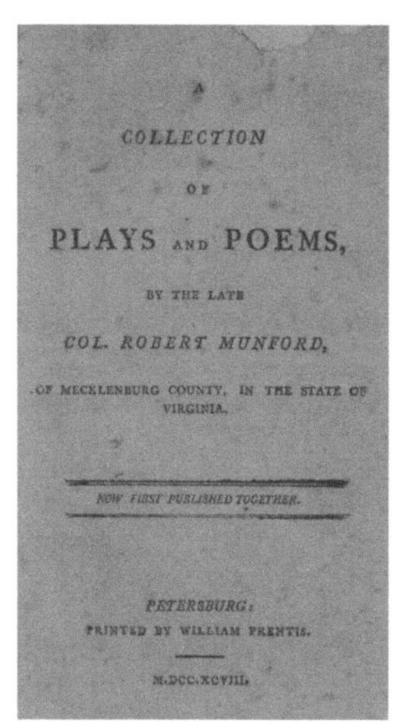
A
COLLECTION
OF
PLAYS AND POEMS,
BY THE LATE
COL. ROBERT MUNFORD,
OF MECKLENBURG COUNTY, IN THE STATE OF VIRGINIA.
NOW FIRST PUBLISHED TOGETHER.
PETERSBURG:
PRINTED BY WILLIAM PRENTIS.
M.DCC.XCVIII.

[그림 03] 『희곡과 시 모음집』 표지
ⓒencyclopediavirginia.org

2. 18세기 미국 선거 풍토와 '적임자'론

[그림 04] 보티토트 남작 초상
©wikipedia.org

3막의 정치풍자 소극(farce)인 『입후보자들』은 집필 당시인 18세기 후반 미국 버지니아 지역의 선거 관행과 풍토를 희화한다. 극 중 인물들의 이름과 언행이 과장되고 비유적으로 희화되고 있기는 하나 이들의 행동과 극 중 소개되는 에피소드들을 단순한 허구가 아니라, 작가가 실제로 체험하고 목도한 사실에 기초한 것이다. 일례로 1막 1장에서 주지사 보티토트(Governor Botetourt)의 서거 소식에 대한 언급과 1막 3장에서 대법관 코넬리우스(Chief Justice Cornelius)에 대한 언급은 이 극이 실제 사실에 기초한 것임을 입증하는 중요 단서가 된다(Garzon 19-20). 보티토트 남작(Baron)은 1768년부터 1770년까지 식민지 버지니아의 주지사로 재임 중 작고한 실존 인물 노르본 버클리(Norborne Berkeley, 1717-1770)이며, 『입후보자들』의 집필 시점이 1770년임을 감안하면 극 중 그의 서거 시점과 일치한다. 또한 대법관 코넬리우스 카길(Cornelius Carghill, 1690-1763) 역시 버지니아주 루넨버그 카운티(Lunenburg County)의 행정장관이었던 실존 인물이다(Rozbicki 86). 극 중 유권자들이 제기하는 다양한 선거 관련 이슈들 역시 작가가 버지니아 의회(Virginia General Assembly) 의원으로 봉직 중에 몸소 다룬 것들이며(Baine 70-22), 이 극은 집필되던 해인 1770년 10월에 있었던 실재 선거를 소재로 한 것으로 추정된다 (Crawford 2015).

주동인물 우드비(Mr. Wou'dbe)는 버지니아 의회 의원으로 임기 만료를 앞두고 재선에 나선다. 한편 우드비의 동료 의원 워디(Mr. Worthy)가 정계 은퇴를 선언함에 따라 발생한 공석을 두고 세 명의 입후보자가 경쟁을 벌인다. 존 토디 경(Sir. John Toddy)은 사회적 지위와 덕망을 갖춘 농장주로 외견상 손색없는 후보이나 실은 극심한 주벽(alcoholic problem)이 문제가 되는 인물이다. 그는 우드비에게 한 팀으로 출마하자는 제의를 하나 우드비는 그의 주벽을 공직자로서 결격 사유로 여겨 거절한다. 또 다른 입후보자들의 면모를 보면, 스트러터바우트(Mr. Strutabout)는 젠체하는 허풍선이며, 스몰홉스(Mr. Smallhopes)는 권력욕만 강한 내실 없는 인사이다. 극 행위는 이 세 명의 입후보자가 유권자들을 상대로 벌이는 득표 경쟁을 중심으로 전개되며, 그 과정에서 자행되는 이들의 어리석은 행태들을 통해 선거 풍토와 관행을 유쾌하고 신랄하게 풍자한다.

1막에서 유권자 거즐(Guzzle)의 진술은 비현실적 공약 남발이 당시 선거 풍토에 만연한 일반 현상이었음을 방증한다. 그는 세 명의 입후보자 중 스트러터바우트를 특정해 비난하고 있지만, 기실 비판의 화살은 주동인물 우드비를 포함한 정치인 일반을 향해 있다.

> 우드비: 현안을 신속히 처리하고 조국의 이익을 증대시키는 데 최선을 다할 것을 약속드립니다.
>
> 거즐: 그러라지, 젠장. 당신네 정치인들은 모두 약속만 거창하지, 실천은 요만큼도 없거든. 스트러터바우트를 보라구. 산을 옮겨 주겠다, 강에 배를

띄워 주겠다, 산꼭대기에 바닷물을 끌어오겠다, 표를 얻으려고 별별 공약을 늘어놓겠지.

Wou'dbe: I'll make it a point of duty to dispatch the business, and my study to promote the good of my county.

Guzzle: Yes, damn it, you all promise mighty fair, but the devil a bit do you perform; there's Strutabout, now, he'll promise to move mountains. He'll make the rivers navigable, and bring the tide over the tops of the hills, for a vote. (Act 1 Scene 3: 17)

이후 유권자들과의 대화를 통해 우드비는 다른 입후보자들과 차별되는 입장을 표출한다. 여기서 부각되는 것은 유권자의 요청에 대해 실현 가능성을 냉철히 따지고, 필요시 과감히 거절할 줄도 아는 우드비의 소신 있는 태도이다. 이는 유권자의 요청에 무조건 긍정함으로써 환심을 사려 하는 여타 입후보자들의 포퓰리즘적 태도와 대조된다.

거즐: 우드비 선생, 만약에 우리가 술값 인하를 당신에게 요구한다면 그렇게 해 주겠소?

우드비: 난 그럴 수 없소.

거즐: 존 선생 만세! 그 양반은 해 주겠다고 약속했거든. 존 선생 만세!

트위스트: 우드비 선생, 만약에 우리가 세금 경감을 원한다면 선생은 그렇게 해 주겠소?

우드비: 난 그럴 수 없소.

트위스트: 스트러터바우트 만세! 그 양반은 반드시 해 주겠다고 약속했거든. 스트러터바우트 만세!

스턴: 우드비 선생, 강 건너에 사는 우리는 이쪽 교회로 오려면 강을 건너야

하는데, 당신네와 똑같이 헌금을 내고 있는데 뱃삯까지 꼭 내야겠소?

우드비: 반드시 내셔야죠.

Guzzle: Suppose, Mr. Wou'dbe, we were to want you to get the price of rum lower'd—wou'd you do it?

Wou'dbe: I cou'd not.

Guzzle: Huzza for Sir John! he has promised to do it, huzza for Sir John! Twist: Suppose, Mr. Wou'dbe, we should want this tax taken off—cou'd you do it?

Wou'dbe: I cou'd not.

Twist: Huzza for Mr. Strutabout! he's damn'd, if he don't. Huzza for Mr. Strutabout!

Stern: Suppose Mr. Wou'dbe, we that live over the river, should want to come to church on this side, is it not very hard we should pay ferryage; when we pay as much to the church as you do?

Wou'dbe: Very hard. (Act 2 Scene 1: 20)

극 중 특히 주목할 부분은 정치 야합 행태에 관한 묘사이다. 정치인들의 실리적 야합은 입후보자들 사이에 '이해의 결합'(joining of interests)이라는 표현으로 지속적으로 언급되면서 당대의 일반적 선거 관행이자 지양되어야 할 행태로 제시된다. 이 점은 우드비가 존 토디 경의 연대 제의를 거절한 데 이어 스트러터바우트의 야합 제의 역시 거절하는 행동에서 두드러진다.

스트러터바우트: 선생, 스몰호프 씨와 그의 친구들이 나에게 지속적으로 교섭을 제안해 왔소이다. 선생에게 등을 돌리고 함께 의기투합하자고 말이오. 이 나라를 위해 봉사할 최고 적임자가 다름 아닌 선생이라는 걸 아

는 나는 욕을 퍼부으며 이 제안을 단칼에 거절했어요. […] 선생만 괜찮다면, 우리 뜻을 함께하지요. 그러면 그 양반도 곧 깨달을 겁니다. 선생을 공격하려다가 오히려 그 양반 자신이 다쳤다고 말이오.

우드비: 자네는 물론 다른 누구와도 뜻을 함께할 일은 없을 것이고, 자네를 위해 표심 몰이에 나설 생각도 전혀 없다오. 심지어 나를 위해 표를 구걸하는 일조차 않기로 마음먹었소. 부당하게 얻은 표가 무슨 소용이란 말이오.

Strutabout: So far, sir, that I have had overtures from Mr. Smallhopes and his friends, to join my interests with their's, against you. This I rejected with disdain, being conscious that you were the properest person to serve the country […] if you are willing, we'll join our interests together, and soon convince the fellow, that by attacking you he has injured himself.

Wou'dbe: So far from joining with you, or any body else, or endeavoring to procure a vote for you, I am determined never to ask a vote for myself, or receive one that is unduly obtained. (Act 1 Scene 3: 16)

야합 제의를 거절한 대가로 우드비는 2막 후반부에 이르러 낙선 위기에 봉착하게 된다. 이처럼 극 중 반복적으로 소개되는 정치 야합 주제는 우드비를 다른 입후보자들과 차별되게 하는 장치이자 그를 낙선이라는 절체절명의 위기로 내몰며, 극의 절정부로 이끄는 동인으로 극을 주도한다.

입후보자들의 정치 야합 경쟁은 결과적으로 은퇴한 워디를 정계로 복귀시키는 계기가 된다. 비적격자들의 정치 야합이 과열되는 가운데, 우드비는 워디에게 선거 동참을 제의하면서 '적임자'(man with ability)론을 명분으로 제시한다. 존경받는 정치인으로 기억되며 안정된 노후를 누리는 개인적 안위 대신, 시대의 요청에 응해 사회의 짐을 지는 것이 '적임자'의 책무라는 것이다. 이에 워디는 애초 계획을 철회하고 우드비의 러닝메이트로 선거에 출마한다.

우드비: 선생께서 누구나처럼 가정에서의 행복을 만끽하고 있다고 믿습니다. 그리고 공인으로서 삶에 대한 선생의 반감이 가정에서 발견하는 기쁨으로부터 비롯한다고 믿습니다. 그러나 선생님, 조국에 봉사하고 시대의 짐을 지며 인내한다는 것은 능력 있는 자라면 누구든 당연히 응해야 하는 의무입니다.

워디: 이 문제에 대해 자네와 논쟁할 필요가 없다는 걸 알겠네. 내가 자네와 함께 일하리라는 점에 대해 자네가 이렇게 확고한데 말일세.

Wou'dbe: I believe you enjoy as much domestic happiness as any person, and that your aversion to a public life proceeds from the pleasure you find at home. But, sir, it surely is the duty of every man who has abilities to serve his country, to take up the burden, and bear it with patience.

Worthy: I know it is needless to argue with you upon this head: you are determined I shall serve with you, I find. (Act 3 Scene 1: 23-24)

원로 정치인으로 워디가 쌓아 온 신망과 차세대 정치 적임자로서 우드비의 자질을 감안할 때, 둘의 연대는 권력에 눈먼 정치 야합과 차별되는 시대적 요청에 대한 응답이자 최선의 선택으로 부각되며 승리를 예견한다. 결국 극은 우드비와 워디의 당선 축하로 막을 내린다.

우드비와 워디의 결단을 통해, 작가 먼포드는 국정 운영을 의당 적임자에게 맡겨야 한다는 자신의 소신을 표출한다. 즉 위정자는 '국민을 섬기는 것'을 특권으로 삼아야 하며, 이를 위해 사사로운 이익을 취하지 않는 것은 물론이고 상기한 특권을 지키기 위해 위정자는 개인적 손해까지 감수하는 '바보'가 되어야 한다는 것이다. 이러한 작가의 신념은 1막 후반부 예비선거 바비큐 파티 참석을 앞둔 우드비의 입을 통해 피력되고 있다.

> 난 깨달았소. 존엄한 상원의원 자리를 지키려는 자는 필히 노예 아니면 바보가 되어야 한다는 것을 말이오. 국민을 섬기는 것을 특권으로 삼아야 하는 국민의 노예 말이오. 성가시고 손해 볼 것 많은 이 직업을 자처하겠다고 구걸하는 바보 말이오.

> I find, in order to secure a seat in our august senate, 'tis necessary a man should either be a slave or a fool; a slave to the people, for the privilege of serving them, and a fool himself, for thus begging a troublesome and expensive employment. (Act 1 Scene 3: 18)

작가가 주동인물 우드비의 입을 통해 극 도입부부터 표방한 상기한 견해는 3막 우드비와 워디의 연대를 일구어 낸 '적임자'론을 예견하면서 극을 관통하는 핵심 주제로 부각된다.

3. 풍자문학과 충실성

풍자문학은 피상적으로 대상에 대한 희화 및 우스개 유발이라는 효과 창출을 목적하나 보다 본질적인 목적은 사회 비판과 개선이라는 사회적 기능과 결부된다. 즉 풍자문학은 개인 및 조직의 악덕과 부당성을 조롱하고 이를 통해 현실의 특정 이슈를 논쟁점으로 부각시켜 독자의 관심을 유도하며 궁극적으로 사회의 개선 가능성 타진을 목적한다. 윌리엄 뜨랄(William Thrall)은 '개선 목적'(corrective intent)을 강조하면서 풍자의 정의를 아래와 같이 제시한다.

> 비판적 태도에 해학과 기지를 혼합한 문학 양식으로 인간 제도 혹은 인간성의 개선 가능성 타진을 목적으로 한다. 진정한 풍자가는 인간이 고안해 내는 제도들의 취약성을 자각하고 있으며, 이들을 헐뜯고 비방하기보다 웃음 유발을 통해 개조를 꾀한다.
>
> [A] literary manner which blends a critical attitude with humor and wit to the end that human institutions or humanity may be improved. The true satirist is conscious of the frailty of institutions of man's devising and attempts through laughter not so much to tear them down as to inspire a remodeling. (Thrall 436).

풍자의 '개선 목적'은 자연스럽게 올바른 사회 가치의 재확인 그리고 이를 위협하는 현실 조건에 대한 개혁의 필요성이라는 주제로 표출된다. 결과적으로 풍자문학이 전하는 메시지는 다분히 '교훈적'(didactic)인 실천적 덕목 형태를 띠며, 일반적으로 극 중 주동인물이 “도덕적 인식과 행동의 모범”(model of moral perception and behavior)으로 제시되는 방식으로 가시화된다(Waingrow 513).

세태 희화, 사회 개선, 가시적 덕목 및 실천적 대안 제시 등을 포함한 풍자문학의 목적과 기능을 감안할 때 『입후보자들』은 풍자문학 본연의 성격에 지극히 충실한 면모를 보인다. 우선 극 중 주동인물 우드비와 대치되는 인물들, 특히 존 토디 경, 스트러터바우트, 스몰홉스 등 세 입후보자들을 중심으로 펼쳐지는 중상모략, 공약 남발, 정치 야합 행위는 신랄하고 유쾌한 풍자 대상이 된다. 아울러 세 입후보자가 체현하는 18세기 후반 미국의 선거 풍토와 관행에 대한 비판을 통해 이 극은 시대가 요구하는 정치인상, 적임자 선택의 중요성과 어려움, 사회 개선을 위한 덕목과 교훈을 제시한다. 주동인물 우드비는 선택받은 위정자로서 사심 없이 봉사할 것을 제일 원칙으로 삼아야 하는 “공인의 도덕적 의무”(moral duty for men of his class, Wilmer 27)에 충실한 인물로, 상기한 가치 개념들을 구현할 ‘도덕적 인식과 행동의 모범’이 된다. 우드비가 체현하는 현실적 덕목과 교훈은 극 종결부에서 그가 당선 소감을 통해 표출하는 신생 독립국 미국의 건국 정신에 기초한 시대적 소명 의식의 강조로 귀결된다.

> 제게 보내 주신 성원에 대해 진심으로 감사드리며, 아울러 이 자리를 빌려 제 동료에게 보여 주신 여러분의 과분한 평가에 대해서도 감사의 뜻을 전해 드리는 바입니다. 이로써 여러분은 버지니아 사람으로서 판단과 버지니아인의 독립 정신을 보여 주셨습니다.

> I have not only to return you my hearty thanks for the favours you have conferred upon me, but I beg leave also to thank you for shewing such

regard to the merit of my friend. You have in that, shewn your judgement, and a spirit of independence becoming Virginians. (Act 3 Scene 4: 26)

주목할 것은 우드비가 '독립 정신'(spirit of independence)을 당대 미국 시민의 소명 의식으로 강조하는 동시에 버지니아 사람을, 소명을 수행할 '선민'(chosen people)으로 특정한다는 점이다. 실제로 버지니아는 영국 이주민들이 처음 정착한 곳이며, 아메리카 대륙에 백인의 역사가 시작된 지점이기도 하다. 영국 왕실로부터 미국의 식민지 사업 승인을 받은 런던의 버지니아 회사(Virginia Company of London)가 1606년 12월 식민지 개척민 120여 명을 버지니아에 파견했고, 이듬해인 1607년 5월 13일 이들이 제임스타운(Jamestown)에 정착하면서 영국령 식민지로서 버지니아의 역사가 시작된 것이다. 또한 독립 정신은 영국에 맞선 식민지 미국 시민의 자주권 쟁취 투쟁 및 건국의 역사를 내포한다. 버지니아라는 지리적 공간과 미국 건국이념이 함의하는 역사적 맥락을 부각시킴으로써 우드비는 자신이 강조한 시대적 소명 의식에 역사적 정통성을 부여한다. 그리고 극 중 우드비가 표출하는 이러한 역사적 소명 의식에 기대어, 작가는 영국으로부터의 '정치적 자립'(political self-reliance) 및 '자치정부'(responsible self-government) 수립이라는 당대 미국 시민의 현실적 요구에 응답한다. 이런 점에서 '도덕적 인식과 행동의 모범'인 우드비는 미국 건국의 아버지 조지 워싱턴(George Washington)에 대한 오마주로 해석된다(Wilmer 27).

기실 극 중 인물 우드비는 작가 먼포드의 분신이다. 작가는 우드비처럼 남부의 대지주이자 성공한 관료 정치인으로 부와 명예를 지닌 '공인'이었다. 그는 1765년부터 1775년까지 버지니아 하원(House of Burgess)[2] 의원으로 1779년부터 1781년까지 버지니아 상원(General Assembly) 의원으로 봉직했다(Hubbell and Adair 218). 극 중 인물 우드비가 작가의 자전적 캐릭터라는 점에서 감지하듯, 우드비의 사회적·역사적 소명 의식과 영국으로부터의 정치적 자립 필요성 강조는 작가 먼포드의 평소 정치적 소신과 일치하며, 작가는 극 중 우드비의 입을 통해 자신의 입장을 표명한다.

일례로 먼포드는 의원 재임 시절 패트릭 헨리(Patrick Henry)가 1765년 5월 29일 버지니아 하원에 발의한 '인지조례결의안'(Stamp Act Resolution)을 지지하는 연설을 한 것으로 기록된다(Moody 11). 당시 영국은 식민지 미국을 통제할 수단으로 세금 부과 등 강경한 정책을 시행했는데, 그중 하나가 인지조례(Stamp Act)였다. 영국은 제국의 확장을 목적으로 프랑스와 인디언을 상대로 전쟁을 치르는 상황이었고, 그로 인한 비용과 부채를 충당하기 위해 영국 의회는 1765년 인지조례를 통과시켜 미국 식민지에 세금을 물리는 법적 근거를 마련했다. 이에 미국 거주민들은 크게 반발했고 식민지적 의존 상황에 대해 강한 의문과 회의를 제기했다. 이들의 영국에 대한 반감은 독립된 시민으로서 자립의식과 그

[그림 05] 버지니아 국회의사당 스케치(1845년경, 작자 미상). 1754년 제임스타운에 건립되었고, 먼포드가 상원, 하원 의원으로 봉직했던 곳이다. ©wikipedia.org

2 '버지스'(Burgess)는 미국 독립 이전 버지니아주와 메릴랜드주 의회의 의원을 지칭하는 말로, 이들이 속한 하원 의회를 'House of Burgesses'라 칭했다.

들이 선택한 나라 미국에 대한 "애국적 자부심"(chauvinistic pride)을 촉발시켰으며(Wilmer 25), 결과적으로 독립혁명으로 발전하는 계기가 되었다.

특히 버지니아 하원은 인지조례의 부당성에 대한 강경한 입장을 표명했는데, 그것이 패트릭 헨리가 발의한 1765년 '인지조례 결의안'이다. 버지니아 유권자가 선출한 국민대표로 구성된 의회만이 버지니아에 세금을 부과할 법적 권한을 가지고 있으며 때문에 버지니아 의원이 한 명도 속해 있지 않는 영국 의회의 인지조례 결정은 버지니아에게 적용할 법적 근거가 없음을 골자로 하는 버지니아 결의에서 주목할 것은, 앞서 언급한 영국으로부터의 '정치적 자립'과 '자치정부' 수립의 필요성과 명분에 대한 강조이다.

> 이 식민지의 의회가 식민지 거주민에게 세금을 부과할 유일하고 독점적인 권리와 힘을 지니며, 이러한 전권을 앞에 언급한 의회가 아닌 다른 어떤 개인 혹은 집단에게 귀속시키려는 모든 시도는 미국은 물론 영국의 자유를 명백히 침해하는 것이다.
>
> The General Assembly of this Colony have the only and exclusive Right and Power to lay Taxes and Impositions upon the inhabitants of this Colony and that every Attempt to vest such Power in any person or persons whatsoever other than the General Assembly aforesaid has a manifest Tendency to destroy British as well as American Freedom. (Kennedy 360)

먼포드가 현역 정치인 시절 미국의 정치적 자립과 자치정부 수립 명분을 골자로 하는 인지조례결의안에 대해 지지 연설을 했다는 사

[그림 06] 1765년 패트릭 헨리의 인지조례 반대 연설 장면. 피터 로더멜(Peter F. Rothermel)의 기록화(1851년) ©wikipedia.org

실은, 당시 대영 관계에 있어 미국이 취해야 할 입장에 대한 그의 소신을 방증한다. 『입후보자들』이 당대 미국의 선거 풍토에 대한 희화를 통해 제시하는 사회 개선을 위한 교훈적 메시지와 덕목은 극 중 인물 우드비가 체현하는 '도덕적 인식과 행동'이 되며, 이는 작가 먼포드가 현실 정치에서 경험하고 체득한 '정치적 자립' 혹은 '자치 정부' 수립이라는 실천적 대안으로 구체화된다.

한편 극 후반부 워디의 정계 복귀 결정에 대한 존 토디 경의 태도에 주목할 필요가 있다. 그는 워디의 정계 복귀와 선거 출마결정 소식에 자신보다 적임자인 워디를 위해 입후보 경선에서 스스로 물러난다.

> 우드비: 조용히 해 보세요, 신사 여러분, 여러분에게 편지 한 통을 읽어 줄까 하는데, 분명 즐거운 소식일 겁니다. (읽는다) "선생, 지난번 선거 때 우리를 방해한 악당들이 (내가 은퇴한 것에 만족하지 못하고) 선생을 중상모략하려 애를 쓰고 있다고 사람들로부터 들었소. 이에 피가 끓고 분노하다가, 은퇴 생각을 접기로 했다오. 사람들에게 전해 주시오, 내가 출마할 작정이라고 말이오. 애정을 담아." […]
>
> 존 경: 워디 선생 만세, 우드비 선생 만세! (딸꾹) 난 두 분만 한 적임자가 못 되죠, 그러니 난 물러납니다, 여러분. (딸꾹) 그러고 말구요. (비틀거리

며) 물러날 겁니다. 난 두 분만 한 (딸꾹) 적임자가 못 되죠. (쓰러진다)

Wou'dbe: Silence, gentlemen, and I'll read a letter to you, that (I don't doubt) will give you great pleasure. (*He reads*) Sir, I have been informed that the scoundrels who opposed us last election (*not content with my resignation*) are endeavouring to undermine you in the good opinion of the people: It has warmed my blood, and again call'd my thought from retirement; speak this to the people, and let them know I intend to stand a poll, etc. Your's affectionately. [⋯]

Sir John: Huzza for Mr. Worthy and Mr. Wou'dbe! (*Hickups*) I'm not so fitten as they, and therefore gentlemen I recline. (*Hickups*) Yes, gentlemen (*Staggering about*) I will; for I am not (*Hickups*) so fitten as they. (*Falls*) (Act 2 Scene 3: 22)

존 토디 경의 결정은 승산 없는 게임에서 미리 발을 빼려는 계산된 행동일 수도 있겠지만, 근본적으로는 '적임자'에 대한 신뢰와 예우의 표현이기도 하다. 이런 관점에서 존 토디 경의 입후보 철회는 "18세기 미국 신사의 전형적 덕목"(a hallmark of an eighteenth century gentleman)으로 여겨지는 "공공선을 위한 사심 없는 헌신"(a disinterested devotion to the public good)의 실천으로 이해된다(Shaffer 467). 아울러 존 토디 경을 입후보 경선에서 스스로 물러나게 한 작가 먼포드의 결정은 『입후보자들』이 취하는 현실 비판의 성격을 가늠케 할 중요한 시사점을 남긴다. 이 극은 당대 현실을 비판하면서도 현실에 대한 근본적 애정과 신뢰마저 버리지는 않는다. 작가는 비판의 칼날을 곧추세우는 대신 그 끝을 무디게 혹은 슬쩍 비껴 나게 함으로써 비판 대상에게 숨쉴 여유를 허용하고 결과적으로 독자와 관객을 미소 짓게 하는 미덕을 발휘한다. 이는 다름 아닌 '신랄하면서도 유쾌한' 풍자의 미덕이며, 정치풍자극으로서 『입후보자들』이 당대 미국의 정치 현실에 가하는 비판의 결이다.

4. 미국 정치풍자극의 지형도

『입후보자들』 이전에도 미국 정치풍자극은 존재했다. 1714년에 집필된 것으로 추정되는 3막극 『안드로보로스』(*Androboros, a Biographical Farce in Three Acts*)는 미국에서 쓰이고 출간된 현존 '최고'(the oldest)의 극이자 정치 드라마로 여겨진다.[3] 이 극을 집필한 로버트 헌터(Robert Hunter)는 직업 작가가 아니라 영국 왕실의 임명을 받아 식민지 미국의 뉴욕·뉴저지 주지사로 파견된 관료였다. '전기적 소극'(biological farce)이라는 부재에서 보듯, 이 극은 작가 자신을 극 중 인물로 등장시켜 당시 실존한 자신의 정적(political enemy)과 식민지의 반영 성향

3 'Androboros'는 그리스어로 '식인종'(man eater)라는 의미를 지닌다. 미국을 식민지하려는 영국의 탐욕스러운 야욕을 상징적으로 표현한 제목이다. 이 극의 작가와 집필 연도에 대해 논란이 분분했는데, 연극사학자 피터 데이비스(Peter A. Davis)가 1981년도 박사 논문에서 작가와 집필 연도를 밝힘으로써 미국에서 출간된 현존하는 가장 오래된 극으로서 역사적 의미를 확인받았다. 이 극은 1979년 남가주대학교(University of Southern California)에서 피터 데이비스 연출로 초연되었다. 극은 주지사의 저택 지하실에 있는 밀실에서 발생하는데, 이곳에서 식민지 접수 음모를 모의하는 비밀 결사 모임이 이루어진다. 몇몇 구성원이 차례로 여장을 하고 주지사를 유혹해 납치하려 시도하지만, 결국 음모가 들통나고 발각된 주동자들이 줄행랑친다는 내용이다.

정부와 의회에 대한 원색적 폄하와 비난 일색의 희화를 선보인다. 결국 이 극은 영국 왕실 권력의 수행자로서 뉴욕에서 자신의 입지를 굳히고, 왕실에 대한 식민지 미국의 충성심 요구를 재확인하려는 작가의 의도를 표출한다(Wilmer 21).

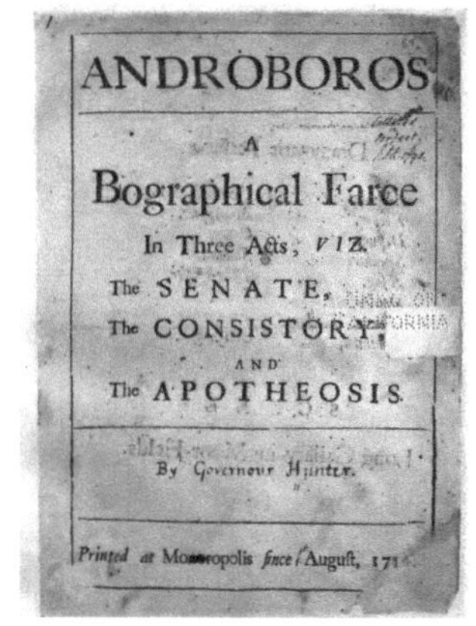
ANDROBOROS

A

Bographical Farce

In Three Acts, VIZ.

The SENATE,

The CONSISTORY,

AND

The APOTHEOSIS.

By Governour Hunter.

Printed at Moropolis since August, 171

[그림 07]『안드로보로스』(1714) 원본 표지
ⓒarchive.org

『입후보자들』보다 시기적으로 앞선 또 다른 정치풍자극으로 『팩스턴 보이스』(*Paxton Boys*, 1776)가 있다. 작자 미상의 이 극은 필라델피아 지역에 거주하는 아일랜드계 백인들이 인디언을 공격한 1763년 '팩스턴 폭동'(Paxton Insurrection) 사건을 소재로 인디언 문제를 다루는 데 있어 식민지 백인 정착민들의 우매함을 부각시킨다. 모국 영국에 대한 충성이 미국 식민지인의 의무임을 강조한다는 점에서 이 극은 앞서 언급한 『안드로보로스』와 성격을 같이한다. 아울러 『안드로보로스』가 지나치게 추한 사건을 다루고 있어 공연되기에 적합하지 않다는 평가를 비평가들로부터 받았고(Ford 675), 『팩스턴 보이스』 역시 무대에 올리기에 적절하지 못한 극으로 평가받고(Vaughn 10) 있다는 점은 본격 희곡으로서 대중에게 수용되는 데 한계가 있음을 방증한다. 요약하면 두 극은 시기적으로 『입후보자들』에 앞선 1세대 미국 정치 드라마로 분류되지만, 친영 정서와 성향으로 인해 영국의 영향으로부터 자유로운 본격 미국 희곡 전통에 편입되기에는 한계가 있으며, 대중성에 있어서도 아직 미숙한 단계에 있는 것으로 판단된다.

한편 로버트 로저스(Robert Rogers)의 『폰티악, 미국의 야만인』(*Ponteach; or, the Savages of America*, 1766)은 상기한 친영 성향 정치 드라마와 달리 영국 왕실을 향한 "충성의 수사로부터의 전향"(transition away from the rhetoric of loyalty)을 감행한 최초 사례로 여겨진다(Wilmer 25). 『팩스턴 보이스』와 같은 해에 출간된 이 극은 식민지 미국 원주민 인디언에 대한 영국의 부당한 대우를 비판적으로 묘사하는데[4], 즉 이 극은 식민지 미국의 자치와 독립이라는 화두를 전면에 내세우면서 1세대 정치 드라마와 궤를 달리한다.

[그림 08] 『폰티악』(1766) 원본 표지
ⓒarchive.org

반면 『폰티악』은 노골적이고 감정적인 반영 정서 표출로 일관하고 있어, 사회 개선 목적 및 이를 위한 교훈적인 메시지와 실천적 방안 제시 등 풍자문학의 고유 기능을 구현하는 데 있어 한계를 지닌다. 이에 비해 먼포드의 『입후보자들』은 반영 감정을 직접적으로 표출하던 이전의 경향에서 진일보해, 대영 관계에 있어 발전적이고 건강한 태도로의 이양 요구를 표명하고 이를 익살과 해학의 문

4 작가는 인디언 자치권의 정당성을 요구함으로써 영국에 대한 식민지 미국의 분노와 독립 요구를 강경하게 표출한다. 극 중 폰티악은 영국 백인에 대항해 싸우다 산화하는 영웅적 인디언으로 등장하는데, 훗날 존 어거스터스 스톤(John Augustus Stone)의 『메타모라』(*Metamora; or, the Last of the Wampanoags*, 1829)로 이어지는 '고결한 야만인'(noble savage)이라는 미국 문학 전통의 시초로 여겨진다. 『메타모라』에 대해서는 3장에서 자세히 논의할 것이다.

학 형태로 구체화한다. 『폰티악』이 “인디언을 다룬 미국 최초의 비극”으로 평가되는 반면(Vaughn 10), 『입후보자들』이 풍자 희극으로 분류되는 근거가 여기에 있다. 정리하면 『입후보자들』은 1세대 미국 정치드라마의 친영 정서로부터 전향적 태도를 취한다는 점에서 『폰티악』과 궤를 같이하면서도 『폰티악』의 한계를 극복해 식민지 미국의 자립을 위한 개선 목적 등의 현실적인 메시지를 보강한 한결 세련된 형태의 본격 미국 정치풍자극 모델을 선보인다.[5] 이처럼 먼포드의 『입후보자들』은 현존 최고의 정치 드라마로 여겨지는 『안드로보로스』보다 반세기 늦게 집필되었음에도 불구하고 영국의 문학 전통에서 자유로운 진정한 의미의 ‘미국 문학’으로 분류될 정치풍자극의 기원으로 재고될 필요성과 가치를 지닌다.

『입후보자들』은 미국 정치풍자극의 기원으로서뿐만 아니라, 미국 희극 발전사에 있어서도 문학사적 중요성을 지닌다. 미국 최초의 희극으로 여겨지는 로열 타일러(Royal Tyler)의 『대조』(*The Contrast*, 1787)보다 10년 이상 앞서 집필된 희극이자 이 장르의 원천이 되는 작품으로 재조명되어야 할 가치가 있다. 또한 극 중 주동인물 우드비의 하인으로 등장하는 랄포(Ralpho)는 “미국 드라마 최초의 흑인 캐릭터”(the

5 먼포드 외에 당대를 대표하는 정치풍자극 작가로 머시 오티스 워렌(Mercy Otis Warren, 1728–1814)이 있다. 먼포드가 버지니아의 반영 정서를 대변한다면, 워렌은 매사추세츠의 반영 정서를 대변한다. 그녀의 정치풍자극은 영국에서 파견된 매사추세츠 주지사 토마스 허친슨(Thomas Hutchinson, 1711–1780) 및 친영 정치인들을 직간접적으로 풍자한다. 먼포드와 워렌은 확고한 반영 정서와 미국 독립 지지 입장으로 프로파간다 작가로 분류되기도 한다. 워렌과 그녀의 극작품에 대해서는 2장에서 자세히 논의할 것이다.

first Negro character in the American drama)로 기록되며(Moody 12), 십여 년 뒤 『대조』에 등장하는 미국의 자생적 흑인 캐릭터 지크(Zeke)의 모태가 된다. 흑인 캐릭터를 희화의 대상으로 다루는 향후의 일반적 문학 경향과 달리, 이 극이 제시하는 미국 문학사 최초의 흑인 캐릭터가 "품격 있는 언행을 겸비한"(given dignity of behavior and an intelligible manner of speaking) 인물로 그려지고 있는 점 역시 주목할 가치가 있다(Wilson 127).[6] 이러한 예들은 『입후보자들』이 본격 미국 정치풍자극의 기원일 뿐만 아니라 초기 미국 희극의 태동과 향후 진화 과정을 예견케 하는 모태와도 같은 위치를 차지하고 있음을 입증하는 단서다. 이런 점에서 연극사학자 로드니 배인(Rodney M. Baine)은 『입후보자들』을 "미국 최초의 진정한 소극이자 최초의 본격 희극"(America's first proper dramatic farce and first legitimate comedy, 26)이라 평가함으로써 이 극의 문학사적 위상을 강조한다.

『입후보자들』은 또한 영국 문학의 영향으로부터 자유로운 자생적 미국 극문학의 발생과 형태적 발전 과정을 추이 가늠케 하는 시상화석과 같은 존재로서 중요성을 지닌다. 미국의 최초 백인 정착민은 영국의 청교도 이민자들로 이들은 모국 영국을 위시한 유럽적 문화와 사고방식을 고스란히 떠안고 있었다. 그중 하나가 종교적 믿음에 입각한 연극에 대한 편견과 배타적 태도였다(Fletcher and Irelan 89). 초창

6 세기를 넘어 애너 코라 모왓(Anne Cora Mowatt, 1819–1870)의 멜로드라마 『패션』(*Fashion*, 1845)에도 흑인 인물 지크가 등장한다. 여기서 지크는 신흥 백인 중산층 가문의 집사로 유럽 귀족 문화의 우아함을 추종하고 모방하는 '멋쟁이' 흑인으로 묘사된다. 『패션』에 대해서는 5장에서 자세히 논의할 것이다.

기 영국 이민자들은 독실한 종교관에 기초한 금욕과 근면 성실의 생활철학을 신앙처럼 숭상했고, 이들에게 연극 같은 여흥 행위는 방종과 향락과 사치를 부추길 뿐 상기한 가치관 유지에 도움이 되지 않는 위험한 대상이었다. 이런 연유로 이들은 이민 초기부터 연극에 깊은 반감을 갖고 있었고, 결과적으로 최초 이민자가 미국에 정착할 시점은 자생적 미국 연극이 발생하기에 적합한 환경이 아니었다.[7] 이민 초기 연극에 대한 청교주의적 반감은 독립혁명이 발발할 무렵까지 지속되었음이 확인된다. 일례로 1774년 9월 5일 필라델피아에서 개최된 1차 대륙회의(Continental Congress)는 시민의 "근검절약 정신"(spirit of husbanding resources)을 엄중한 독립혁명 과업을 앞둔 "시대의 명령"(the order of the day)으로 강조하면서, "모든 종류 사치와 낭비"(every species

---

7 최초 영국인 이민자들의 연극에 대한 반감의 증거는 일찍이 엘리자베스 시대부터 발견된다. 엘리자베스 시대는 영국 문화의 황금기로 셰익스피어라는 불세출의 극작가를 배출하고 지구극장을 포함한 상설극장 및 연극 문화의 전성기를 구가하면서도 극장 설립과 연극 행위를 런던 외곽에만 허용하는 등 연극에 대한 규제 장치가 공존하는 모순이 존재했다. 오늘날과 달리 당시 런던시는 템스강 북단의 왕궁 및 교회가 밀집한 지역으로 한정된 비교적 좁은 지역에 한정되었다. 당시 원로 위정자들은 종교적인 이유로 모든 연희와 오락 활동을 런던시 경계 밖에서만 허용했고, 결과적으로 당시 8개의 상설 극장은 런던시 북쪽 외곽과 템스강 이남에 자리를 잡게 된다. 엘리자베스 여왕 사후, 크롬웰(Oliver Cromwell, 1599-1658)을 중심으로 의회 청교도 세력이 국왕을 퇴위시키고 정권을 장악한 1649년부터 왕정복고(Restoration)가 시작된 1660년까지 영국 내 극장이 모두 폐쇄되었고 연극 활동이 전면 금지되면서 청교도들의 연극에 대한 반감이 절정에 이르게 된다. 영국의 청교도들은 헨리 8세의 영국국교회 창설에 대해 반감을 표출했으며, 이후 엘리자베스 여왕 시기를 거쳐 왕정복고 시대에 이르기까지 지속적으로 왕실의 억압을 받았다. 청교도들은 왕실의 억압에 저항하다 끝내 고국을 버리고 미국 땅에 정착하게 되는데, 이들이 미국의 최초 백인 이민 세력이다. 이들은 미국 땅에 정착하면서 영국 왕실에 대한 반감과 함께 연극에 대한 배타적인 태도를 함께 안고 들어온 셈이다.

[그림 09] 1774년 1차 대륙회의 장면. 알린 콕스(Allyn Cox)의 기록화(1973–74년). ©wikipedia.org

of extravagance and dissipation)를 조장하는 투계, 경마, 호화 장례식, 경마, 유랑극단 쇼, 공연 제작 및 관람의 근절을 골자로 하는 결의안을 10월 20일 통과시켰는데, 이로써 연극 행위는 공식적으로 금지된다(Johnson 29; J. Davis 5).[8]

18세기 중반 연극의 유용성이 국 식민지 정착민들에게 인식되기 시작하면서, 미국에서 연극은 새로운 형국을 맞게 된다. 앞서 언급했듯 미국이 초창기부터 국민의 정치에 대한 관심과 위정자들의 정치 실험이 역동적으로 작용하는 공간이었고 결과적으로 '정치 문화'가 미국의 태생적 환경이었음을 감안할 때, 정치인이라는 직업은 미국 시민이라면 누구나 꿈꿔 볼 만한 선망의 대상으로 자연스럽게 인식되었다. 특히 젊은 정치인 지망생들은 웅변술과 연설 능력 등 정치인에게 필요한 실질적 소양 습득에 큰 흥미를 느꼈다. 이러한 수요층의 증가에 부응해 당시 미국 전역의 대학에서 '학교 드라마'(school drama)로도 불리는 '대화극'(dialogue)이라는 자생적 극 형태가 생산되었고, 이를 계기로 "연극

8 대륙회의는 영국의 식민통치에 공조 대항하기 위해 미국 13개 주 대표들이 모여 결성한 의결기구로 1774년에 1차, 1775년에 2차 회의가 소집되었다. 2차 대륙회의는 1781년 전쟁 종결과 함께 미국 독립이 승인되면서 해산되었다.

적 재현의 효험"(the efficacy of theatrical representation)이 미국 식민지 정착민들에게 인식되기 시작했다(Fletcher and Irelan 89). 독립혁명이 임박할 무렵 학교 드라마는 영미 갈등에 대한 보다 첨예한 묘사를 선보였고, 먼포드의 극을 위시한 정치풍자극이 양산되기 시작했으며, 독립혁명 중에는 군사 주둔지와 병영에서 연극 공연이 활발하게 이루어졌다. 아울러 1774년 대륙회의가 연극 행위를 낭비와 사치라는 이유로 전면 금지시켰음에도, 드라마 자체는 독립혁명 기간 동안 친영, 친미 양쪽 진영 모두에게 읽혔고 정치 선전의 활용성 측면에서 환영받았다(Johnson and Burling 474). 이처럼 청교주의에 기초한 연극에 대한 뿌리 깊은 반감이 여전했음에도 불구하고 18세기 중엽 당시 미국의 정치적 상황은 연극의 효용성에 대한 대중의 관심을 증대시켰고 언급한 연극에 대한 반감을 상쇄하면서, 학교 드라마 및 대화체 문학에서 정치풍자극으로 이어지는 미국 특유의 자생적 극 양식을 배태했던 것이다. 본격 미국 정치풍자극의 기원인 『입후보자들』은 상기한 초기 미국 희곡의 태동과 진화 과정을 입증하는 시상화석과 같은 위치를 차지한다.

이와 관련해 『입후보자들』을 일컬어 "초기 대화극에서 보다 관례적인 극 형태로 가는 과도기 단계를 대표하는"(represents the transitional step from commencement dialogues to a more conventional play form, 11) 작품으로 보는 연극사학자 리처드 무디(Richard Moody)의 평가에 주목할 필요가 있다. 그의 견해에 따르면, 정치풍자극은 '관례적인 극 형태' 혹은 본격 미국 희곡 탄생 직전의 배아 상태로 여겨진다. 아울러 상기한 배아 상태 극 형식의 대표작으로 『입후보자들』이 특정되고 있는 점에 근거할 때, 이 극은 미국 정치풍자극의 기원일 뿐만 아니라 본격 미국 희곡의 서막으로서 또 다른 문학사적 위치를 차지하는 것이다. 이 극을 "미국적 시각에 입각한 극작의 성숙한 모범"(a distinctly mature example of playwriting from a American perspective, 224)으로 보는 피터 데이비스(Peter A. Davis)의 평가 그리고 작가 먼포드에 대해 "이야기 전개와 극적 구조에 대한 관심에 있어 가장 뛰어난 혁명기 극작가"(the best of the Revolutionary dramatists in his attention to plotting and dramatic structure, 23)라 말한 잭 본(Jack A. Vaughn)의 평가는 『입후보자들』의 문학사적 위치 및 문학적 내구성과 완성도에 대한 통찰력 있는 재확인과 다름없다.

5. 정치 현실을 향한 유쾌한 제언

18세기 중반에 등장한 미국 정치풍자극은 영국 식민지에서 독립국가로의 이양에 대한 시대적 요구와 이를 둘러싼 영미의 첨예한 대결 양상을 포함하는, 당대 미국의 특수한 정치적 상황에서 발생한 미국의 토착적 극 양식이라 할 수 있다. 먼포드의 『입후보자들』은 미국 정치풍자극의 시발점이자 모국 영국의 정치적·문학적 영향으로부터 자유로운 자생적 문학 양식으로서 본격 미국 희곡의 진화 과정을 체현하는 시상화석과 같은 존재로 평가할 수 있다.

상기한 문학사적·문학적 중요성에 추가해 『입후보자들』은 시대를 반영하는 거울로서 가치도 지닌다. 일찍이 셰익스피어가 연극의 임무를 "자연을 비추는 거울"(the mirror up to nature, Hamlet Act 3 Scene 2, 23)이라 표명한 이후 현재까지도 연극은 "한 시대에 대한 진맥"(a feeling of pulse of an age, Styan 11)이자 사회의 변화와 재편을 재현하는 "국가 공동체의 축도(microcosm of the national community, Wilmer 2)로서 기능을 수행해 왔다. 『입후보자들』도 예외가 아니어서 18세기 후반 버지니아 선거 현장에서 만날 수 있는 다양한 인간군상 및 입후보자와 유권자의 복잡한 이해관계를 소소히 기록함으로써 당대 정치 환경과 정서를 가늠케 하는 역사적 사료가 된다. 이 극이 "사회에 대한 기록"(social documents)이라 평가되는 이유가 여기에 있다(Dolmetsch 149).

당대 위정자와 정치 현실에 비판을 가하면서도 풍자와 희화의 기재를 비판 대상과 독자 모두가 거부감 없이 수용 가능한 수준으로 비판의 수위를 조절하고 있는 것은 풍자문학으로서 『입후보자들』의 성격을 잘 드러낸다. 간과해선 안 될 점은 비판의 날이 무디어짐으로써 오히려 신랄할 수 있는 비판의 쟁점이 모두에게 유쾌하게 공감되는 결과를 초래한다는 것이다. 이것이 바로 신랄하면서도 '유쾌한' 풍자의 미덕이자 정치풍자극으로서 『입후보자들』이 당대 미국의 정치 현실에 가하는 비판의 결이다. 이는 또한 향후 민스트렐시(minstrelsy), 벌레스크(burlesque), 보드빌(vaudeville), 슬랩스틱(slapstick) 등으로 분화할 자생적 미국 연극의 범주를 관통하는 유머와 해학 전통을 예견하는 구체적 사례가 된다.

인용 문헌

· Baine, Rodney M. *Robert Munford: America's First Comic Dramatist*. Athens: U of Georgia P, 1967.

· Crawford, M. L. "Robert Munford (d. 1783)." *Encyclopedia Virginia*. Virginia Foundation for the Humanities, 1 Mar. 2014. Web. 27 Jul. 2015. <http://www.encyclopediavirginia.org/Munford_Robert_d_1783>

· Davis, Janet N. *The Circus Age: Culture & Society Under the American Big Top*. Chapel Hill, NC: U of North Carolina P, 2002.

· Davis, Peter A. "The Plays and Playwrights to 1800." *The Cambridge History of American Theatre*, vol. 1. Ed. Don B. Wilmeth and Christopher Bigsby. Cambridge: Cambridge UP, 1998. 216-49.

· -----. *From Androboros to the First Amendment: A History of America's First Play*. Iowa City: U of Iowa P, 2015.

· Dolmetsch, Carl R. "Book Review: Robert Munford: America's First Comic Dramatist. By Rodney M. Baine." *William and Mary Quarterly* 3rd Ser. 25 (1968): 148-9. Print.

· Fletcher, Anne, and Scott R. Irelan. "Staging "Americanization": "America" on Stage: Theatre and National Identity, 1671-1867." *Cercles* 19 (2009): 88-101.

· Ford, Paul Leicester. "The Beginnings of American Dramatic Literature." *New England Magazine* 9 (Feb. 1894): 673-687.

· Garzon, Susan. "Social Variation and Grammatical Patterns in 1770s Virginia: Evidence from Robert Munford's *The Candidates." Journal of Midwest Modern Language Association* 38.2 (2005): 16-30. Print.

· Hubbell, Jay B., and Douglass Adair. "Robert Munford's *The Candidates."*

William and Mary Quarterly 3rd Ser. 5.2 (1948): 217-257. Print.

· Johnson, Odai. "Theatre Companies before the Revolution." *The Oxford Handbook of American Drama*. Ed. Jeffrey H. Richards, and Heather S. Nathans. New York: Oxford UP, 2014. 16-31.

· Johnson, Odai, and William J. Burling. *The Colonial American Stage, 1665-1774: A Documentary Calendar.* Madison, NJ: Fairleigh Dickinson UP, 2001.

· Kennedy, John Pendleton, ed. *Journals of the House of Burgesses of Virginia, 1761-1765*. Richmond, VA: Colonial Press, E. Waddey, 1907.

· Moody, Richard, ed. "Introduction to *The Candidates*." *Dramas from the American Theatre*, 1762-1909. Cleveland: World Publishing, 1966. 11-12.

· Munford, Robert. *The Candidates; or, the Humours of a Virginian Election*. Moody 13-26.

· Rozbicki, Michal J. *The Complete Colonial Gentlemen: Cultural Legitimacy in Plantation America*. Charlottesville: U of Virginia P, 1998.

· Shaffer, Jason. "Early American Drama." *The Oxford Handbook of Early American Literature*. Ed. Kevin J. Hayes. Oxford: Oxford UP, 2008. 453-76.

· Shakespeare, William. Hamlet. In *Arden Shakespeare Compete Works*. London: Bloomsbury, 2011.

· Styan, J. L. *Drama, Stage and Audience*. New York: Cambridge UP, 1975,

· Thrall, William, Addison Hibbard, and C. Hugh Holman, eds. A *Handbook to Literature*. New York: Odyssey Press, 1960.

· Vaughn, Jack A. E*arly American Dramatists: From the Beginning to 1900*. New York: Frederick Ungar, 1981.

· Waingrow, Marshall. "Verses on the Death of Dr. Swift." *Studies in English*

Literature 5.3 (1965): 513-18.

· Wilmer, S. E. *Theatre, Society and the Nation: Staging American Identities*. Cambridge: Cambridge UP, 2002.

· Wilson, Garff B. *Three Hundred Years of American Drama and Theatre*. Englewood Cliffs, NJ: Prentice-Hall, 1973.

그림 출처

[그림 01] 카운티 선거
http://www.virginiaplaces.org/government/voting.html

[그림 02] 로버트 먼포드 초상
https://www.amazon.com/Plays-Robert-Munford-Candidates-Published/dp/1440486697

[그림 03] 『희곡과 시 모음집』 표지
https://www.encyclopediavirginia.org/media_player?mets_filename=evm00002926mets.xml

[그림 04] 보티토트 남작 초상
https://en.wikipedia.org/wiki/Norborne_Berkeley,_4th_Baron_Botetourt

[그림 05] 버지니아 국회의사당 스케치
https://en.wikipedia.org/wiki/House_of_Burgesses

[그림 06] 1765년 패트릭 헨리의 인지조례 반대 연설 장면
https://en.wikipedia.org/wiki/Virginia_Resolves

[그림 07] 『안드로보로스』(1714) 원본 표지
https://archive.org/details/androborosbiogra00huntrich/page/n5

[그림 08] 『폰티악』(1766) 원본 표지

https://archive.org/details/ponteachorsavage00roge/page/n5

[그림 09] 1774년 1차 대륙회의 장면

https://en.wikipedia.org/wiki/First_Continental_Congr

[그림 01] 〈도체스터 하이츠에서 바라본 보스턴〉(*Boston from the Dorchester Heights*). 에드워드 토마스 코크(Edward Thomas Coke) 작(1830년경). 보스턴 공공도서관 소장. 머시 오티스 워렌의 극 『얼간이들』(1776)의 지역적 배경이 되는 곳이다. ©flickr.com

제2장

1770년대 미국 혁명과 프로파간다[9]:

머시 오티스 워렌, 『얼간이들』

Mercy Otis Warren, *The Blockheads* (1776)

9 이 글은 『영미연구』 40집(2017년)에 게재된 논문 「정치 현실과 문학적 상상의 간극 읽기: 머시 오티스 워렌의 프로파간다극 『얼간이들』」을 다듬어 정리한 것이다.

1. 미국 혁명기 선동문학 전통

IN CONGRESS, JULY 4, 1776.

The unanimous Declaration of the thirteen united States of America,

[그림 02] 미국 독립선언문(1776년 7월 4일)
ⓒwikipedia.org

1620년 102명의 승객과 30여 명의 승무원을 태운 선박 메이플라워호(the Mayflower)가 영국을 떠나 대서양을 건너 아메리카 대륙에 도착했다. 탑승객들은 종교적 박해를 피해 모국을 떠나야만 했던 청교도(puritans)였고, 이들은 미국 역사상 최초의 백인 이민자가 되었다(C. Johnson 33). 이들이 동부 뉴잉글랜드 지역에 정착해 독자적 커뮤니티를 구축하는 동안 영국은 미국을 식민통치하며 정착민의 삶에 간섭했고, 이는 영국 왕실과 의회 권력으로부터 자유로운 독립국가 건설에 대한 식민지 정착민의 열망을 증폭시켰다. 두 진영의 갈등은 1765년부터 본격화된 독립혁명 운동 및 영국 정규군과 미국 시민군의 치열한 전투로 불거졌다. 이 시기 미국 시민들 중에서 영국의 식민통치에 동조하는 친영 세력이 등장했는데, 이 '왕실파'(the loyalists) 혹은 '토리파'(the Tory) 인사들은 미국의 독립 및 건국 가치와 민주주의 의회의 정당성을 신봉하는 '애국파'(the patriots) 혹은 '휘그파'(the Whig)

시민들과 대립각을 형성했다.[10] 지난한 싸움은 시민군의 승리로 마감되었고 이로써 미국은 1776년 7월 4일 독립국가의 탄생을 선포하게 된다.

한편 독립혁명 기간 중이던 1774년 10월 필라델피아에서 개최된 1차 대륙회의(the First Continental Congress)는 일체의 사치와 낭비를 근절하고 시민의 역량을 전시체제에 집중시키기 위한 명분으로 "경마, 게임, 투계 및 연극을 포함한 모든 종류의 오락물의 공연 및 관람"(horse racing, and all kinds of gaming, cock-fighting, exhibitions of shows, plays and other expensive diversions and entertainment)을 금하는 법안을 통과시켰다(Johnson 29). 이는 당시 대중적 인기를 구가하던 직업 극단 활동의 중단을 의미했다. 일례로 미국 최초의 직업 극단이자 당대 최고 흥행 극단인 아메리칸 컴퍼니(American Company of Comedians)는 1775년 1월경 미국 활동을 중단하고 자메이카로 철수해 1780년대 초반까지 그곳에 머물러야 했다. 그러나 공연 금지령이 혁명기 미국 드라마와 연극 상연 자체를 근절하지는 못했다. 극장에서의 정규극 공연을 대신해 '팸플릿'(pamphlet)이라 불리는 선동극 혹은 프로파간다 드라마(propaganda drama)가 당시 혁명기를 풍미했는데, 이런 형태의 극은 애국파 시민들의 독립 의지와 애국심을 고취하는 데 매우 효과적인 수단이었기에 병사들을 대상으로 하여 야전 캠프에서 성황리

10 토리당과 휘그당은 영국 찰스 2세(Charles II, 1630–1685)의 왕위를 계승할 후임자 선정 과정에서 등장했다. 토리당은 보수파로 왕의 동생인 요크 공작(Duke of York) 제임스의 즉위에 찬성함으로써 군주정에 대한 충성을 보인 반면 개혁을 지지하는 자유주의자들인 휘그당은 이에 반대 입장을 취했다. 영국에서 탄생한 보수 대 진보 대결 구도 및 당명들이 미국의 식민 사회에도 유사하게 재현된 셈이다.

에 공연되었다. 이러한 정황은 당시 벨리 포지(Valley Forge) 캠프에 주둔해 있던 윌리엄 브래드포드 대령(Col. William Bradford)이 여동생에게 낸 1778년 5월 14일 자 서한에서 확인된다.

이제 캠프에서도 오락거리가 있단다. […] 게다가 극장도 개장했지. 지난 월요일에는 멋진 청중들이 대거 운집한 가운데 『카토』가 공연됐어. […] 무대 배경 장치도 볼만했고 공연도 훌륭했단다. 조지 대령의 역할도 훌륭했는데, 그의 죽는 연기가 일품이었다고 사람들의 칭찬이 자자했지. […] 적군이 퇴각하지 않는 한, 우리의 연극은 계속될 거야.

[T]he camp could now afford you some entertainment. […] Besides these, the Theatre is opened—Last Monday Cato was performed before a very numerous and splendid audience. […] The scenery was in Taste—& the performance admirable. Col. George did his part to admiration—he made an excellent die (as they say)— […] If the Enemy does not retire from soon, our Theatrical Amusements will continue. (qtd. in Ford 25-6)[11]

머시 오티스 워렌(Mercy Otis Warren, 1727-1814)은 미국 혁명기를 풍미한 정치선동 문학을 주도한 여류 작가이다. 당대 유럽의 여느 지역처럼 가부장적인 미국 사회에서 여성의 사회 활동은 극히 제한되어 있었다. 더욱이 신문 지면과 세인들의 입을 통해 회자되며 연일 화제의 중심이 되었던 정치와 전쟁 이슈들은 여성이 관여해선 안 될 영역으로 여겨졌다. 그러나 워렌은 예외적인 여성이었다. 혁명기 이전부터 그녀는 특유의 신랄한 필치로 영국 왕권과 친영 정치 세력을 공격하고 식민지인의 자유와 권리를 침해하는 영국에 저항할 것을 촉구하면서 정치 현실에 참여했다. 혁명기 이후인 1788년경에는 '콜롬비안 애국자'(A Columbian Patriot)라는 필명으로 『새 헌법 그리고 연방 및 주 의회에 대한 관찰』(*Observations on the new Constitution, and on the Federal and State Conventions*)이라는 제목의 소책자를 발간해 당시 헌법안 비준

---

11 이 편지에는 흥미롭게도 훗날 미국의 초대 대통령이 된 조지 워싱턴(Goerge Washington) 대령이 언급되고 있다. 워싱턴은 병사들의 연극 활동을 장려했고, 편지 내용에서처럼 직접 연극에 참여한 것으로도 추정된다. 실제로 그는 열렬한 연극광으로 19세 때 연극을 처음 경험한 이후 생애 동안 정기적으로 극장을 찾았다. 1760년대 버지니아 의원 시절부터 1790년대 대통령 재임 중 사망할 때까지 그의 지출 장부와 일기를 보면 그가 자주 극장을 출입했고 빈번히 연극 표를 구매한 기록이 확인된다(Hewitt 32; Moses 792). 편지에서 언급되는 『카토』(*Cato, a Tragedy*, 1714)는 조셉 애디슨(Joseph Addison)의 고대 로마를 배경으로 한 비극이다. 줄리어스 시저의 폭정에 저항한 공화정 로마의 정치가 마르쿠스 포르키우스 카토(Marcus Porcius Cato, 95-46 BC)를 자유와 공화주의의 아이콘으로 칭송하는 이 극은 독립혁명 당시 미국의 휘그파 애국 시민들에게 사상적 영감을 주었다. 1713년 초연된 이래 1730년대 초반까지 식민지 미국에서 폭발적인 대중적 인기를 구가했다(Shaffer 3).

에 반대하는 의견을 개진하기도 했다. 워렌은 1805년에 3권 분량의 『미국 독립혁명사』(*History of the Rise, Progress, and Termination*)를 발간하기도 했는데, 이것은 여성이 쓴 최초의 미국 독립혁명사로 여겨진다.

당대 일반 여성과 차별되는 워렌의 행적과 성향은 그녀의 성장 환경과 무관하지 않다. 부친인 제임스 오티스(James Otis, 1702-1778)는 장교 출신 변호사로 영국 왕이 임명한 매사추세츠 총독 토마스 허친슨(Thomas Hutchinson, 1711-1780)을 적대시했다. 그는 딸의 학문적 재능을 적극 지원하고 그녀를 "지적 동료이자 친구"(intellectual equal and confidante)로 대했다(Richards 1995: 3). 그 결과 워렌은 정규교육 없이도 독학으로 문학·언어·역사에 대한 지식을 습득했고 사회에 대한 통찰력을 겸비한 지성인으로 성장할 수 있었다. 아울러 워렌은 정치인이자 후일 매사추세츠 국회의장을 지낸 제임스 워렌(James Warren, 1726-1808)과 결혼해 당대 유명한 정치인들과 교류하며 '휘그'의 가치와 미국 독립을 지지하는 데 앞장섰다. 워렌은 당대 대통령들과도 긴밀한 관계를 유지했으며, 특히 미국 2대 대통령 존 애덤스(John Adams)와 평생에 걸쳐 정치적 의견을 교환한 것으로 유명하다. 일례로 워렌은 1791년에 존 애덤스와 정부 운영 방안에 대해 격론을 벌이기도 했으며, 존 애덤스는 워렌을 중요한 국가정책과 정치 현안들을

[그림 03] 머시 오티스 워렌 초상. 존 싱글턴 코플리(John Singleton Copley) 작(1763년경). ©wikipedia.org

논의할 수 있는 각별한 친구로 여겼다. 그는 워렌을 “미국에서 필적할 상대가 없는 문필가”(poetical pen which has no equal that I know of in this country)로 칭송했다(Quinn 34).

[그림 04] 토마스 허친슨 초상. 에드워드 트루먼(Edward Truman) 작(1741년). ©wikipedia.org

워렌의 정치에 대한 관심은 특히 극작을 통해 두드러지게 표출된다. 극작가로서 워렌은 “새로운 국가정체성을 명확히 하고 애국적 독립투쟁을 고취하는 데 일조했다(Wilmer 52). 대표작으로 『아첨꾼』(*Adulateur*, 1772), 『패배자』(*The Defeat*, 1773), 『패거리』(*The Group*, 1775) 등이 있는데, 이들은 혁명 이전 시기 그녀가 거주했던 매사추세츠의 토리파 관료들의 악덕과 부도덕성, 특히 이들의 우두머리 격인 허친슨 총독의 위선, 권력욕, 파행적 정책과 농단을 특유의 풍자적 필치로 비판한다. 일례로 『아첨꾼』은 고대 로마 시대를 배경으로 카시우스(Cassius)와 브루투스(Brutus)가 시민들과 함께 라파치오(Rapatio)의 폭정에 맞서는 대결 구도를 선보이는데, 여기서 카시우스와 브루투스는 각각 미국 건국의 아버지 중 한 명인 새뮤얼 애덤스(Samuel Adams, 1722-1803)와 그의 동료이자 워렌의 친오빠인 변호사 제임스 오티스(James Otis Jr, 1725-1783)를, 라파치오는 매사추세츠 총독 허친슨을 극화한다. 『패거리』는 영국 왕이 임명한 관료 16명이 선출직 위원을 대신해 매사추세츠 의회를 농단하는 상황을 선보인다. 이는 실제로 1774년에 영국 왕실이 새로 기안한 매사추세츠 정부법안

(Massachusetts Government Act) 내용을 풍자한 것으로 극 중 16인 역시 실존했던 보스턴 정치 인사들을 극화한다. 세 극은 모두 친영 인사 허친슨 및 토리파 추종자들과 미국 독립주의자들 간의 대결 구도를 골자로 하며, 후자가 체현하는 애국심·영웅심·희생정신의 미덕과 정서를 지지한다.

주목해야 할 워렌의 또 다른 극작으로 『얼간이들 혹은 겁먹은 장교들』(*The Blockheads: Or, the Affrighted Officers*, 1776)이 있다. 앞서 언급한 작품들처럼 이 극 역시 혁명기 매사추세츠의 보스턴을 지역적 배경으로 하는 정치풍자극이다. 이 극은 같은 해에 집필된 친영 풍자극 『보스턴 봉쇄』(*The Blockade of Boston*, 1776)에 대한 애국파 진영의 응답으로서의 성격을 갖는다. 『보스턴 봉쇄』는 독립전쟁 당시 보스턴 전장에 주둔해 있던 영국군의 사기 진작을 위해 존 버고인 장군(General John Burgoyne, 1722-1792)이 공연을 목적으로 집필한 것으로, 미국 시민군에 대한 풍자가 주된 내용이다. 반면 『얼간이들』은 1776년 3월에 실재했던 시민군의 도체스터 하이츠(Dorchester Heights) 점령과 그로 인한 영국군의 고립과 불안을 주축으로 전개되며, 불리한 전세 속에서 좌충우돌하는 친영 세력의 상황을 익살스럽게 풍자함으로써 버고

인 장군의 풍자에 맞선다.[12]

2. 정치풍자와 청교도적 애국주의

극은 보스턴에 고립된 영국군 장교들의 대화로 시작한다. 총사령관인 퍼프 장군(General Puff)의 첫 대사는 식민지 정복이라는 애초의 목적을 달성하는 데 실패하고 전장에 고립되어 궁지에 몰린 영국군의 처지를 피력한다.

> 우리는 미국에 와서 정복이라는 큰 기대감을 안고 폭도들을 진압해 왔다. 마치 승리가 확실한 것인 양 우리는 의회를 누볐다. 당시 우리는 몇 명의 방종한 악당들을 막아 내면 되는 혹은 녀석들을 교수대에 매달아 그들 동포들에게 눈요기를 제공하기만 하면 될 줄로만 알았다. 하나 우리가 어떻게 기만당하고 있는가? […] 수치스럽게도 우리는 3마일의 경계 안에 갇혀 서로 다투고 굶주리는 신세가 되었다.

---

12 뉴잉글랜드 지역의 혁명적 정서가 극에 달할 무렵, 수천 명의 시민군이 영국군을 몰아내기 위해 보스턴으로 운집했다. 이후 조지 워싱턴의 지휘 아래 시민군의 보스턴 포위전이 감행되었다. 1776년 3월 4일 밤, 800명의 시민군이 도체스터 강기슭을 경비하는 가운데 1,200명의 시민군이 보스턴 시내와 항구가 한눈에 조망하는 전략적 요충지인 도체스터 하이츠를 점령했고, 그들은 밤새 영국군을 방어하기 위해 진지를 구축하기 시작했다. 대규모 포병대가 도체스터 하이츠에 설치되었고 영국군은 이를 눈치채지 못했다. 결과적으로 영국은 완전히 포위당했고, 1776년 3월 17일 영국군 장군 윌리암 하위(William Howe)는 영국군과 친영파 민간인들에게 보스턴에서 철수할 것을 명했다.

> We came to America, flush'd with high expectations of conquest, and curbing these sons of riot. We tour'd away in the senate as if our success was certain; as if we had only to curb a few licentious villains, or hang them as spectacles for their brethren. But how are we deceiv'd? [⋯] we are shamefully confin'd within the bounds of three miles, wrangling and starving among ourselves. (Act 1, Scene 1: 3)

이어지는 부하 장교들의 말을 통해 영국군의 비참한 상황이 구체화된다. 그들은 "겁먹은 오합지졸"(a parcel of poltroon) 혹은 "메추라기 떼"(a flock of partridge) 취급을 받으며 시민군의 소총 부대에게 농락당하고 있으며(Act 1, Scene 1: 3), 발 빠르게 진지를 구축하며 "매일 밤 포위망을 좁혀 오는"(every night brings them nearer and nearer, Act 1, Scene 1: 4) 시민군의 기세에 영국 함대는 속수무책이다. 조야한 구식 소총으로 무장한 보잘것없어 뵈던 시민군이 이제는 "지옥에서 내려온 복수의 여신들보다 더 무서운 방문객"(more dread visitors than a tribe of furies, just arrived from hell, Act 1, Scene 1: 4)이 되었다는 장교들의 표현은 그들이 느끼는 공포감의 정도를 가늠케 한다. 물자보급로가 차단된 영국군은 기근의 고통을 감내해야 한다. "뼈만 앙상하게 남은"(mere skeletons, Act 1, Scene 1: 4) 병력으로 전투를 감행하느니 차라리 귀신같이 흉측한 몰골을 무기로 시민군을 겁주는 것이 더 효과적일 것이라는 퍼프 장군의 자조 섞인 푸념은 영국군이 마주한 극단적 절망감에 대한 표출에 다름 아니다.

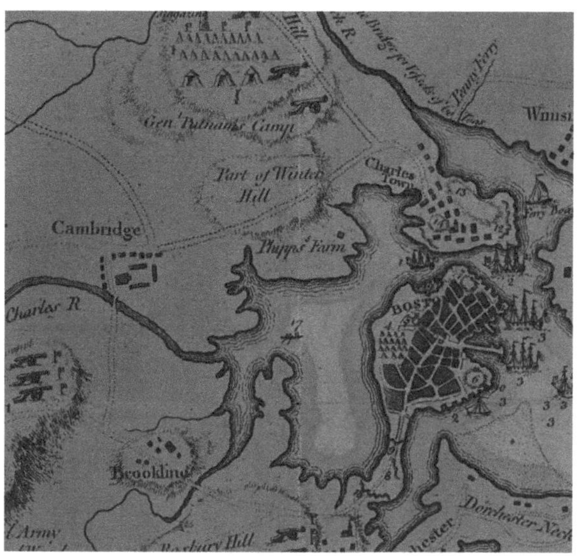

[그림 05] 1775년 보스턴 지도. 오른쪽 하단부에 도체스터 하이츠가 보인다. 지도 상단 푸트넘 장군(General Israel Putnam)의 캠프를 위시해 시민군이 보스턴에 주둔해 있던 영국군과 대치해 있는 국면이 잘 드러난다. ©wikipedia.org

피난 중인 친영파 민간인들의 정서도 이와 다르지 않은데, 이는 피난민 중 한 명인 설리(Surly)의 입을 통해 표출된다. 그는 고립 상태에서 오는 공포감과 함께 의지하고 믿었던 영국 왕실 관료 허친슨 주지사에 대한 배신감까지 표출한다. 그의 한탄은 친영 세력에 줄을 댔다가 자멸을 초래한 자신의 선택에 대한 후회로 마감된다.

> 우리만큼 비참한 처지도 없지. 세상의 부랑자와 추방자들! 그리고 여기 우리! […] 보호해 준대서 이곳으로 도망 왔건만, 이렇게 실망스러울 수가! 우리가 의지했던 자들이 우리처럼 불쌍한 처지라니! 이게 모두 그 망할 허친슨 놈의 간계에 넘어갔기 때문이야. 연금이니, 명예로운 직책이니, 이윤이니 하는 달콤한 말로 우리를 꾀었던 악당은 이미 줄행랑을 치고, 우리만 남아 이렇게 피난민 신세가 되었네. 집을 버리고, 가족은 친구의 자비에 맡겨 두

고, […] 내 재산은 몽땅 정부 발행 공채에 투자했고, […] 풍요롭고 화려한 시절에서 빈곤하고 비참한 신세로 전락한 나는 한쪽 귀를 잃어버린 개처럼 길거리를 숨어 다니지. 빌어먹을 야망이 뭐라고! 차라리 내 동포들과 함께 머물며 내 농장의 농작물을 조용히 먹으며 지냈다면 더 좋았을 것을.

Nothing can be more wretched than our state — vagabonds and outcasts in the world! — here we are […] we fled here for protection, but how are we disappointed! Those on whom we depended, are as miserable as ourselves! We have been cajol'd into all this by that curss'd H_____n. He pleas'd us with pensions, posts of honor, and profit, but the villain has fled, and left us to shirk for ourselves. My dwellings I have forsaken, my family are left to feed on the charity of friends, […] My money I have let out on government security, […] from affluence and splendor I am reduc'd to wretchedness and misery, and skulk about the streets like a dog that has lost one ear. Oh curss'd ambition! Much better had it been if I had stay'd among my countrymen and partook quietly of the produce of my farm. (Act 1, Scene 2: 5–6)

이어지는 피난민 심플(Simple)의 말은 미국인들이 친영파가 되었던 이유가 '돈 되는 자리'(lucrative post)로 상징되는 사사로운 욕심과 '직함'(titles)으로 상징되는 허황된 명예욕에서 비롯된 것이었음을 그리고 이렇게 건전하지 못한 동기가 낳은 결과가 얼마나 허망한 것인지를 토로한다.

우리는 욕을 먹어도 싸. 지금 이 지경에 이른 것도 우리가 자처한 일이니까. 우리는 대령이니, 귀하니 하는 직함을 좋아했지 않나. […] 우리는 친영 정부의 눈에 들기 위해 별의별 수를 다 써 왔지. 동포들로부터의 원성과 비난을 감내하면서 말이야. 그렇게 하면 돈 되는 자리 하나쯤 얻을 수 있을 거라 생각했지. 우리는 명성이라는 허울만 붙잡았을 뿐 실속은 하나도 없었어. 우리의 충성심에 대한 대가는 장군과 고적대에게서 받는 경례 인사가 고작이었으니까.

[그림 06] 〈도체스터 하이츠의 조지 워싱턴〉. 길버트 스튜어트(Gilbert Stuart) 작(1806년) ©wikipedia.org

We have reason to blame ourselves — we have brought affairs to the present state — we were fond of the titles of Col. Esq. &c. […] We contriv'd a thousand tricks to make ourselves obnoxious to our countrymen, that we might be noticed as friends to government; we thought this would recommend us to some lucrative post. We embrac'd the shadow of grandeur but the substance has fled. A bow from a general or a fifer is all the satisfaction we have for our loyalty. (Act 1, Scene 2: 6)

피난민들의 정서는 "우리는 기만당했다"(We have all been deceived, Act 1, Scene 2: 7)는 파운치(Paunch)의 탄식으로 요약된다. 그들이 믿었던 토리적 가치와 영국 왕과 친영 정부에 대한 충성 맹서는 "오직 왕실에서만 유효한 말"(only a court watch word, Act 1, Scene 2: 7)이기에 만인이 평등한 민주주의를 근간으로 하는 미국의 토양에 뿌리내릴 수 없는 이질적 요소이며, "미국 시민들을 현혹해 재산을 축낼 뿐"(entrap men, and then fleece them of their property, Act 1, Scene 2: 7) 아무런 득이 되지 않는 허상에 불과하다.

포위망을 좁혀 오는 시민군의 기세에 결국 퍼프 장군은 영국군과 친영파 미국인들에게 보스턴에서 신속히 철수할 것을 명한다. 퇴각을 앞둔 한 병사(Soldier)는 지난 반년 동안 영국군의 행적을 압축적으로 반추한다. 물질적 손실과 정신적 상실감에 이어 병사의 현 상황을 지배하는 정서는 아무런 전과를 내지 못하고 허송세월한 자신에 대한 실망과 수치심이다.

> 우리는 보스턴 안에 갇혀 여섯 달 동안 공세를 받았지. 우리는 여기에 감금되어 뼈만 앙상하게 말라 버렸고, 피골은 상접되어 뼈가 살 밖으로 보초 서듯 튀어나와 있다. […] 우리가 기대한 행운이 이런 것이었던가? 목숨, 명예, 육신을 다 잃고도 모자라 모든 것들이 우리가 따라잡기 힘들만치 빠르게 달아나고 있구나. […] 영국의 사기에 크나큰 오욕을 남겼어! 우리의 명예나 이익을 위해 아무것도 한 게 없다니.

> We had got within Boston, where we had been fortify'd for six month — here we were confin'd, reduc'd to skeletons, our bones standing sentry thro' our skins. […] what has been our luck? Loss of men, of honor, of flesh, and to crown the whole, are now running away, as fast as we can scamper. […] Disgrace too great for the spirit of Britons! — Not an action have we done, that has been any way to our honor or profit. (Act 3, Scene 2: 18)

병사는 이어서 피난선에 서로 올라타기 위해 "고양이 떼"(a parcel of cats)처럼 이리저리 날뛰는 친영파 미국인들 묘사한다. 그는 이 모습을 보고 "익살맞은 광경"(ludicrous scenery)이라 조롱하지만(Act 3, Scene 2: 19), 이는 기실 피난민 대열에 속한 자신과 영국군에 대한 자조적이고 자기반성적인 풍자로도 볼 수 있다. 그리고 익살맞은 광경의 실체가 드러나는데 그것은 무질서와 혼란이 만연한 아비규환의 현장이다.

> 정말 압권은 배 위에서 벌어지는 장면이지. 양키 피난민들이 아내를 끼고 다니며 하는 짓거리만큼 우스꽝스러운 게 또 있을까. 토하고, 울고, 요리하고, 먹고. 그것도 떼거지로 말이야. 어떤 부인들은 급하게 배에 오르다가 옆 사람에게 고꾸라져 허연 다리를 드러냈는데, 그걸 보고 웃겨서 옆구리가 터지는 줄 알았다니까. 한 사내는 성급하게 승선하려다 배 밖으로 떨어졌고 그 바람에 물속에 남는 신세가 되었지. 이 모든 광경을 본다면 질질 짜던 철학자도 실소를 금지 못할걸. 한마디로 말로는 표현하기 힘든 광경이지. 돼지 새끼들, 아니 똥개 새끼들처럼 배를 채우더니만, 그걸 서로의 입에 토해 내기까지 하더라니까.

> The beauty of the whole is aboard the ships — the yankee refugees with their wives cut a most ridiculous figure — vomiting, crying, cooking, eating, all in a heap. I was ready to burst my sides in laughing, to see the ladies scampering into the vessels, tumbling one over another showing their legs, etc. One fellow in his hurry, pitched over board, and was kind enough to remain there. The whole scene was sufficient to raise the risibles of the crying philosopher — in short, the words cannot describe it; they stow like a litter of pigs, or like a young brood of spaniels; they even spew in another's mouths. (Act 3, Scene 2: 19)

상기한 피난 광경의 혼란상은 흥미롭게도 15세기 네덜란드 화가 히에로니무스 보쉬(Hieronymus Bosch, 1450~1516)의 유명한 종교화 〈세속적 쾌락의 정원〉(*Garden of Earthly Delight*) 연작 중 〈지옥〉(Hell) 편을 연상케 한다. 이 그림은 세속적 유혹에 탐닉하다 지옥의 나락으로 떨어지는 인간들을 묘사한다.

그림 중앙에 나무뿌리 형상의 팔을 두 척의 배에 고정시킨 화가의 자화상이 그려져 있고, 텅 빈 그의 몸통 안에 악마의 쉼터인 '지옥의 선술집'이 보이며, 위에는 육욕의 상징인 흰 파이프가 달린 회전대가 놓여 있다. 왼편으로 화살에 찔리고 칼에 잘린 '두 개의 귀'가 있는데, "귀 있는 자는 들을지어다"(Anyone with ears to hear should listen, Matthew 11:15)라는 성경 구절에 기대어 해석할 때 이는 귀가 어두운 자를 상징한다. 이 장면은 극 『얼간이들』에서 '돈 되는 자리'와 '직함'으로 상징되는 욕심과 명예욕 등 세속적 유혹에 취약한 친영파 인사들의 이미지와 중첩된다.

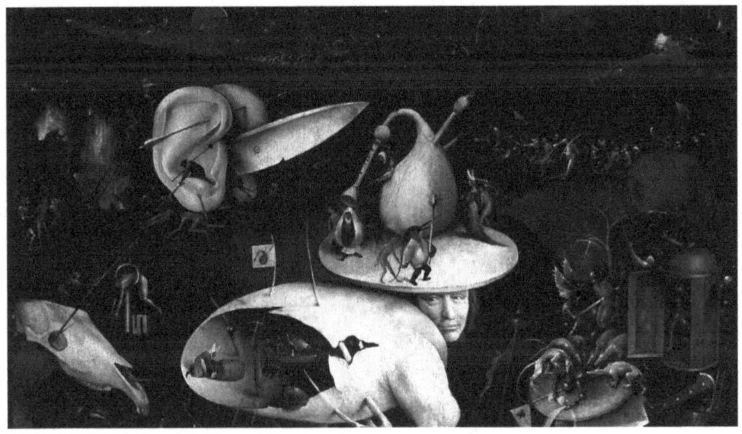

[그림 07] 지옥도 중앙부 '지옥의 선술집'과 '두 개의 귀' ©wikipedia.org

그림의 하단부 오른쪽, 식탐을 상징하는 냄비를 머리에 인 새 모양의 괴물은 '지옥의 왕자'(Prince of Hell)로 그는 저주받은 인간들을 집어삼키고 이들을 구덩이에 배설한다(Belting 3). 탐욕스러운 인간은 구덩이에 금화를 배설하도록 선고받고 폭식에 대한 벌로 구토를 하는데, 이 장면은 『얼간이들』에서 영국 병사의 입을 통해 묘사되는 폭식과 구토를 일삼는 피난민의 모습을 떠올리게 한다.

[그림 08] 지옥도 하단부 '지옥의 왕자' ©wikipedia.org

[그림 09] 지옥도 하단부 '벌거벗은 다리'와 '나신의 군중' ©wikipedia.org

또한 그림 하단 중앙에 위치하는 '벌거벗은 다리'는 승선하다 고꾸라져 다리를 드러냈던 부인을 연상시키고, 그 왼편에 칼을 피해 몸을 숨기는 '나신의 군중'은 흡사 피난선에 올라타기 위해 '고양이 떼'처럼 날뛰는 친영파 미국인들이 자아내는 혼란과 무질서의 현장을 닮았다.

보쉬의 지옥도가 함의하는 종교적 의미와 관련지을 때, 극 중 피난 장면은 창조주의 질서가 부재한 광기와 혼돈의 '종말론적'(apocalyptic) 비전을 제시한다. 모두에서 언급했듯 청교도 이민자들이 세운 나라가 미국임을 감안할 때 금욕과 절제, 도덕적 엄격성, 종교적 신실함 등으로 설명되는 이들의 신념, 즉 청교주의(puritanism)는 미국 건국이념의 근간을 이룬다. 이는 20달러 지폐 뒷면에 각인된 '우리가 믿는 하나님 안에서'(IN GOD WE TRUST)라는 국가 모토에서[13] 그리고 역시 1달러 지폐 뒷면에 새겨진 세상을 굽어살피는 '하나님의 전시안'(全視眼; the All-seeing Eye of God) 혹은 '섭리의 눈'(Eye of Providence)에서 확인된다.[14] 반면 극 중 피난 장면은 건국이념이 약속한 종교적 믿음

13 이 문구는 1956년 미국 국가 모토로 채택되어 이듬해 1957년부터 화폐 디자인에 삽입되어 통용되었다. 1782년부터 사용되어 왔던 이전 국가 모토는 '여럿이 모여 하나'(E PLURIBUS UNUM; one from many)였다. '여럿이 모여 하나'는 지금도 여권 등에 사용되는 미국 국가인장(Great Seal)과 국가문장(Coat of Arms)에 새겨져 있다.

14 '전시안'은 삼각형으로 둘러싸이고 후광을 발하는 눈의 형태를 하고 있다. 1달러 지폐 뒷면에는 13개의 주를 상징하는 13개의 단으로 이루어진 미완성의 피라미드가 있고, 피라미드의 정점에 전시안이 위치한다. 삼각형은 삼위일체를, 후광은 신의 영광과 섭리를 상징하며, 전시안은 결과적으로 미국의 역사와 인류를 굽어살피는 신의 섭리를 의미한다.

과 신의 섭리 및 청교도적 질서를 기대할 수 없는 광기와 혼란의 극치를 선보인다. 한편 이 극이 청교도적 신념에 기초해 미국의 독립을 지지하는 정치적 목적을 지니고 있음을 감안한다면, 병사가 묘사하는 피난 장면은 동시대 미국 독자와 관객들에게 "신이 굽어살피는 세상의 무대에 발생한 이상 조짐"(special status on the world stage under the All-seeing Eye of God)에 대한 경각심을 불러일으킨다(Richards, *Theatre Enough* 126).

[그림 10] '섭리의 눈'(1달러 지폐 뒷면) ©wikipedia.org

[그림 11] '우리가 믿는 하나님 안에서'(20달러 지폐 뒷면) ©wikipedia.org

이러한 점에서 피난 장면은 "사탄과 선택받은 자 예수 사이의 변증법적 투쟁"(Satan on one hand and Christ and the elect on the other)을 극적으로 활용해 청교도적 논리와 담론을 강화하는 효과를 발한다(Stanford 84-85). 또한 이 장면은 로날드 레이드(Ronald F. Reid)가 워렌의 정치풍자극의 특징으로 손꼽는 '종말적 수사'(apocalyptic rhetoric)에 대한 예시가 된다. 레이드에 따르면 '종말적 수사'는 증오의 대상을 식별하고 모반과 전복에 대한 공포를 불러일으키며, "신이 정해 놓은 그리스도와 적그리스도 사이의 갈등"(divinely ordained struggle of Christ and Anti-Christ) 구도 안으로 추종자들을 끌어들이는 효력이 있으며, 그 결과 종교적 명분에 대한 "강력한 때론 광적인 헌신의 감정"(strong, sometimes fanatical feeling of commitment)을 유발한다(Reid 239, 241).

사병의 피난 행렬 묘사에 대해 피난민 대열의 한 여인은 이 모든 게 "자업자득"(They have brought it on themselves, Act 3, Scene 2: 19)이라 말한다. 그리고 이어지는 말은 극의 마지막 대사이자 작가가 이들을 통해 전하는 최후의 교훈적 메시지이다.

> 그들은 자신의 농장이나 잘 돌봐야 했어, 여기에 모여와 양쪽 모두에게 조롱거리가 되지 말고 말이야. 나에게 좋은 농장이 있다면 정부 관료들을 보고 지옥에나 가 버리라 할 거야. 그랬다면 내가 이런 데로 끌려와 추위에 떨고 굶주리며 조롱받을 일도 없겠지. 정부 관료들과 그들의 영혼 없는 보호자들에게 저주를 그리고 아메리카를 위해 만세를.
>
> They had better have minded their farms, not have run here to be a ridicule to both parties. If I had a good farm, I would see government to the devil, before they should catch me here, to be frozen, famish'd, ridicul'd — curse them and their spiritless protectors, and let's conclude with huzzas for America. (Act 3, Scene 2: 19)

여인의 말에 따르면 친영파 미국인들은 결국 영국인들과 독립을 지지하는 미국인들 양쪽에서 조롱거리가 된다. 여인의 말은 어느 쪽에도 끼지 못하는 박쥐와 같은 신세가 되어 버린 그들의 기회주의적 태도에 대한 경종이다. 그녀가 언급하는 '정부'는 영국에서 임명한 허친슨 총독의 친영 행정부를 말한다. 그들은 자신에게 물질적·정신적 후원을 아끼지 않은 미국인들을 보호해 주지 않는다. 한때 토리적 가치에 편승해 친영파로 돌아섰지만 결국 그녀는 영국인에게 타자일 수밖에 없는 미국인이며, 그녀가 돌아가야 할 제자리는 미국이다. 여인은 "아메리카 만세"(huzzas for America)라는 말로 반성과 후회의 뜻을 표해 보지만 이는 뒤늦은 바람일 뿐, '친영파' 꼬리표가 붙은 그녀가 발붙일 곳은 미국에 없다. 그녀에게 남은 마지막 선택지는 조국을 떠나는 것이고, 결국 영국군 총사령관의 명령에 따라 캐나다 접경 노바스코샤(Nova Scotia)의 할리팩스(Halifax)행 피난선에 몸을 싣는다.

극의 대미를 장식하는 '아메리카 만세'라는 구호는 친영 인사가 친미적 언사를 하는 장면이 유발하는 풍자적 효과를 극대함과 동시에 작가가 극에서 궁극적으로 의도하는 메시지인 청교도적 국가관과 역사관을 암암리에 드러낸다. 워렌은 생애 동안 "인류를 위한 하나님의 계획"(God's plan for mankind)을 완수하기 위한 필수 단계로서 "혁명과 새로운 국가 건설"(the Revolution and the New Nation)의 필요성을 견지했는데(Friedman and Shaffer 197), 이는 1805년에 탈고한 『미국 독립혁명사』에서 분명히 피력된다.

> 하나님은 현세대의 책무, 구체적으로 말하면 미국이 밟고 가야 할 행보를 분명히 제시해 오셨다. [⋯] 세계는 이제 연방공화국이라는 새로운 정부 제도를 실험하는 미국을 지켜보고 있다.

> Providence has cleary pointed out the duties of the present generation, particularly the paths which America ought to tread. [⋯] The world is now viewing America, as experimenting a new system of government, a Federal Republic. (History I, vii–vii)

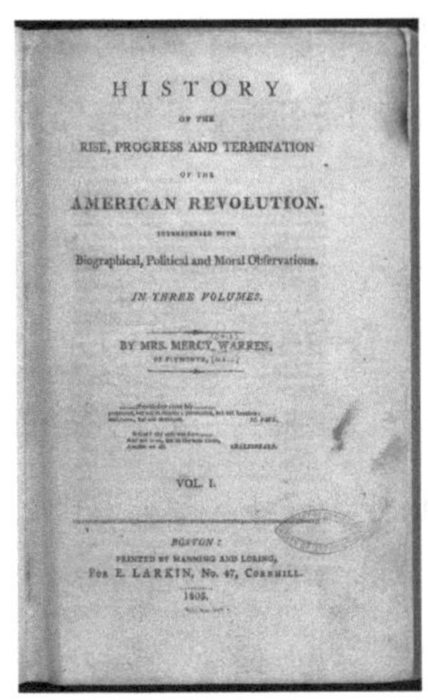

HISTORY
OF THE
RISE, PROGRESS AND TERMINATION
OF THE
AMERICAN REVOLUTION.
Biographical, Political and Moral Observations.
IN THREE VOLUMES.
BY MRS. MERCY WARREN,
VOL. I.
BOSTON:
PRINTED BY MANNING AND LORING,
FOR E. LARKIN, No. 47, CORNHILL.
1805.

[그림 12] 『미국 독립혁명사』(1805) 원본 표지 ©wikipedia.org

워렌은 계급과 신분의 차별에 입각한 영국 왕정 체제에 대한 대안으로 '연방공화국'이라는 미국의 국제 체제를 기대한다. 한편 미국의 독립과 연방공화국의 수립은 그 자체로 완결된 것이 아니라 하나님 앞에 평등한 청교도적 이상향에 도달하기 위해 거쳐야 할 수많은 실험 과정의 한 단계에 불과하다. 이처럼 작가가 지지하는 독립, 애국심, 혁명 등의 가치는 근본적으로 그녀의 청교도적 신념에서 배태되고 있으며, 혁명과 독립국가 건설을 지향하는 그녀의 역사관과 국가관은 결국 청교도적 신념으로 귀결한다.

3. 프로파간다, 정치 현실과 문학적 상상의 간극 읽기

정치풍자극 『얼간이들』은 미국 독립혁명 당시 시민군의 성공적인 방어전에 따른 영국군의 퇴각과 그 결과 영국에 의존해 사회적·경제적 상승을 탐했던 친영파 미국인들의 망연자실한 상황에 대한 묘사를 통해 토리적 가치 및 사대주의 근성의 위험성과 허망함을 조롱하고 풍자한다.

특히 이 극에서 재현되는 연극적 상황은 실재했던 역사적 사건들을 소재로 한 것이기에 동시대 미국 시민들에게 친숙하다. 실제로 극 중 묘사되는 보스턴 전투, 영국군의 포위 및 철수 장면 등은 작가가 신문 지면을 통해 보도된 기사에서 많은 부분 착안한 것이며, 이와 관련된 지명과 인명 역시 그대로 무대로 옮겨 온 것이다. 등장인물 대부분이 희극적인 가명으로 포장되어 있긴 하나 동시대 독자와 관객들이 쉽게 인지할 수 있는 실존 인물들을 극화한다.[15] 일례로 퍼프 장군은 당시 보스턴 전투에서 영국군의 철수 명령을 내렸던 윌리암 하위(William Howe, 1729-1814) 장군을, 극 중 바쇼 대령(Captain Bashaw)은 당시 영국 해군 제독 새뮤얼 그레이브스(Admiral Samuel Graves, 1713-1787)를 희화한 것임이 드러난다(Quinn 47).

한편 이 극은 문학 혹은 드라마라는 '허구적 재현' 형식을 취함으로써 작가의 상상력을 허용한다. 즉 작가는 실재하는 사실을 허구의 영역으로 끌어와 "마음껏 상상하고 조롱하고 과장하며"(free to invent, ridicule, and exaggerate, Sarkela 545), 풍자의 편파성과 수위 조절 역시 전적으로 작가가 재량권을 갖는다. 편파적이고 과장될 수밖에 없는 이 '허구적 재현'은 특정 진영의 시각에 입각한 담론을 형성하게 되고, 독자와 관객은 이 담론에 입각해서 자신이 목도한 역사와 인물을 재

15 극 중 영국군 장교들과 친영파 미국인 피난민들은 성격을 단번에 추측할 수 있는 단순하고 희극적인 이름을 갖는다. 일례로 해군 대령 바쇼(Captain Bashaw)는 '거만한' 성격을, 총사령관 퍼프 장군(General Puff)는 '허풍쟁이' 기질을 표출하며, 영국군 장교인 셸로우(Shallow)와 두프(Dupe)는 각각 '천박함'과 '아둔함'을 함의한다. 친영파 미국인 피난민들의 경우, 미거(Meager), 설리(Surly), 심플(Simple) 등은 각각 하찮고, 무례하고, 아둔한 성격들을 예측케 한다. 개개의 인물들의 은유하고 함축하는 의미들을 통해 작가 워렌은 친영적 혹은 '토리적' 가치를 풍자적으로 일별하고 있다. 그리고 등장인물들을 모두 합친 결과가 '얼간이들'(the blockheads)이며, 이는 작품의 제목이 함의하는 바이다.

해석함으로써 "사건 정황에 대한 가치관을 재구성하는 데 적극 동참하게"(actively participate in constructing a vision of the status quo, Sarkela 546) 된다. 이처럼 워렌의 극은 허구와 사실, 정치 현실과 문학적 상상의 간극 읽기를 전략적으로 활용함으로써 독자와 관객으로부터 '극적인' 공감을 끌어내는 동시에 그것을 '현실의' 정서로 수렴시킨다. 결과적으로 정치풍자극 『얼간이들』은 애국파 진영의 독립 의지를 고취하기 위한 정치적 목적을 효과적으로 수행한다.

독립혁명이라는 역사적 격변기에 미국에서 발생하고 한 시대를 풍미한 프로파간다 드라마는 문학적 가치를 넘어서 현실을 반영하고 시대의 가치를 일깨우고 고양하는 등 문학에 잠재한 '실용적' 가치를 극대화한다. 워렌 스스로도 자신의 극이 예술적으로 균형 잡힌 문학작품으로서보다 "교훈적인 것을 목적하는"(intended to be moralistic) 실용적 측면에서 의도된 것임을 인정했으며(Brown 12), 특히 조지 워싱턴에게 헌정한 극작 『로마의 약탈』(*The Sack of Rome*, 1790)의 서문에서 이 점을 분명히 밝혔다.

> 연극이 주는 즐거움은 종종 악한 목적으로 오용되어 왔을 수도 있다. 그러나 고상한 취향과 품위의 시대에 도덕성 및 일탈의 결과에 대한 교훈은 교육적 방식에 의한 것만큼이나 무대에서 성공적으로 수행될 수 있을 것이다. [...] 동시에 위대한 역사적 사건들을 눈으로 보여 주는 것은 반성적이고 철학적인 사고를 향한 숙고의 장을 열어 준다.
>
> Theatrical amusements may, sometimes, have been prostituted to the purpose of vice; yet, in an age of taste and refinement, lessons of morality, and the consequences of deviation, may perhaps, be as

successfully enforced from the stage, as by modes of instruction, less censured by the severe; while, at the same time, the exhibition of great historical events, opens a field of contemplation to the reflecting and philosophic mind. (*Poems* 11)

워렌이 적시한 문학의 효용적 가치를 체현한 극이자 독립혁명 전쟁을 중심으로 전개된 "역사적 사건을 직접 다룬 최초의 팸플릿 극"(Davis 239)인 『얼간이들』은 미국 혁명기 프로파간다 드라마의 전범으로서 연극사적 가치와 중요성을 확보한다.

인용 문헌

· Belting, Hans. *Garden of Earthly Delights.* Munich: Prestel, 2005.

· Brown, Jared. *The Theatre in America During the Revolution.* Cambridge: Cambridge UP, 1995.

· Davis, Peter A. "Plays and Playwrights to 1800." *The Cambridge History of American Theatre.* Vol. 1. Ed. Don B. Wilmeth, and Christopher Bigsby. Cambridge: Cambridge UP, 1998. 216-249.

· Ford, Paul Leicester. *Washington and the Theatre.* New York: Dunlap Society, 1899.

· Friedman, L. J., and A. H. Shaffer, "Mercy Otis Warren and the Politics of Historical Nationalism." *New England Quarterly* 48.2 (1975): 194-215.

· Hewitt, Barnard. *Theatre U.S.A: 1665 to 1957.* New York: McGraw-Hill, 1959.

· Johnson, Caleb H. *The Mayflower and Her Passengers.* Indiana: Xlibris, 2006.

· Johnson, Odai. "Theatre Companies before the Revolution." *The Oxford Handbook of American Drama.* Ed. Jeffrey H. Richards, and Heather S. Nathans. New York: Oxford UP, 2014. 16-31.

· Moses, Montrose J. "American Plays of Our Forefathers." *The North American Review* (1922): 790-804.

· Quinn, Arthur Hobson. *A History of the American Drama from the Beginning to the Civil War.* 2nd ed. New York: Appleton-Century-Crofts, 1951.

· Reid, Ronald F. "Apocalypticism and Typology: Rhetorical Dimensions of a Symbolic Reality." *Quarterly Journal of Speech* 69.3 (1983): 229–8.

· Richards, Jeffrey H. *Mercy Otis Warren.* New York: Twayne, 1995.

· ______. *Theatre Enough*. Durham: Duke UP, 1991.

· Sarkela. Sandra A. "Freedom's Call: The Persuasive Power of Mercy Otis Warren's Dramatic Sketches, 1772-1775." *Early American Literature* 44.3 (2009): 541-568.

· Shaffer, Jason. "Making "an Excellent Die": Death, Mourning, and Patriotism in the Propaganda Plays of the American Revolution." *Early American Literature* 41.1 (2006): 1-27.

· Stanford, Donald E. "Edward Taylor," *Major Writers of Early American Literature*. Ed. Everett Emerson. Madison: U of Wisconsin P, 1971. 59–91.

· Warren, Mercy Otis. *The Blockheads; or, The Affrighted Officers, A Farce*. Ann Arbor: Text Creation Partnership, 2004.

· ______. *History of the Rise, Progress and Termination of the American Revolution*. Boston: Manning and Loring, 1805.

· ______. *Poems, Dramatic and Miscellaneous*. Boston: I. Thomas and E. T. Andrews, 1790.

· Wilmer, S. E. *Theatre, Society and the Nation: Staging American Identities*. Cambridge: Cambridge UP, 2002.

그림 출처

[그림 01] 도체스터 하이츠에서 바라본 보스턴
https://www.flickr.com/photos/boston_public_library/6055534625

[그림 02] 미국 독립선언문(1776년 7월 4일)
https://en.wikipedia.org/wiki/United_States_Declaration_of_Independence

[그림 03] 머시 오티스 워렌 초상
https://en.wikipedia.org/wiki/Mercy_Otis_Warren

[그림 04] 토마스 허친슨 초상
https://en.wikipedia.org/wiki/Thomas_Hutchinson_(governor)

[그림 05] 1775년 보스턴 지도
https://en.wikipedia.org/wiki/Fortification_of_Dorchester_Heights

[그림 06] 도체스터 하이츠의 조지 워싱턴
https://en.wikipedia.org/wiki/Fortification_of_Dorchester_Heights

[그림 07] 지옥도 중앙부 '지옥의 선술집'과 '두 개의 귀'
https://en.wikipedia.org/wiki/Hieronymus_Bosch

[그림 08] 지옥도 하단부 '지옥의 왕자'
https://en.wikipedia.org/wiki/Hieronymus_Bosch

[그림 09] 지옥도 하단부 '벌거벗은 다리'와 '나신의 군중'
https://en.wikipedia.org/wiki/Hieronymus_Bosch

[그림 10] 섭리의 눈(1달러 지폐 뒷면)
https://en.wikipedia.org/wiki/Eye_of_Providence

[그림 11] 우리가 믿는 하나님 안에서(1달러 지폐 뒷면)
https://en.wikipedia.org/wiki/In_God_We_Trust

[그림 12] 『미국 독립혁명사』(1805) 원본 표지
https://en.wikipedia.org/wiki/Mercy_Otis_Warren

[그림 01] 〈울프 장군의 죽음〉(*The Death of General Wolfe*). 벤자민 웨스트(Benjamn West) 작(1770년). 캐나다 국립미술관 소장. 프랑스-인디언 전쟁(1754-1763) 중 백인 장교의 임종을 지켜보는 인디언의 모습은 '자연의 신사'로 이상화되어 긍정적으로 묘사되고 있다. ©wikipedia.org

제3장

1820년대 인디언 이슈와 국가정체성[16]:

존 어거스티스 스톤, 『메타모라』

John Augustus Stone, *Metamora* (1829)

16 이 글은 『미국학논집』 45권 3호(2013년)에 게재된 논문 「고결, 야만 그리고 사라짐: 『메타모라』에 나타난 인디언 캐릭터와 미국 정체성」을 다듬어 정리한 것이다.

1. 고결한 야만인, 아메리칸 인디언

'고결한 야만인'(the noble savage)이라는 주제는 초기 미국 문학사에서 중요한 모티브로 등장한다. '고결'과 '야만'이라는 일견 상충하는 개념어들의 조합인 이 말은 미국이 독립된 국가로서 정체성을 수립하는 과정에서 '인디언'이라는 호칭으로 더 친숙한 아메리칸 원주민을 지칭하는 표현으로 사용되었다. 아울러 이 표현은 아메리카 신대륙이라는 처녀지를 개척하는 과정에서 백인 정착민이 대면하게 된 이들 '유색' 원주민에 대한 첫인상을 함축한다. '고결한 야만인'이라는 표현은 이처럼 아메리칸 원주민에 대한 백인의 시각을 반영한다. 백인의 눈에 비친 인디언의 생활은—문명과 떨어져 사냥과 수렵으로 먹거리를 해결하고 동물의 가죽으로 의복을 충당하며 이해할 수 없는 언어로 의사소통을 하고 비과학적인 주술에 의존해 질병과 천재지변에 대처하는 등—미개한 동시에 흥미로운 것이었다. 흥미와 재미 제공이 문학의 주요 목적 중 하나임을 감안할 때 인디언의 모습은 백인, 특히 백인 작가에게 좋은 소재였다.

실제로 아메리칸 인디언은 초기 미국 드라마에서 인기 높은 캐릭터였다. 레블란 데 빌레뉴브(LeBlanc de Villeneuve)의 『인디언 추장』(*Le Pere-Indien*, 1753)은 촉토족(the Choctaw Indians) 이야기를 다루며, 안타깝게도 현재 소실된 상태다. 최초 아메리칸 인디언 비극으로 여겨지는 메이저 로버트 로저스(Major Robert Rogers)의 『폰티악, 미국의 야만인』(*Ponteach; or, the Savage of America*, 1766)은 영국 백인에게 희생당하는 영웅적 인디언 캐릭터를 제시한다. '고결한 야만인' 문학 전통의 시초로 여겨지는 이 극은 실제 공연되지는 않았다. 미국에서 처음 상연된 인디언극은 1794년 뉴욕 존 스트리트 극장(John Street Theatre)에서 선보인 안네 켐블 해튼(Anne Kemble Hatton)의 『타마니』(*Tammany*)로 기록된다. 제임스 넬슨 바커(James Nelson Barker)의 『인디언 공주, 미녀 야만인』(*The Indian Princess; or, La Belle Savage*, 1808)은 포카혼타스(Pocahontas) 이야기를 다룬 최초 미국 드라마이자 아메리칸 인디언극의 진정한 시작으로 여겨진다(Quinn 269-271). '고결한 야만인'을 주제로 한 아메리칸 인디언극은 1850년대까지 75편이나 양산되며 붐을 이루었다(Moody, *Dramas* 203).

간과하지 말 것은 '고결한 야만인'이라는 표현에 함축된 백인의 시각이 인디언을 바라보는 흥미본위 시선에만 국한되지 않는 점이다. 자연과 혼연일체로 살아가는 그들의 모습에서 백인 정착민은 자신이 결여한 긍정적 일면을 발견했고, 이러한 인디언의 모습을 통해 결여에 대한 대리 충족을 경험하고 심지어 백인을 능가하는 그들의 능력은 낭만적 미화의 대상이 되었다.

인디언을 바라보는 백인의 낭만적 시각이 유행처럼 부각된 데에는 1812년 영국과 미국 사이에 발발한 전쟁이 계기가 되었다. 독립전쟁(American War of Independence, 1775-1783)을 통해 미국이 영국에게서 독립을 쟁취했다면, '1812년 전쟁'(War of 1812)이라 불

[그림 02] 〈위대한 버지니아 추장〉(*A weroan or great Lorde of Virginia*). 시오도 데 브리(Theodor de Bry) 작(1590년). 이 판화는 아메리카 인디언의 '고결한 야만인' 이미지가 유럽 사회에 소개된 최초 사례로 알려진다. ©wikipedia.org

리는 두 백인 집단의 대결 국면은 미국에 잔재한 모국 영국의 영향과 흔적을 완전히 청산함으로써 독립국의 위상을 굳힌다는 점에서 중요한 사건이었다.[17] 상기한 명분을 위해 미국의 백인 시민은 영국 백인으로부터 전략적으로 거리를 둘 필요가 있었다. 영국과 달리 전통이 부재했던 미국은 모국과 차별되는 전통을 시급히 수립해야 했고, 결과적으로 영국이 결여한 미국 특유의 풍토에서 전통을 구성할 요소를 찾아야 했다. 백인 정착민이 쉽게 찾을 수 있었던 미국적 전통 중 하나가 아메리칸 인디언이었다. 강인함과 자연의 지혜는 처녀지를 개척해야 할 백인에게 생존을 위한 필수 자산이었기에, 그들에게 인디언은 단순한 동경을 넘어 동일시의 대상이었다. 전통에 목말라 하던 백인 정착민은 아메리칸 인디언의 긍정적 모습은 물론 문화적·종교적으로 이질적인 면모조차 긍정적으로 채색하는 경향을 보였다.[18] 동경과 동일시 작용을 포함하는 '낭만화' 기제를 통해 인디언이라는 미

---

17 32개월간 지속된 이 전쟁을 통해 미국은 영국의 내정간섭 및 기타 문제들—영국과 프랑스의 전쟁으로 인한 교역 제한, 미국 상선 선원들의 영국 해군 징발, 미국의 영토 확장에 걸림돌이 된 영국과 인디언 부족의 동맹 등—을 해결했다(Stagg 4).

18 그 결과 1812년 전쟁을 전후로 긍정적으로 채색된 '고결한 야만인' 인디언 캐릭터가 미국 문학의 전면에 등장했다. 대표적인 예가 제임스 페니모어 쿠퍼(James Fenimore Cooper)의 『모히칸의 최후』(*The Last of the Mohicans*, 1826)이다. 또한 워싱턴 어빙(Washington Irving)의 이야기 모음집 『스케치북』(*The Sketchbook of Geoffrey Crayon, Gent*, 1820)에 두 편의 소품 「인디언 캐릭터의 특징」("Traits of Indian Character," 1819)과 「포카노켓의 필립: 인디언에 대한 기억」("Philip of Pokanoket: an Indian Memoire," 1819)이 실려 있는데, 이들은 인디언에 대한 백인의 낭만적 시각과 동정적 정서를 표출한다. 1819년에 상연된 모데카이 노아(Mordecai Noah)의 『여자 병사, 치페와 평원』(*She Would Be a Soldier; or, The Plains of Chippewa*)에 등장하는 이름 없는 인디언 캐릭터들은 한결같이 충직하고 애국심과 독립심으로 고취된 영혼으로 묘사되었다.

국 풍토성은 백인 정착민이 수립해야 할 미국적 전통의 요소로 수렴될 수 있었다. 결과적으로 미국 백인은 영국 백인과 차별되는 정체성을 '획득'하게 되는데, '강하고 남성적인 백인'(strong and masculine white)이 그것이다. 반대급부로 영국의 정체성은 '연약하고 여성적인 백인성'(feeble and feminine whiteness)으로 이항대립화되는 수순을 밟게 된다.

존 어거스터스 스톤(John Augustus Stone, 1801-1834)의 1829년 희곡 『메타모라: 왐파노아그 부족의 최후』(*Metamora; or, the Last of the Wampanoags*)는 아메리칸 인디언에 대한 백인의 낭만적 시선, 이와 맞물린 미국적 전통과 국가정체성 수립 문제를 문학적으로 반영한 대표적 작품이다. 이 극은 17세기 뉴잉글랜드 지역을 배경으로 영국 청교도들이 신대륙에 진입하던 시기 백인 정착민에 의해 아메리칸 원주민의 영역이 잠식당하는 과정에서 부족의 생존을 위해 백인과 맞서 싸우다 장렬하게 전사하는 인디언 추장 메타모라의 영웅적 풍모를 극화한다. 극 초반부는 청교도 백인들이 충직하고 친절한 메타모라와 우호적인 관계를 신뢰를 형성하는 모습을, 극 후반부는 백인의 계략에 의해 소멸될 위기에 봉착한 부족을 지켜 내려 백인과 사투하다 전사하는 인디언 추장의 모습을 그린다.

[그림 03] 존 어거스터스 스톤 초상. 제이콥 아이히홀츠(Jacob Eichnoltz) 작. ©wikipedia.org

『메타모라』는 아메리칸 인디언을 소재로 한 미국 희곡

중 가장 중요한 작품이자 19세기 미국 인디언극 중 상업적으로 가장 성공한 작품으로 여겨진다(Martin 73). 이 극은 1829년 12월 15일 뉴욕의 파크 극장(Park Theatre)에서 초연된 이후 수십 년에 걸쳐 공연되었다. 이 극이 무대에 오를 때마다 극장은 관객으로 만원사례를 이어 갔으며, 메타모라를 연기한 당대 국민배우 에드윈 포레스트(Edwin Forest)는 이 배역 하나만으로 수만 달러의 수입을 거두어들인 것으로 알려진다(Moody, *Dramas* 201; Martin 77). 가프 윌슨(Garff B. Wilson)은 동시대 극작가 새뮤얼 우드워스(Samuel Woodworth)의 『숲의 장미, 미국 농부들』(*The Forest Rose; or, American Farmers*, 1832)에 이어 『메타모라』를 미국 연극사상 두 번째 최고 흥행작으로 손꼽는다(Wilson 116). 아울러 이 극은 초기 아메리칸 인디언 희곡들과 비교할 때 작품성에서 진일보했을 뿐만 아니라, 인디언 캐릭터 형성에 있어서도 한층 균형적인 시각을 갖는다. 앞에서 소개한 초기 드라마 세 편 『인디언 추장』, 『폰티악』, 『타마니』의 경우 인디언의 야만적 속성에 무게를 두고 있으며, 이는 내용과 제목에서도 뚜렷하게 표출된다. 반면 『메타모라』는 서두에 언급한 '고결한 야만인'이라는 주제에 입각해 '최후의 왐파노아그족' 메타모라의 생애를 비교적 균형적인 시각에서 묘사한다. 이 작품이 주목을 받는 또 다른 이유는, 앞서 언급한 인디언에 대한 백인의 긍정적 시선과 낭만화 기제가 작품 중반부 이후 급선회한다는 점이다. 즉 작품 전반부는 인디언 추장의 '고결함'(nobility)을, 후반부는 그의 '야만성'(savageness)을 부각하면서 그를 더 이상 백인 사회에 유용하지 않은 존재로 비춘다. 후반부에 부각된 부정적인 시각은 그가 자살로 생을 마감함으로써 작품 속에서 사라지는 지점에서 절정

에 달한다.[19]

2. 고결한 인디언, 강한 백인

극은 식민지 시절 미국, 거친 광야와 자연경관이 배경을 이루는 가운데 아내의 묘지를 방문한 모단트(Mordaunt)의 모습으로 시작한다. 그는 영국 왕 찰스 1세(Charles I, 1600-1649) 시해를 도운 인물로 짧은 공화정(Commonwealth, 1649-1660) 이후 왕정복고(Restoration, 1660)가 시작되자 영국을 떠나 미국으로 도망 온 청교도이다. 그는 국왕 시해를 도모한 것을 후회하면서, 모국인 영국으로 돌아가 과거의 신분과 명예를 되찾기를 간절히 염원한다.

> 영국, 내 고향! 부모 같은 그대 품에 다시 안길 날이 언제쯤일까? 오! 내게도 희망의 서광이 비칠 날이 올까? 진심 어린 회개로도 내 이마에 각인된 국왕 시해자라는 오명을 씻을 수 없단 말인가?

---

19 피어스(Roy Harvey Pearce)는 『야만과 문명』(*Savagism and Civilization*, 1954)에서 미국 백인 사회에서 인디언을 둘러싼 지배적인 담론이 '야만주의'(savagism)였다고 말한다. 그에 따르면 인디언은 문명 이하의 야만적 상태에 머물고 있는 것으로 상상되고, 이를 전제로 그들은 백인에 의해 문명화되어야 할 대상이 된다는 것이다. 의지의 결여 때문이건 혹은 능력의 한계 때문이건, 문명화에 실패한 인디언은 결국 미국의 백인 사회에서 추방되는 수순을 밟는다는 것이다(Kalter 9–10 재인용). 이런 관점에서 『메타모라』가 이전 극들에 비해 인디언에 대해 비교적 균형적인 시각을 견지하고 있는 것은 사실이나 결국 인디언의 야만성에 대한 강조로 귀결한다는 점에서 피어스가 말한 야만주의 담론으로부터 자유롭지 못한 한계를 지닌다.

England, my home! When will thy parent arms again enfold me? Oh! When for me will dawn a day of hope? Will not sincere repentance from my scathed brow efface the brand of regicide? (Act 1: 60)

그는 자신의 딸 오세아나(Oceana)를 미국을 방문 중인 영국 귀족 핏자놀드 경(Lord Fitzarnold)과 결혼시켜 이를 계기로 영국 사교계에 진입함으로써 과거의 지위를 회복하고자 한다. 오세아나가 거부 의사를 표시하자 모단트는 자신의 뜻에 따르지 않으면 자살하겠다고 엄포를 놓으며 딸의 의지를 꺾는다.

오세아나는 사실 고아 청년 월터(Walter)를 사랑한다. 두 연인은 극중 여타 백인과 차별되는 국적 정체성을 공유한다. 오세아나는 아버지와 달리 영국 태생이 아니다. 모단트의 표현대로 그녀는 "요동치는 바다 한가운데서 태어난 폭풍의 자식이며, 야생에서 자란 여인"(born on the heaving deep, the child of storms, and reared in savage wilds, 61)인 것이다. 정확히 말해서 그녀는 부모가 영국을 떠나면서 승선한 배에서 태어났으며, 이후 미국에 정착해 유년기를 보냈다. 영국에 대한 기억이 전혀 없는 그녀가 고향으로 여기는 곳은 바로 미국이다. 월터는 더욱 복잡한 출생과 성장의 비밀을 갖는다. 영국 태생인 그는 어린 시절 부모와 함께 미국으로 이주하던 중 배가 난파되면서 가족과 헤어지게 되고, 극적으로 구조되어 미국 땅에서 고아로 살아왔다. 그의 고아 정체성은 출생과 관련된 과거와의 단절을 상징하는 동시에 모국을 떠나 낯선 땅 미국에서 생존해야 했던 백인 정착민의 운명을 함축한다. 후견인 아서 본 경(Sir Arthur Vaughn)의 보호를 받고 있지만 이 상황을 받아들이는 월터의 태도에서 가난에 굴하지 않는 자신감, 현실과 타협하지 않는 강직함, 미래에 대한 야망을 읽을 수 있다. 이들은 다름 아닌 미국적 정체성을 구성하는 세부 항목들이다.

> 아더 본 경에게 신세 지는 이름 없고 가난한 처지이지만 난 결코 절망하지 않아. 내 가슴속엔 내 후견인의 재산과도 바꾸지 않을 신성한 보물이 숨겨져 있거든.
>
> Although dependent on Sir Arthur Vaughn, nameless and poor, yet do I not despair, for in my heart a sacred treasure lies I would not barter for my patron's gold. (Act 1: 61)

월터가 지닌 미국적 정체성은 그의 연적 핏자놀드의 그것과 크게 대조를 이룬다. 특히 월터가 그의 후견인과 나누는 대화에서 이 점은 분명해진다.

> 아서 경: 핏자놀드 경이란 이름 외에는 입에 떠올릴 가치도 재고할 거리도 없는 인물이지! 옷과 직함만 아니라면 이 귀족의 자식은 조롱거리밖에 안 될 테니까. 난봉꾼에 낭비벽이라는 소문이 벌써 자자하거든.
>
> 월터: 이 오만무도한 구혼자가 제 가슴속의 꿈을 깨워 내서는 지금껏 당연시 여겨 온 제 희망을 무너뜨리려 한답니다. 온전히 제 것으로 꿈꿔 왔던 이 소중한 여인을 순순히 포기하라니요? 가당찮은 소리죠. 두고 보자, 핏자놀드! […] 이기심에 눈먼 모단트 씨가 그처럼 흠모하는 그대의 권력, 재산, 직함 따위에 주눅 들 내가 아니니까.
>
> SIR ARTHUR: There is naught talked of or thought of but Lord Fitzarnold! And yet this noble viscount, but for his coat and title were a man to took with scorn upon—a profligate and spendthrift as fame

> already has too truly shown him.
>
> WALTER: This lordly suitor comes to wake me from my cherished dreams, and crush the hopes which lately looked so fair. And shall I yield the glorious prize I deemed was wholly mine? Yield, and without a struggle? No, by heaven! Look to thyself, Fitzarnold. [···] I heed not all thy power, thy wealth, thy titles, backed though they be by Mordaunt's selfish views. (Act 1: 65)

방탕과 낭비는 핏자놀드의 핵심 정체성으로 부각된다. 핏자놀드가 오세아나와 결혼하려는 이유 역시 사랑보다는 그녀의 결혼지참금 때문이다. 핏자놀드의 부와 권력을 탐하는 모단트 역시 핏자놀드와 같은 부류로 취급된다. 두 인물을 한데 묶는 공통적 속성들은 궁극적으로 그들이 공유하는 '영국'이라는 공통의 출생지로 구체화된다. 결과적으로 핏자놀드와 모단트가 공유하는 속성들—방탕, 낭비, 권력, 재산, 지위, 이기심—은 영국적 정체성으로 수렴된다. 반면 "금반지로 번쩍이는 소인배의 손은 잡지 않지만"(will not take a lordling by the hand, because his fingers shine with hoops of gold, 66), "거지의 정직한 손은 피하지 않겠다"(nor shun the beggar's grasp, if it be honest, 66)는 월터의 의지는 미국적 정체성을 표명한다. 이처럼 극은 시작부터 애정-연적의 삼각관계가 두 국가의 정체성 대결로 발전될 것임을 암시한다.

인디언 추장 메타모라의 등장과 이와 관련된 일련의 사건들은 영국과 미국의 정체성 대결을 발전시키는 데 견인차 역할을 한다. 그의 최초 등장 시점이 오세아나-월터 커플과의 대면 장면이라는 점에 주목할 필요가 있다. 오세아나와 월터가 극 중 여타 백인들과 차별되는 미국적 정체성을 공유하는 인물이라면, 메타모라는 이들에게 미국적 정체성의 우월성을 실증시켜 주는 장치가 된다. 즉 두 연인은 메타모라와 직접 대면함으로써 그들이 공유하는 미국적 정체성을 몸소 경험하고 내화하는 기회를 얻는 것이다. 오세아나는 지난밤 표범과 맞선 위기의 순간에 홀연 나타나 자신을 구한 메타모라에 대한 기억을 월터에게 털어놓는데, 이는 극 중 메타모라에 대한 최초의 묘사다.

> 오세아나: 깎아지른 바위 꼭대기에 인디언이 서 있었어. 근육 진 팔뚝에 눈은 골짜기를 응시하고 있었지. 그의 활시위가 공중을 가르는가 싶더니 또 한 마리가 쓰러지더군. 어깨에 모피 옷을 두르고, 길고 검은 머릿결 위로 독수리 깃털이 실바람에 살랑이고, 깃털 머리띠를 하고 말이야. 경외의 눈으로 바라본 절벽 위의 그는 강한 인간의 웅장한 전형 그 자체였어. [⋯]
>
> 월터: 그가 바로 메타모라야. 용맹한 전사족의 고결한 추장, 백인에겐 공포의 대상이자 왐파노아그 부족의 희망이지.

> OCEANA: High on a craggy rock an Indian stood, with sinewy arm and eye that pierced the glen. His bowstring drawn to wing a second death, a robe of fur was o'er his shoulder thrown, and o'er his long, dark hair an eagle's plume waved in the breeze, a feathery diadem. With awe I gazed as on the cliff he turned the grandest model of a mighty man. [⋯]
>
> WALTER: 'Tis Metamora, the noble sachem of a valiant race—the white man's dread, the Wampanoag's hope. (Act 1: 62)

오세아나가 본 메타모라의 첫인상은 한마디로 '강한 인간의 전형'이다. 메타모라의 명성을 익히 아는 월터는 그를 '고결한 추장'이라 평가한다. 그리고 이들의 눈앞에 메타모라가 실제로 모습을 내비쳐 목소리를 낸다.

> 메타모라는 불의를 용서하지 않고 은혜를 잊지 않는다. 내 아버지 마사소잇은 생전에 백인 거주지에 살았는데, 거기서 죽음의 영혼을 만난 아버지는 병상에 누워 사경을 헤매었다. 부드러운 손이 다가와 아버지를 구했다. 그것은 네 어머니의 손이었다. 내 아버지를 보살폈던 그녀가 저기 묘지에 잠들어 있다. 그녀 딸의 목숨이 위기에 처해 사지는 두려움으로 떨고 있는데, 어찌 나 메타모라가 화살통의 활을 잠재우고 있을쏜가?

> Metamora forgives not a wrong and forgets not a kindness. In the days of his age, Massasoit, my father, was in the white man's dwelling; while there, the spirit of the grave touched him and he laid down to die. A soft hand was stretched out to save him; it was the hand of thy mother. She that healed him sleeps in yonder tomb; but why should Metamora let his arrows sleep in the quiver when her daughter's life was in danger and her limbs shook with fear? (Act 1, Scene 1: 63)

'불의를 용서하지 않고 은혜를 잊지 않는다'는 짧고 강한 메시지는 메타모라의 영웅적 풍모를 함축한다. 이어 그는 인디언과 백인의 관계사를 간략히 비춘다. 그의 아버지가 오세아나 어머니의 보살핌으로 목숨을 건졌다는 것이다. 이는 초창기 백인과 인디언의 관계가 우호적이었음을 시사한다. 흥미로운 점은 메타모라의 아버지 마사소잇(Massasoit, 1581-1661)이 실존 인물이라는 사실이다. 그는 뉴잉글랜드 지역 남쪽 해안가에 위치한 왐파노아그 부족의 추장으로 1621년경 백인 정착민들과 평화협정에 서명했던 인물이다. 그의 사후 아들 메타코멧(Metacomet, 1639-1676)이 1662년에 추장이 되었으며, 백인과의 갈등으로 불거진 전쟁에 참전해 전사했다. 그는 백인 사이에 '포카노켓의 필립'(Philip of Pokanoket) 혹은 '필립 왕'(King Philip)으로 불렸으며, 그가 전사한 전쟁은 '필립 왕 전쟁'(King Philip's War)으로 기록된다. 즉 메타모라는 실존 인물 메타코멧을 극화한 캐릭터이며, 실제로 극 중 메타모라는 자신이 바로 "왐파노아그족의 추장, 필립 왕"(Philip! I am the Wampanoag chief, Metamora, 69)임을 밝히고 있다. 이처럼 메타모라, 그가 통치하는 왐파노아그족 그리고 인디언과 백인의 관계를 중심으로 전개되는 일련의 에피소드는 단순한 허구가 아니라 역사적 고증에 입각한 것이며, 이를 통해 극 중 시대적 배경 역시 실존 인물 메타코멧이 활동했던 17세기 중반임을 추측할 수 있다.[20]

[그림 04] 마사소잇 동상. 미주리주 캔자스시티 소재. "왐파노아그의 위대한 추장, 순례자들의 친구이자 보호자"(Great Sachem of the Wampanoag, Friend and Protector of the Pilgrims)라고 설명되어 있다. ©wikipedia.org

[그림 05] 필립 왕 메타코멧 초상. 브라운대학교 도서관 소장. ©wikipedia.org

20 주석 18)에서 소개한 워싱턴 어빙의 「포카노켓의 필립」은 왐파노아그족 최후의 추장 메타코멧의 영웅적 행적을 낭만적으로 기술한다. 여기서 메타코멧은 백성에게 진실한 군주, 명분을 위해 죽음을 마다치 않는 용맹스러운 전사, 헌신적인 애국자, 권력과 지위를 박탈당한 비운의 추장 등으로 묘사된다.

극의 내용이 역사에 입각한 것이라는 사실은 앞서 언급한 영·미 대결 구도 형성을 위한 중요한 장치로 기능한다. 실재하는 토착 원주민의 역사를 미국 백인 정착민의 역사로 끌어들인다는 것은 영국 백인의 역사를 외래적 요소로 타자화하는 근거가 될 뿐만 아니라, 미국의 백인 정착민이 떠안은 역사의 부재라는 원천적 결핍 요소를 해소하는 방책이기도 하다. 백인 정착민의 입장에서 볼 때, 인디언의 '붉은 피부와 근육'(red skin and muscle)을 자가이식해 이 물질성에 각인된 '강인함'이라는 특질을 전유함으로써 '강한 백인'(strong white)이라는 새로운 정체성을 획득하고 그 결과 영국인의 '연약한 백인'(feeble white) 정체성으로부터 자신을 차별화하는 것이다. 나아가 정착기 이전부터 아메리카 대륙에 이어져 온 인디언의 장구한 역사를 백인 정착의 역사와 접목함으로써, 백인들은 그들의 역사에 영속성을 확보하고 이를 통해 영국 백인과 달리 그들이 '강한 백인'일 수 있는 실증적 근거와 정통성을 마련하게 된다. 인디언의 역사가 부족의 생존을 위해 목숨을 바친 전사들의 죽음으로 점철된 것이었다면, 인디언의 역사를 껴안은 미국 백인의 역사 역시 영웅적이고 애국적인 역사가 된다.

젊은 연인과의 첫 대면 현장을 떠나는 메타모라는 머리에 꽂혀 있던 독수리 깃털을 오세아나에게 건네면서 왐파노아그 부족이 이 증표를 지닌 그녀를 헤치지 않을 것이라 말한다. 독수리 깃털은 젊은 미국인 연인과 아메리칸 원주민과의 결속을 상징한다. 독수리는 전통적으로 미국을 상징하는 동물인바, 독수리 깃털은 이러한 상징성을 떠안으며 아메리칸 원주민과 미국에 나고 자란 백인 시민의 정체성을 관통하는 국가성의 상징이 된다. 마지막으로 메타모라는 의미심장한 말을 덧붙이는데, 이는 두 연인이 미국의 젊은 피로 결합 혹은 결혼해야 함을 암시한다. 이로써 셋은 미국적 정체성이라는 공통분모로 묶인다.

> (머리에서 독수리 깃털을 떼어내며) 여인이여, 이걸 받으라. 이것은 속도와 안전을 의미한다. 경적을 깨우는 외침이 들리고 전사의 도끼가 빨간 화염 속에 번쩍일 때, 그대 땋아 내린 머릿결 위로 이걸 드러내 보이라. […] 왐파노아그 부족은 이 독수리 깃털을 지닌 머리와 손을 절대로 건드리지 않을지니. (월터에게 건너가며) 젊은이, 그대는 왕성하게 가지를 뻗고 있는 떡갈나무 같구나. 그대의 억센 가지들로 밑에서 움트고 있는 저 연약한 꽃을 보살피라.

> (*Takes from his head an eagle plume*) Maiden, take this: it means speed and safety: when the startling whoop is heard and the war hatchet gleams in the red blaze, let it be found in thy braided hair. […] No Wampanoag's hand will e'er raised against the head or hand that bears the eagle plume. (*Crosses to Walter*) Young man, be thou like the oak in its spreading power and let thy tough branches shelter the tender flower that springs up under them. (Act1: 63–64)

추장이 떠나자 오세아나는 월터에게 그를 "가르쳐서, 우리와 같게 만들라"(teach him, make him like to us, 64)고 한다. 그러나 가르침을 받는 쪽은 오히려 월터다.

> 월터: 정의가 멋지다구? 정의하면 메타모라지. 용기의 미덕? 용기하면 메타모라지. 조국, 자식, 아내, 가정에 대한 사랑, 이 모두를 갖출 만한 자가 있다면 바로 메타모라지.
>
> 오세아나: 하지만 그는 이교도잖아.

월터: 맞아, 하지만 그의 신앙은 무지하고 조악하긴 해도 가슴에서 우러나온 것이라서 오직 하늘만이 심판할 수 있겠지.

WALTER: Is justice goodly? Metamora's just. Is bravery virtue? Metamora's brave. If love of country, child and wife and home, be to deserve them all—he merits them.

OCEANA: Yet he is a heathen.

WALTER: True, but his worship though untaught and rude flows from his heart, and Heaven alone must judge of it. (Act 1: 64)

정의, 용기, 애국심, 가족애. 이들은 교육과 학습 없이도 마음을 통해 전할 수 있는 것이며, 메타모라는 이러한 "토착적 덕목"(native virtues, 64)을 월터에게 전수한 스승인 것이다. 월터는 메타모라의 토착적 덕목을 가슴으로 전수받고 자신의 일부로 받아들인다. 메타모라의 덕목을 전수받은 미국 시민 월터, 그는 '강한 백인'의 화신이며 이처럼 그는 영국의 '외래 정체성'과 차별되는 미국 국가정체성의 담지자로 그려진다. 또한 오세아나가 메타모라가 이교도(heathen)라는 점에 대해 이질감을 버리지 못하는 반면 월터는 메타모라의 종교적 신념을 존중하는 태도를 보인다. 여기서 메타모라의 덕목은 당대 "미국 시민이 생각하는 고결함"(white man's notion of nobility)으로 수렴되고 (Wilson 116), 이 고결함은 그의 이교성(heathen-ness)에서 배태된 야만성(savageness)을 상쇄하는 긍정적 정체성으로 부각된다. 아울러 상기한 미국과 영국 간의 정치적 갈등 관계를 감안할 때, 메타모라의 덕목은 미국의 젊은 피 월터와 오세아나와 연대함으로써 나약하고 부도덕한 백인의 나라 영국과 대치되는 가치들—정의, 용기, 애국심, 가족애,

충성심, 리더십, 독실한 신앙 등—을 체화하면서 신생국 미국의 국가 정체성을 구성하는 요소가 된다.

3. 잭슨 시대, 국가정체성 『메타모라』

『메타모라』를 구성하는 문학적 장치들이 역사적 고증에 입각하고 있는 점 그리고 이러한 문학적 장치의 결과로 얻어지는 '강한 백인'이라는 정체성 창출 효과가 당대 미국의 시대적 환경과 현실에 대한 반영이라는 점은 간과할 수 없는 사실이다. 이와 관련해 이 극의 집필 시기가 미국 7대 대통령 앤드류 잭슨(Andrew Jackson)의 재임기(1829-1849)와 겹치고 있음은 시사하는 바가 크다.

당시 미국에는 독립 이후에 잔재하는 영국의 문화적 헤게모니 청산에 대한 요구가 팽배했고, 이러한 요구 사항은 미국 예술계에도 예외는 아니었다. 당대 극작가 제임스 넬슨 바커(James Nelson Barker)는 "영국에서 수입된 사상과 감수성"(importation of ideas and sentiments from England)을 경계하면서 "미국적 극"(nationalistic plays) 집필 필요성을 강조했다(Richardson 128). 이는 잭슨 대통령 재임기를 관통하는 정서로 그는 특히 '강한 미국'이라는 국가정체성에 대한 시대적 열망을 대변했으며, 실세로 군인 출신인 그의 거칠고 공격적인 성격과 정치적 리더십은 스스로를 강한 미국의 상징으로 대중에게 각인시키는 데 견인차 역할을 했다.[21] 존 윌리엄 워드(John William Ward)가 『앤드류 잭슨, 시대의 상징』(*Andrew Jackson, Symbol for an Age*, 1955)에서 적시하듯, 잭슨 대통령은 '자연'(Nature), '신의 섭리'(Providence), '의지'(Will)로 요약되는 당대 미국 사회의 시대정신에 역동적으로 응답했다(Meserve 4 재인용). 뛰어난 언변과 설득력은 물론 상대방에 대한 이해심, 날카로운 예지와 통찰력, 굽히지 않는 강단과 추진력, 권력에 대한 야망과 목표 의식, 뛰어난 현실감각과 결단력, 여기에 빼어난 유머 감각은 그를 카리스마 넘치는 매력적인 지도자로 만들기에 충분했다. 아울러 그는 계급 간 권력 균형, 대중의 권리, 보편적 자유를 지향했으며, 부패와 향락이 만연한 도시의 삶보다 전원생활의 가치를 지지했다. 패링턴(Vernon Louis Parrington)의 표현에 따르면 잭슨 대통령은 스스로가 "최고의 시민"(the first man of the people)이었을 뿐만 아니라 "미국

[그림 06] 앤드류 잭슨 초상(1824년경)
©wikipedia.org

21 그는 당대 미국인들에게 '올드 히코리'(Old Hickory)라는 별명으로 불렸다. 히코리는 강하고 질긴 북미산 식물로, 이 별명은 잭슨의 거칠고 공격적인 성격과 통치 스타일에서 기인했다. 한편 이 별명은 당대 잭슨의 대중적 인기를 견인하는 좋은 수단이기도 했다. 잭슨 지지자들은 히코리나무 장대를 미국 전역에 꽂았고, 이 나무로 이쑤시개와 지팡이를 만들어 사용했다(Hargreaves 2013). 공격적인 국정 스타일로 기억되는 20여 년에 걸친 그의 대통령 재임기는 훗날 '잭슨 민주주의'(Jacksonian Democracy)라 불리게 된다(Wilentz 8, 35).

시민들의 추상적 열망에 대한 가시적 구현체"(the visible embodiment of their vague aspirations)였다(146).

잭슨 대통령 재임기를 관통하는 또 다른 시대정신은 '보통 사람'(common man)에 대한 무한한 믿음과 신뢰였다(Meserve 5). '자유'와 '혁명'이 독립전쟁과 건국으로 요약되는 이전 시대의 화두였다면, 반세기 이후 완연한 국가의 틀을 잡은 잭슨 민주주의 시기에 이르러 '보통 사람'에 대한 신뢰와 믿음은 미국을 미국이게끔 하는 국가정체성으로 대두했다. 민주주의 정치 이념과 접목되어 보통 사람에 대한 강조는 계급제도와 귀족정치에 대항한 평등한 사회, 유산자에 대항한 노동자와 서민들의 권리와 힘을 표출하는 것이었다. 아울러 이는 교육과 학습을 통해 습득된 지식의 상위 개념으로서 "보통 사람의 상식"(the common sense of the common man)의 우월성에 대한 강조였다(Meserve 5). 당시 맥락에서 전자는 영국을 후자는 미국을 상징했으며, 후자에 대한 열망은 영국에 대한 반감으로 이어지면서 자연스럽게 혹은 의도적으로 애국적 감정으로 불붙었다.

[그림 07] 에드윈 포레스트 ©wikipedia.org

잭슨 대통령의 재임기에 불거진 국가정체성과 애국심 고취에 대한 사회적 열망은 연극계에도 반영되었으며, 잭슨 대통령의 드라마틱한 삶과 정치적 소신은 당대 미국 극작가들에게 매력적인 소재가 되었고, 그의 캐릭터를 관통하는 '강한 미국의 표상'으로서 이미지는 극 중 영웅들의 인물 형성을 위한 모델이 되었다(Meserve 4, 44). 실제로 잭슨 대통령 스스로가 "미국의 역사를 극화하고 무대에 재현할 시기임"(It is time that the principal events in the history of our country were dramatized, and exhibited at the theatres on such days)을 역설함으로써, 당대 사회적 요구에 대한 극작계의 응답과 역할을 강조했다(Richards xi). 대중의 요구에 시기적절하게 응답한 인물이 바로 에드윈 포레스트(Edwin Forrest, 1806-1872)이다.

셰익스피어 전문 배우로도 명성이 높았던 그는 강한 미국이라는 시대정신을 그의 전매특허인 선 굵은 남성적 연기에 십분 반영해 일약 국민배우 반열에 올랐다. 그가 미국 연극사에 남긴 최대 업적은 미국 최초의 드라마 공모전(National Drama Contest)을 개최한 것이다. 1828년 12월 뉴욕의 주간지 《크리틱》(*The Critic*)에 실린 공모전 광고 기사에서 알 수 있듯이, "미국의 풍토에서 양산된"(cultivated in my native country) 캐릭터, 주제, 전통, 역사에 바탕에 둔 "미국 토산물"(aboriginal of this country)로서 창작극을 표방(Moody 88 재인용)한 이 대회는 단순한 문학 행사라기보다 미국의 국가정체성 확립과 애국심 고취라는 사회적인 목적을 지향했다(Martin 75). 이 공모전의 당선작이 바로 『메타모라』였다. "객석 매진"과 "관객의 열화 같은 박수갈채"로 시작된 1829년 초연 이

[그림 08] 메타모라 역의 에드윈 포레스트 (1829년 뉴욕 초연 당시) ©wikipedia.org

후(*New York Mirror* 190), 극 중 인물 메타모라는 이후 40년간 국민배우 포레스트의 독점 간판 배역이 되었다(Hewitt 106; Meserve 47; Wilson 117).

아메리칸 인디언 메타모라는 다른 나라, 특히 영국에서 볼 수 없는 미국적 풍토성의 상징이 되며, 그의 고결함을 구성하는 덕목—정의, 용기, 가족애, 애국심 등—은 붉은 피부와 근육을 통해 외적으로 표출되는 강인함과 어우러져 미국의 국가정체성으로 직조된다. 그리고 이러한 국가정체성의 수혜자는 다름 아닌 백인 시민들이다. 모국을 떠나온 이들이 정착해 건국한 나라이기에, 미국은 역사 단절과 전통 결여라는 태생적 한계로부터 자유로울 수 없었다. 이제 미국 시민들은 '강한 미국'을 표방하는 잭슨 대통령의 리더십과 시대정신을 통해, 극 중 인물 메타모라의 '붉은 피부와 근육'을 통해 그리고 인디언 추장을 무대에서 재현하는 배우 포레스트의 '남성적 연기'를 통해 '강하고 남성적인 백인' 정체성을 공유한다. 현실, 문학, 무대를 관통하는 상기한 정체성은 영국의 국가정체성을 '나약함과 여성스러움'(the feeble and feminine)으로 축소하는 전략적 근거가 되고, 신생국 미국 시민들은 역사 단절과 전통 결여라는 태생적 한계에서 비롯된 영국에 대한 열등감을 성공적으로 상쇄한다. 실제로 1842년경 당시 무대 위의 메타모라를 목격한 한 영국인 배우의 회고록은 이 인디언 캐릭터가 당대 미국 관객에게 어떠한 느낌으로 다가왔는지를 증명한다.

> 지속적으로 점강하는 억양 그리고 강렬하게 폭발하는 발성이 이토록 장대한 경우는 이제껏 무대에서 들어 본 적이 없다. [⋯] 그는 성난 바다처럼 굽이치고 포효했으며, 폭풍을 만난 듯 격분해 내리쳤다. [⋯] 장내를 일소하는

> 중저음의 울림은 마치 나이아가라폭포 소리를 듣는 듯했다. 그것은 끝을 알 수 없는 격정의 회오리바람, 돌개바람, 홍수였다!
>
> I never heard anything on the stage so tremendous in its sustained crescendo swell, and crashing force of utterance [⋯] His voice surged and roared like the angry sea, lashed into fury by a storm [⋯] it was like the falls of Niagara, in its tremendous down-sweeping cadence: it was a whirlwind, a tornado, a cataract of illimitable rage! (Vandenhoff 200-201).

이처럼 『메타모라』는 집필 시점인 1830년대 잭슨 대통령 재임기에 불거진 '강한 미국'에 대한 사회적 요구를 배경으로 이전 시대 1812년 전쟁을 통해 표출된 영국과 미국 간 정치적 대결 국면을 현재에 소급함으로써 영국과 차별되는 미국적 정체성 수립 명분을 현실의 이슈로 다시금 끄집어 낸다. 아울러 17세기 실존 인물인 인디언 추장의 이야기를 극화함으로써, 두 백인 연인과 인디언 추장의 정체성을 관통하는 공통분모로서 미국적 정체성에 역사적 가치와 당위성을 부여한다. 즉 이 극에는 작품 속 시대 배경과 집필 당시의 시대 배경이 교차하고 극 중 인물 메타모라는 17세기에서 잭슨 대통령 재임기인 19세기 중반을 관통하는 미국 국가정체성의 매개이자 "미국 시민의 원형"(proto-Americans)으로 자리매김한다(Wilmer 9).

4. 야만의 인디언, 사라짐

극 중반 이후 메타모라와 미국에 정착한 백인 청교도들 간의 갈등이 드러나기 시작하고 이후 갈등은 심화되는 양상으로 전개된다. 협상에 나선 청교도 대표 에링턴(Errington)은 메타모라에게 부족의 영역을 백인에게 양보하고 다른 곳으로 이주할 것을 종용하고 메타모라는 "선조들의 터전을 버릴 수 없다"(never forsake the home of his fathers, 74)고 말한다. 추장은 백인의 미국 정착 과정에서 인디언이 많은 조력을 해 왔음을 상기시켜 보지만, 돌아오는 것은 그런 과거는 이제 쓸모없다는 에링턴의 매정한 대답뿐이다.

> 메타모라: 그럼 50년 전 내 아버지 마사소잇에게 도움받은 빚을 갚아야 한다. 그대들은 거대한 바다에 내던져져 사경을 헤매던 미약한 족속이었다. 그대들은 발 딛고 설 땅조차 없었다. 그대들은 선조의 땅을 등진 이들이니까. 내 아버지는 그대들을 자식으로 삼아 그의 오두막으로 받아들였다. […] 사나운 폭풍 소리에도 그대의 아이들은 웃었다. 우리의 모닥불은 따뜻하고 인디언은 백인의 친구였으니까.
>
> 에링턴: 그런 말은 이제 필요 없소.

> METAMORA: Then would you pay back that which fifty snows ago you received from the hands of my father, Massasoit. Ye had been tossed about life small things upon the face of the great waters, and there was no earth for your feet to rest on; your backs were turned upon the land of your fathers. The red man took you as a little child and opened the door of his wigwam. […] Your little ones smiled when they heard the loud voice of the storm, for our fires were warm and the Indian was the

white man's friend.

ERRINGTON: Such words are needless now. (Act 2: 74)

에링턴의 대사는 중요한 논쟁점을 시사한다. 전반부에서 미국 국가 정체성의 매개이자 미국 시민의 원형으로 낭만화되던 인디언이 이 지점에 이르러 백인 사회에 무용한 존재로 폐기될 국면을 맞는다. 협상이 결렬되자 메타모라는 멸종 위기의 부족을 지키기 위해 "자유! 복수 아니면 죽음!"(Freedom! Revenge or death!, 78)을 외치며 백인들과 전면전을 선포한다. 붉은 전사들을 이끌고 모단트의 저택을 습격한 그는 모단트를 생포하고 그를 "화형대의 제물로 바칠"(drag him away to the fire of the sacrifice, 80) 것을 명한다. 순간 오세아나가 독수리 깃털을 내보이면서 추장에게 아버지를 살려 달라고 애원한다. 오세아나의 보호자가 되겠다는 약속의 증표를 확인한 메타모라는 부녀를 살려 두고 떠남으로써, "왐파노아그족은 거짓말을 하지 않는다"(The Wampanoag cannot lie, 81)는 덕목을 지킨다. 이후 전세는 부족에게 불리하게 전개되고 인디언 희생자는 늘어난다. 백인의 추적을 따돌리며 가까스로 부족으로 돌아온 메타모라는 백인의 총에 숨진 아들을 발견한다. 그는 부족의 유일한 생존자인 아내 나메오키(Nahmeokee)에게 최후의 선택으로 죽음을 제안한다. 백인 손에 죽는 대신 스스로 목숨을 끊는 것이 백인에게 정복당하지 않는 유일한 길이라는 것이다. 백인의 노예가 되어 굴욕의 삶을 지탱하느니, 죽음으로써 굴욕과 단절하는 것이 전사의 후예에게 남겨진 마지막 명예인 것이다.

우리는 파멸할지언정, 정복당하지는 않을 것이오. 우리는 사라지지만 영원할 것이오. […] 백인은 당신을 붙잡아 먼 곳으로 데려가겠지, 사랑을 가득 담아 나를 껴안던 이 팔들을 동여매고, 당신의 부드러운 살결을 매질하며 화풀이를 하겠지 그리고 논밭의 가축 부리듯 당신에게 짐을 지우겠지. […] 백인들이 오고 있소, 나메오키. 행복한 천국의 집이 당신을 맞을 거요. (그녀를 찌르고, 그녀 죽는다.)

We are destroyed—not vanquished; we are no more, yet we are forever. […] He may seize thee, and bear thee off to the far country, bind these arms that have so often clasped me in the dear embrace of love, scourge thy soft flesh in the hour of his wrath, and force thee to carry burdens like the beasts of the fields. […] They are upon us, Nahmeokee—the home of the happy is made ready for thee. (*Stabs her, she dies*). (Act 4: 97–98)

아내에 이어 메타모라도 자결을 택한다. 그는 백인의 총부리를 피하기보다 당당히 맞섬으로써 왐파노아그 최후의 전사로서 명예를 지킨다. 그는 죽어 사라지지만, 백인을 향한 영웅적 풍모는 마지막까지 여운으로 남는다.

처치: 그가 여기 있다! 필립은 이제 포위되었다.

메타모라: 무슨 소리! 그는 부족의 마지막 전사, 그대의 적으로 살아남을 것이다. […] 그리고 그대 조국의 더러운 피를 맛보았던 이 진실의 칼은 이제 내 순결한 피로 붉게 물들어 있다. […]

처치: 조준!

메타모라: 그렇게 하라. 백인이 득시글대는 세상이 지겹구나. 뒤돌아서서 목숨을 구걸할 생각 없다.

처치: 제군들, 발사. (발사한다. 메타모라 쓰러진다.)

CHURCH: He is found! Philip is our prisoner.

METAMORA: No! He lives—last of his race—but still your enemy [⋯] And this true knife that has tasted the foul blood of your nation and now is red with the purest of mine. [⋯]

CHURCH: Fire upon him!

METAMORA: Do so, I am wary of the world for ye are dwellers in it; I would not turn upon my heel to save my life.

CHURCH: Your duty, soldiers. (*They fire. Metamora falls.*) (Act 5: 98)

영웅의 감동적인 죽음은 문학에서 흔하게 보는 결말짓기 방식이다. 특히 죽음에 직면해 백인의 총부리에 당당히 맞서는 모습은 주인공의 영웅적 풍모를 강조하고 결과적으로 그의 죽음에 비장미를 배가하는 효과적 장치이다. 한편 의문점은 전반부에서 미국의 정체성 형성에 긍정적 요인이었던 메타모라를 구태여 죽음이라는 운명으로 귀결시키려는 작가의 의도가 무엇인가 하는 점이다. 그의 고결함을 구성하는 덕목—정의, 용기, 가족애, 애국심—과 붉은 피부와 근육으로 표출되는 외적 강인함 그리고 신의를 중시하는 태도 등이 영국의 백인성과 차별되는 미국의 백인성 혹은 국가정체성으로 수렴되고 있음은 앞에서 언급했다. 그렇다면 그의 죽음은 이러한 미국의 국가정체성 형성 노력이 결국 수포로 돌아갔음을 혹은 현실적으로 불가능한 것임을 보여 주는 것인가? 반대로 작가가 미국의 국가정체성 수립 요구에 대해 긍정적 비전을 제시하고자 했다면, 그는 상기한 정체성 수립의 공헌자인 메타모라의 죽음을 어떻게 정당화할 것인가? 문학 텍스트상의 메타모라의 죽음 그리고 이와 관련된 일련의 의문들에 답을 구하는 일은 집필 혹은 공연 당시 미국이 처한 사회적 맥락 속에서 접근되어야 한다.

앞서 극 중 에링턴의 대사가 표출하듯, 이전 시대 인디언에 대한 백인의 낭만적 시각과 그로 인한 인디언의 긍정적 이미지는 19세기 중반에 들어서 급격한 위상 변화를 맞게 된다. 즉 이전 시대에 미국 정체성의 원형으로 낭만시되던 인디언의 '고결한 야만인' 이미지가 이제는 미국 땅에서 사라져야 할 '애물단지'로 전락해 버린 것이다. 이는 당대 미국의 주류 집단인 백인의 현실적 필요성을 반영한다. 독립 이후 미국은 외견상 영국과 대립이 불필요해졌고 결과적으로 영국에 대한 차별성 확보를 위해 미국의 토속성을 발굴하는 작업 또한 명분이 희미해졌다. 아울러 인디언의 강한 피부와 근육을 이식받아 이미 강한 백인으로 변신했고 종국엔 나약한 영국 백인을 몰아내고 강한 백인의 나라 미국의 독립을 쟁취한 이상, 미국 백인은 더 이상 인디언의 피부와 근육을 탐할 이유가 없게 된다. 영국의 잔재가 미국 땅에서 청산되면서, 도리어 인디언이 백인 청교도의 서부 개척과 영토 확장에 걸림돌로 여겨지게 된다. 아울러 인디언의 유색 피부는 백인 사회의 순수혈통 유지에 있어 위험 요소이기도 하다. 한마디로 인디언은 19세기 중반이라는 맥락 속에서 순수 백인 사회의 유지와 확장을 위해 "비미국적"(un-American) 혹은 "반미국적"(anti-American) 요소로 격하될 필요성에 직면하고 그 결과 미국 땅에서 신속히 소멸되어야 할 운명에 봉착하는 것이다(Wilmer 9).

잭슨 대통령의 개인사를 보더라도 인디언에 대한 상기한 백인의 이중적 태도가 간파된다. 실제로 그는 대통령 재임기인 1830년 인디언 부족을 미시시피강 서쪽으로 강제 이주시킬 목적으로 인디언 이주법(Indian Removal Act)을 추진했다. 그 결과 19세기 전반까지 체로키(the

Cherokee)족을 위시한 5개 미국 원주민 부족민 십만여 명이 현 오클라호마주의 인디언 보호구역(Indian Territory)으로 강제 이주되었다. 이 과정에서 수천 명의 인디언이 숨지기도 했는데, 당시 인디언의 강제 이주 경로를 '눈물의 길'(Trail of Tears)이라 일컫는다(Prucha 52-53; Ehle 390-92; Thornton 289). 대중민주주의, 개인의 자유 보호 정책 등 치적과 대치되는 잭슨 대통령의 인디언 문제에 대한 입장에 대해 역사가들의 비판이 있는 것은 사실이나(Finkelman 832-833), 인디언 문제에 대한 그의 상기한 입장은 부인할 수 없는 당대 백인의 정서였다

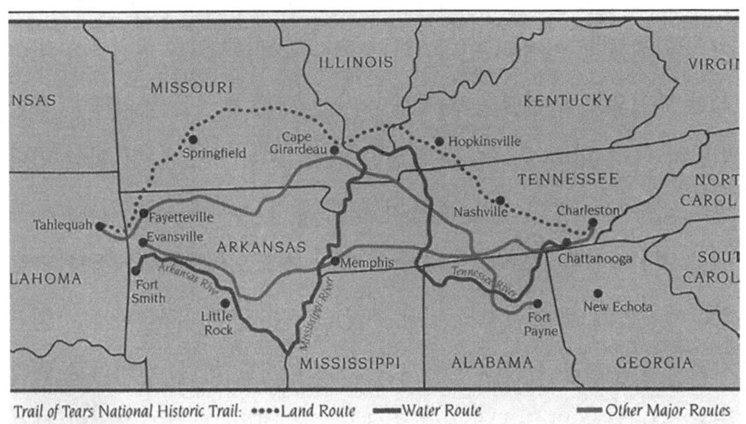

[그림 09] '눈물의 길' 경로 ©wikipedia.org

결과적으로 극 중반부터 결말에 이르기까지 작가는 메타모라의 고결함을 유지하는 동시에 그의 야만성을 확대해 "붉은 악마"(red devil) 또는 "강간, 살인, 폭력을 일삼는 인간 이하의 짐승"(a sub-human animal who thrives in an environment of rape, murder, violence)의 이미지로 정형화하고, 이 부분을 미국 백인 사회 내의 문제점으로 이슈화함으로써 그

의 퇴출을 정당화하는 전략을 펼친다(Grose 187). 즉 미국 전통과 국가정체성의 원형으로서 메타모라가 갖는 중요성은 긍정하되 백인 사회 구축이라는 현안과 충돌하는 그의 부정적 측면들은 매정하게 제거하는 방식을 통해, 작가는 메타모라의 '고결한 야만인' 정체성을 봉합한다.

극 후반부에서 메타모라 위상의 급격한 반전이 극적 결말을 위한 문학적 장치임을 넘어서 당대 미국 백인 시민들의 현실적 감수성에 대한 반영이었음을 방증하는 좋은 예가 있다. 1831년경 체로키 인디언 이주가 한창 진행 중이던 조지아주 어거스타(Augusta) 지역에서 『메타모라』가 공연되었을 때, 객석의 관객들은 백인에게 전쟁을 선포하는 메타모라의 모습을 영웅적으로 처리한 것에 대해 격분했다. 공연 직후 관객들은 백인의 "인디언 영토 강탈"(the stealing of Indian property)에 대한 묘사와 백인에 대한 복수로 인디언이 휘두르는 "도끼와 머리가죽 벗기는 칼"(tomahawk and scalping-knife)에 대한 묘사에 대해 크게 격분하면서 메타모라를 연기한 포레스트를 모욕죄로 고소하기까지 했다(Murdoch 298-299).

한편 간과할 수 없는 것은 극 종결부에 인디언 추장 메타모라를 제거함에 있어 그의 고결함을 완전히 폐기하지 않고 여운으로 남기는 작가의 집필 전략이다. 비록 물리적으로 세상과 작별을 고하지만, 그는 백인의 총부리를 피하는 대신 이를 정면으로 받아들인다. 이는 외견상 백인들에 대한 정면 도전의 형식을 띠지만, 작가의 노련한 펜 끝에서 미국 땅에서 소멸되어야 할 운명을 자발적으로 받아들이는 모습으로 비추어진다. 그 결과 그의 죽음은 몸은 비록 사라지지만 미국의 역사와 백인의 기억을 통해 후세에 전해질 신화적 존재, 과거의 가치로 봉인되는 고결한 전통으로 남게 된다. 그리고 이것이 어차피 사라져야 할 불가피한 운명을 마주한 최후의 인디언에게 '주어진' 최선의 영광된 선택임을 작가는 말하고 있는 것이다. 최선의 영광된 선택이란, "백인의 미국이라는 전통"(tradition of white America) 수립을 위해 한 알의 밀알로 장렬히 산화할 수 있는 기회를 말한다(Mason 45). 한편 이 영광스러운 기회의 '부여자' 위치에 섬으로써 백인이 인디언의 영토를 강탈하는 행위에 대해 정당성을 확보하고, 나아가 인디언의 신화를 미국 역사의 일부로 떠안음으로써 미국의 전통을 구축하는 근거를 마련한다는 점은 역사의 아이러니가 아닐 수 없다.

5. '백인의 나라', 동질성의 아이러니

스타이언(J. J. Styan)은 "연극은 사회에 대한 표현"(an expression of community)이자 "한 시대에 대한 진맥"(a feeling of pulse of an age)이라 강변한다(11). 미국 연극사학자 윌머(S. E. Wilmer) 역시 같은 어조로 연극과 극문학이 갖는 사회적 역할을 강조한다. 그에 따르면 연극과 극문학은 한 사회의 정치 환경 변화 및 국가정체성과 관련된 담론이 형성되고 재편되는 역사적 순간들을 압축한 "국가 공동체의 축도"(microcosm of the national community)이자 "공동체 이미지를 판결하는"(passing judgement on images of itself) 역할을 수행한다는 것이다(2). 『메타모라』도 예외일 수 없다. 이 극은 한 편의 문학작품을 넘어서 미국 건국사의 한 부분인 '인디언 문제'(Indian question)에 대한 미국 사회의 반응과 정서를 가늠하는 역사적 사료로서 가치를 갖는다. 아울러 미국 내 여타 인종적 소수집단—아프리카계, 아시아계, 멕시코계, 심지어 아일랜드 이민자 등 백인들을 포함해—의 역사가 그러하듯, 이 극은 '백인의 나라'라는 동질적(homogeneous) 국가정체성 수립 필요성에 의해 유색인 집단이 문화적 타자로 구축되고, 이러한 편파적 전략이 보편적 질서 혹은 헤게모니로 정당화되는 미국사의 흐름을 진맥한다. 이 지점에서 간파되는 또 다른 미국사의 아이러니가 있다. 백인의 나라 미국의 전통과 국가정체성을 수립하려는 목적에서 탄생한 미국적 드라마 『메타모라』를 통해 독자와 관객은 상기한 전통과 정체성의 맹점과 허구성을 목도하는 것이다. 아울러 이러한 역사의 아이러니 그리고 국가정체성의 맹점과 허구성은 작가가 의도했든 의도하지 않았든 이 극이 당대 미국 사회의 이미지에 가하는 씁쓸한 판결이다. 국가정체성 수립이라는 사회적 요구가 탄생시킨 극 『메타모라』의 이러한 예기치 못한 반격은 문학과 역사의 간극에서 발견하는 또 다른 아이러니이다.

인용 문헌

· Ehle, John. *Trail of Tears: The Rise and Fall of the Cherokee Nation*. New York: Anchor Books, 1997.

· Finkelman, Paul, ed. "Jackson, Andrew (1767-1845)." *Encyclopedia of American Civil Liberties*, vol. 2. New York: Routledge, 2006. 832-833.

· Grose, B. Donald. "Edwin Forrest, *Metamora*, and the Indian Removal Act of 1830." *Theatre Journal* 37 (May 1985): 181-191.

· Hargreaves, Mary, ed. "John Quincy Adams: Campaigns and Elections." *American President: An Online Reference Resource*. Miller Center of Public Affairs, University of Virginia. Accessed Sept 30, 2013.

· <http://millercenter.org/president/jqadams/essays/biography/3>

· Hewitt, Barnard. *Theatre U.S.A 1665 to 1957*. New York: McGraw-Hill, 1959.

· Kalter, Susan. "Finding a Place for David Cusick in Native American Literary History." *MELUS* 27.3 (2002): 9-42.

· Martin, Scott C. "Interpreting "Metamora": Nationalism, Theater, and Jacksonian Indian Policy." *Journal of the Early Republic* 19.1 (Spring 1999): 73-101.

· Meserve, Water J. *Heralds of Promise: The Drama of the American People in the Age of Jackson, 1829-1849*. Westport: Greenwood, 1986.

· Moody, Richard. *Edwin Forrest: First Star of the American Stage*. New York: Alfred A. Knopf, 1960.

· ____. *Dramas from the American Theatre 1762-1909*. Boston: Houghton Mifflin, 1969.

· Murdoch, James E. *The Stage; or, Recollections of Actors and Acting.* Philadelphia: J. M. Stoddart, 1880.

· Quinn, Arthur Hobson. *A History of the American Drama: from the Beginning to the Civil War.* New York: F. S. Crofts, 1946.

· Parrington, Vernon Louis. *Main Currents in American Thought*, vol. 2. New York: Harcourt, Brace and Company, 1930.

· Prucha, Francis Paul. *Documents of United Indian Policy.* Lincoln: U of Nebraska P, 1975.

· "Review of *Metamora.*" *New York Mirror* 24 (19 December, 1829): 190. Reprinted in *Theatre in the United States: A Documented History*, vol. 1. Ed. Barry B. Witham. New York: Cambridge UP, 1996. 150-151.

· Richards, Stanley, ed. *American on Stage: Ten Great Plays of America.* Garden City: Doubleday, 1976.

· Richardson, Gary A. "In the Shadow of the Bard: James Nelson Barker's Republican Drama and the Shakespearean Legacy." *When They Weren't Doing Shakespeare: Essays on Nineteenth-Century British and American Theatre.* Ed. Judith L. Fisher and Stephen Watt. Athens: U of Georgia P, 1989.

· Stagg, John C. A. *Mr. Madison's War: Politics, Diplomacy, and Warfare in the Early American Republic, 1783–1830.* Princeton, NJ: Princeton UP, 1983.

· Stone, John Augustus. *Metamora; or, The Last of the Wampanoags* (1929). In *Staging the Nation: Plays from the American Theatre 1787-1909.* Ed. Don B. Wilmeth. Boston: Bedford Books, 1998.

· Styan, J. L. *Drama, Stage and Audience.* New York: Cambridge UP, 1975.

· Thornton, Russell. "Cherokee Population Losses During the Trail of Tears: A New Perspective and a New Estimate." *Ethnohistory* 31.4 (1984): 289-300.

· Vandenhoff, George. *Leaves from an Actor's Note-book*. New York: D. Appleton and Company, 1860.

· Wilentz, Sean. *Andrew Jackson*. New York: Times Books, 2005.

· Wilmer, S. E. *Theatre, Society and the Nation: Staging American Identities*. Cambridge: Cambridge UP, 2002.

· Wilson. Garff B. *Three Hundred Years of American Drama and Theatre: from Ye Bare and Ye Cubb to Hair*. Englewood Cliff: Prentice-Hall, 1972.

그림 출처

[그림 01] 울프 장군의 죽음
https://en.wikipedia.org/wiki/The_Death_of_General_Wolfe

[그림 02] 위대한 버지니아 추장
https://commons.wikipedia.org/wiki/File:De_Bry_Chief_Virginia.jpg

[그림 03] 존 어거스터스 스톤 초상
https://en.wikipedia.org/wiki/John_Augustus_Stone

[그림 04] 마사소잇 동상
https://commons.wikipedia.org/wiki/File:Massasoit,_KC_MO_-_detail.JPG

[그림 05] 필립 왕 메타코멧 초상
https://commons.wikimedia.org/wiki/File:KingPhilip_1827_BenjaminChurch_SamuelDrake04264001.jpg

[그림 06] 앤드류 잭슨 초상
https://en.wikipedia.org/wiki/Andrew_Jackson

[그림 07] 에드윈 포레스트

https://en.wikipedia.org/wiki/Edwin_Forrest

[그림 08] 메타모라 역의 에드윈 포레스트

https://en.wikipedia.org/wiki/Metamora;_or,_The_Last_of_the_Wampanoags

[그림 09] '눈물의 길' 경로

https://en.wikipedia.org/wiki/Trail_of_Tears

[그림 01] 〈나이아가라폭포 전경〉(*A General View of the Falls of Niagara*). 앨번 피셔(Alvan Fisher) 작 (1820년). 스미소니언 미술관(Smithsonian American Art Museum) 소장. 던랩의 『나이아가라 여행』이 집필되던 시기에 그려진 유화로 당시 나이아가라의 모습을 잘 보여 준다. 나이아가라의 장엄한 아름다움은 신생국 미국의 아이콘이 되었다. 폭포와 이를 바라보는 인간의 크기 대조는 대자연의 위대함을 효과적으로 부각한다. ©wikipedia.org

제4장

1820년대 대영 관계와 포용의 아메리카니즘[22]:

윌리엄 던랩, 『나이아가라 여행』

William Dunlap, *A Trip to Niagara* (1828)

22 이 글은 『미국학논집』 50권 3호(2018년)에 게재된 논문 「영국인이 본 미국, 미국이 본 영국인: 『나이아가라 여행』에서의 편견 이슈와 포용의 아메리카니즘」을 다듬어 정리한 것이다.

1. 미국 토착 예술의 태동

미국 극작가 윌리엄 던랩(William Dunlap, 1766-1839)은 1834년 『미국 디자인 예술의 시작과 발전사』(*A History of the Rise and Progress of the Arts of Design in the United States of America*)에서 유럽과 차별되는 미국 예술의 태생적 성격에 대해 통찰했다. 그는 유럽의 예술후원 제도가 예술가를 부유한 귀족의 종으로 전락시켜 왔던 반면, 미국의 예술은 법의 보호 속에서 '산업, 미덕, 재능'의 자양분을 먹고 양육된다고 강조한다.

> 이곳에선 법이 유일한 보호자이다. 그리고 산업, 미덕, 재능이 유일한 후원자이다. [···] 이곳에선 미덕과 재능을 겸비한 자만이 상급자로 인정된다. 그리고 이곳에선 예술가의 필수요건을 갖춘 사람은 보호자를 필요 없고 후원자도 청하지 않는다. [···] 식민지를 방문한 [영국] 예술가에겐 친구와 고용주가 있었을 뿐, 그들은 보호자를 필요로 하지 않았다. 그들은 자신의 기술과 노동의 결과를 재력가의 돈과 교환했고, "그 대가로" 호의와 환대를 받았다. [···] 부가 증가함에 따라 예술과 예술가들이 뒤따랐다. 그리고 식민지인들이 누렸던 자유의 영향력이 체감되면서 토착 예술가들이 생겨났고, 이들은 모국에서 온 예술가들을 능가했다.
>
> The laws are here the only protectors. Industry, virtue, and talents, the only patrons. [···] where the man of virtue and talents is the only acknowledged superior, and where the man possessing those requisites of an artist, needs no protector and acknowledges nor patron. [···] The artists who visited the colonies found friends and employers; they did not need protectors. They exchanged the product of their skill and labor for the money of the rich, and received kindness and hospitality "in the bargain."

> […] As wealth increased, art and artists followed; and as the effects of that freedom which the colonists enjoyed were felt, native artists sprang up, and excelled the visitors from the fatherland. (Dunlap, 1834: 10-11)

[그림 02] 윌리엄 던랩 초상 ©wikipedia.org

예술이 수요·공급의 원리에 따라 정당한 환금 가치로 대우받는 가운데 미국의 토착 예술가들이 생겨났고, 이들이 영국 출신 예술가들을 대체할 만한 경쟁력을 가지면서 증가하게 되었다는 것이 던랩이 통찰하는 미국 예술의 태동사이다. 미국 토착 예술의 태동은 미국의 부의 증가와 그에 따른 국가의 위상을 방증하는 예이다. 아울러 귀족의 권력에 종속되지 않는 자율적 경제 단위로서 예술가의 위치는, 자립(self-reliance)과 독립(independence)의 건국 정신을 세례받은 미국 예술의 태생적 성격을 명증한다. 미국 예술을 보호하고 후원하는 법, 산업, 미덕, 재능 등의 요소들은 영국적 가치와 차별되는 상인주의(mercantilism), 실용주의(pragmatism), 개별주의(individualism), 실력주의(merit system) 등의 미국적 가치로 치환된다. 아울러 이들은 민주주의, 자유와 권리, 기회균등을 위시한 미국의 건국이념과 이상을 상기시킴과 동시에 향후 '아메리칸드림'을 통해 구현될 노동의 가치 및 그에 상응하는 대가로서 얻어지는 풍요로운 삶에 대한 기대를 피력한다.[23] 던랩이 통찰하는 미국의 예술 전통은 국가정체성과 같은 맥락에서 작동하고 있으며, 그는 미국 예술사에 대한 통찰을 통해 미국 시민으로서 자부심을 표출한다.

미국 토착 예술에 대한 던랩의 통찰과 자부심은 2년 앞선 1832년에 출간한 『미국 연극사』(*A History of the American Theatre*)에서 연극이라는 특정 분야에 대한 진술에서 이미 예견된다. 여기에서 그가 당부하는 "미국 무대의 형성"(the shape of the American stage)을 위한 고언은 다분히 애국적 정서를 동반한다(Saxon 107). 그는 정부가 국가 차원의 연극 후원자로 나설 시기가 도래했음을 강조하면서, 행정부의 "투명한 지휘 감독 체계"(the stream of pure instruction)와 "강력한 권한"(mighty engine)하에서 "애국심, 도덕, 종교"에 부합하는 가치와 교훈을 재현하는 미국 연극을 창출할 필요성을 개진한다(1832: 68). 표면적으로 국가의 예술 통제를 종용하는 것으로 비추어질 수 있으나, 던랩이 이러한 제안을 한 이유는 예술의 자율권과 독립이 특정 집단의 권력에 통제받고 침해당하는 위험을 우려한 때문이다(Bryer 142).

---

23 미국 독립선언문은 모든 사람은 평등하게 태어났으며, 자유와 행복 추구를 위한 "양도할 수 없는 권리"(unalienable Rights)를 부여받는다고 명시한다. 이러한 건국 신조에서 태동한 아메리칸드림은 미국 시민들은 물론 계급주의 전통이 강한 구세계 유럽인들에게조차 "매력적이고 흡입력 있는"(attractive and magnetic) 미국적 삶의 방식을 구현했다(Kamp). 제임스 아담스(James Truslow Adams)는 『미국의 서사시』(*The Epic of America*, 1931)에서 아메리칸드림을 출신 배경과 상관없이 누구나 재능을 인정받고 그에 합당한 지위와 보상을 최대한 누릴 수 있는 "사회질서에 대한 꿈"(a dream of social order)이라고 정의하면서, 이는 유럽 상류층이 제대로 이해하기 힘든 꿈이라고 첨언한다(404).

아울러 던랩이 행정부 지휘 감독 체계의 투명성을 제안의 조건으로 내세우는 점으로 미루어, 그의 제안은 예술 통제 목적과 거리가 멀다. 던랩의 제안에서 방점은 미국적 연극 전통의 수립에 있으며, 이러한 연극 전통의 지향점은 애국심, 도덕, 종교로 대변되는 미국적 가치와 국가정체성 확립에 대한 명분으로 수렴된다. 예술의 자율권과 독립이 특정 집단의 권력에 침해당할 위험에 대한 던랩의 우려 표시는 우국적 충정의 발현으로 기저에는 미국 예술의 토착적 가치인 독립과 자율권에 대한 자부심 및 애국주의 정서가 다분히 깔려 있다.

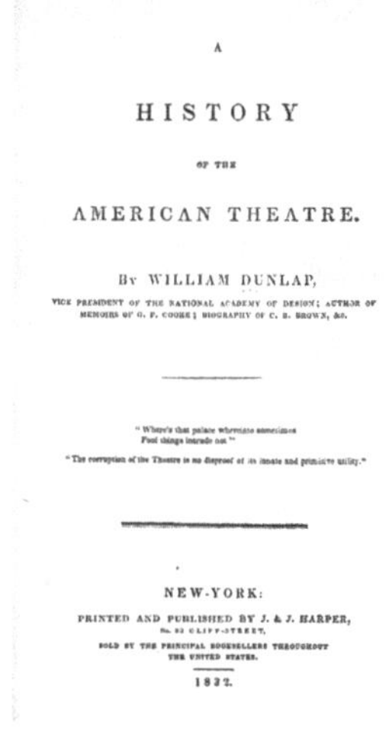

A

HISTORY

OF THE

AMERICAN THEATRE.

BY WILLIAM DUNLAP,

VICE PRESIDENT OF THE NATIONAL ACADEMY OF DESIGN; AUTHOR OF MEMOIRS OF G. F. COOKE; BIOGRAPHY OF C. B. BROWN, &c.

"Where's that palace whereinto sometimes
Foul things intrude not?"

"The corruption of the Theatre is no disproof of its innate and primitive utility."

NEW-YORK:

PRINTED AND PUBLISHED BY J. & J. HARPER,
No. 82 CLIFF-STREET,
SOLD BY THE PRINCIPAL BOOKSELLERS THROUGHOUT
THE UNITED STATES.

1832.

[그림 03] 『미국 연극사』 표지
ⓒarchive.org

미국 예술사에 대한 통찰과 미국 연극 전통 수립을 위한 고언에서 감지되는 던랩의 애국주의 어조는 1828년도 극작 『나이아가라 여행』(*A Trip to Niagara*)에서 구체적으로 표면화된다. 이 작품은 당대 미국 극작에서 두드러진 애국적 글쓰기와 차별된 방식을 실험하는데, 이는 플롯 전개와 등장인물의 설정 방식에서 확인된다. 일례로 로얄 타일러(Royall Tyler)의 『대조』(*The Contrast*, 1787)나 애너 코라 모왓(Anna Cora Mowatt)의 『패션』(*Fashion*, 1845)에서 보듯, 당시까지 미국의 주류 멜로드라마는 구세계 유럽과 신세계 미국 간의 이분법적 대립 구도 속에서 사대주의와 애국주의의 충돌 양상을 극화하며, 특히 유럽의 귀족풍 문화에 매몰된 '미국인'의 무지와 편견이 교화되는 것이 주제로 부각된다. 반면 『나이아가라 여행』은 영국인 일행이 미국을 여행하는 동안 미국에 대한 이들 '영국인'의 편견이 교화되는 과정을 극화한다. 기존의 미국 멜로드라마가 미국의, 미국인에 의한, 미국인을 위한 애국주의적 입장을 일방적으로 주입하는 방식을 취한다면, 던랩의 극은 미국을 보는 영국인의 시각과 영국인을 보는 미국의 시각을 아우르는 보다 열린 입장에서 미국적 가치를 긍정하는 대안적 방법론을 제시한다.

2. 영국인이 본 미국: 편견과 무지

『나이아가라 여행』은 영국인 관광객 일행의 미국에 대한 편견이 치유되는 여정을 골자로 한다. 치유의 과정은 뉴욕 맨해튼 남부 허드슨 강에서 시작해 나이아가라폭포에 이르는 이들의 긴 여정과 함께 전개된다. 영국인 일행은 남매지간인 웬트워스(Wentworth)와 아멜리아(Amelia) 그리고 하녀 낸시(Nancy)이다. 극은 긴 여정을 앞두고 일행이 머무는 호텔 방에서 시작한다. 한편 아멜리아의 말을 통해 일행이 맨해튼에 도착하기 전에 미국 동부 여행을 이미 마쳤음을 알 수 있다.

> 됐어! 필라델피아에 대한 묘사가 이렇게 마무리되었군. 뉴욕에 도착할 때까지의 여정도 간단히 기록해 뒀어. 90마일을 9시간에 주파함. 피곤함 없음. 굉장한 증기선, 쾌적한 마차, 예의 바른 사람들. 보편적 번영을 입증해 주는 풍광들, 넘쳐나는 풍요를 말해 주는 식탁들.
>
> So! I have finished my description of Philadelphia, and given a sketch of

our journey to New-York. Ninety miles, without fatigue, in nine hours, superb steam-boats, good coaches, civil people. Landscapes presenting proof of universal prosperity, and tables testifying overflowing abundance. (Act 1, Scene 1: 5)

[그림 04] 〈런던-패링던 마차〉(*The London-Farringdon Coach*). 제임스 폴라드(James Pllard) 작(1835년). ©wikipedia.org

아멜리아가 동부에서 목도한 번영의 풍광과 풍족한 식탁 그리고 9시간에 걸친 장거리 여행을 피곤함 없이 가능케 하는 대중교통에 대한 묘사는 당시 미국의 경제적 여건과 생활환경의 발전상을 말해 주는 가시적 증거들이다. 한편 아멜리아의 긍정적 묘사와는 대조적으로 하녀 낸시는 미국에 대한 반감을 토로한다. 그녀는 "여기에는 공주나 왕자도, 공작이나 공작부인도, 나리나 마님도 없다"(here are no princesses or princes; no Dukes or Duchesses; no Lords or Ladies)는 지적에 이어, "이 나라에서 6두마차를 단 한 번도 못 봤다"(I haven't seem one coach-and-six in the country!)며 실망감을 드러낸다(Act 1, Scene 1: 6). 이처럼 하녀 낸시는 귀족 계급과 이들의 권위를 상징하는 교통수단이 부재한 미국의 현실을 탄식한다. 이는 아멜리아가 지적하는 것처럼 계급사회에서 가장 천대받는 계층인 당사자가 귀족계급과 그들의 전유물인 "화려한 겉치레와 무절제한 부"(the splendid pageantry and inordinate wealth)의 "가장 열렬한 추종자"(the most ardent admirer, Act 1, Scene 1: 6)로 자처하는 부조리함을 드러낸다.

영국인 하녀 낸시와 미국인 흑인 벨보이 욥(Job)의 대화는 계급과 관련된 영·미의 대조적 환경과 인식을 반영하며, 이를 통해 낸시의 편협한 시각과 무지가 효과적으로 부각된다.

> 낸시: 당신 주인님께 가서 여쭤봐요.
>
> 욥: "주인님"이라니! 난 주인님 같은 거 없어. 주인님이라니! 빌어먹을! […] 내 주인은 바로 나라구. […] 여기엔 주인님 따윈 없어! 당신도 웬트워스 양을 시중들지만, 마님이라 부르지는 않잖아.
>
> 낸시: 하지만 그렇게 하는걸요. 난 그래요.
>
> 욥: 영국의 백인들은 그럴지 몰라도, 미국의 흑인 신사숙녀들에겐 가당치 않아.

> Nancy: Go and ask your Master.
>
> Job: "Master!"—I have no master. Master in-deed! Demmee! […] I am my own master. […] We have no masters here! You wait upon Miss Wentworth, but you would not call her mistress.
>
> Nancy: But I would; and I do.
>
> Job: That may do for whites of the old country; but not for gentlemen and

ladies of colour, in America. (Act 1, Scene 1: 12–13)

낸시의 편견과 무지와 더불어, 욥은 그 자체로 영국과 차별되는 미국의 환경과 가치를 입증하는 표상으로 기능한다. 『나이아가라 여행』이 뉴욕에서 초연된 1828년은 노예제 폐지 법안이 뉴욕주에서 최종적으로 합법화된 이듬해였다. 이런 맥락을 감안할 때, 욥의 등장은 자유민 흑인을 미국 무대에서 재현한 '최초 사례'라는 연극사적 의미와 함께 "노예제도에 대한 승리를 자축하는"(to celebrate this victory over the slave system) 문화사적 의미도 갖는 것이다(Sigerson 25).

미국에 대한 아멜리아의 시각과 가장 극명한 대조를 이루는 사람은 오빠 웬트워스다. 남매의 시각 차이는 구세계/유럽과 신세계/미국 사이의 대립 구도로 치환된다.

웬트워스: 로마로 갔어야 했어. 위대한 제국의 폐허를 보는 기쁨을 만끽했어야 했다구. 하지만 여긴 온통 새것 천지야. 담쟁이 우거진 망루도, 쓰러져 가는 기념비도 없다니! 고작 운하를 건너 바다로 가는 여행이라니. 새것에 뻔쩍이는 것투성이로군, 싸구려 브루마젬 단추처럼 말이야.

아멜리아: 맞아요, 신선하고 젊고 활력이 넘치고 아름다운 것 천지죠. 그것 때문에 구세계에서 여행자들이 몰려드는 거겠죠. 오빠, 나는 야만인들의 성곽 터나 그들의 죄 많은 폭군의 무덤을 보느니, 주민들의 웃음 속에서 번영하는 도시를 보겠어요. 나는 어디에서건 노쇠보다 건강을 선호한답니다.

Wentworth: I should have gone to Rome, and looked with delight on the ruins of greatness. But here everything is new—no ivy crowned towers! no mouldering monuments—nothing worth a travellers' crossing a kennel to sea—all fresh—all bright as a brummagem button.

Amelia: Yes, all fresh, in youth, strength and beauty; and therefore most worthy of the attention of travellers from the Old World. I would rather, dear brother, see flourishing towns, with laughing inhabitants, than the ruins of barbaric Castles, or the tombs of their guilty and tyrannic Lords. I should prefer, anywhere, health to decrepitude. (Act 1, Scene 1: 7)

웬트워스가 과거의 영광을 찬양하는 반면 아멜리아는 현재의 생명력에 가치를 부여한다. 과거와 현재의 가치 대결 국면은, 아멜리아가 인식하는 구세계와 신세계의 대결 구도로 발전한다. 구세계 유럽이 폐허, 무덤, 노쇠 등의 단어들이 함의하는 '죽음'의 표상으로 치환되는 반면 신세계 미국은 신선함, 활력, 젊음, 건강 등의 단어들이 함의하는 '삶'의 표상으로 치환되어 대구를 이룬다. 구세계가 죄와 폭정으로 점철된 암울한 역사와 중첩되는 반면 신세계는 번영, 아름다움, 웃음으로 대변되는 일상의 밝은 면과 함수관계를 이룬다. 과거/구세계와 현재/신세계 간의 대결 구도는 각각의 신봉자인 남매의 이름을 통해서도 상징된다. 웬트워스(Wentworth)가 '과거의 가치'를 아멜리아(Amelia)가 '미국'을 의미하는바, 이는 남매의 이름이 우연적 결과라기보다 상기한 대결적 주제를 부각할 목적으로 작가가 치밀하게 의도한 장치라는 점에 무게를 더한다.

아멜리아의 말에 대해 웬트워스는 "전형적인 양키 말투"(the true Yankee cant)라고 응수한 뒤 누이를 "골수 민주당원"(a downright democrat)이라 질책하며 미국 추종자로 몰아세운다(Act 1, Scene 1: 7). 반대로 그는 자신이 "모국을 두둔하는 경우만 빼고는 편견이 없는 진정한 영국인"(a true born Englishman—unprejudiced except in favor of my own country)이라며 각을 세운다(Act 1, Scene 1: 8). 자신의 편견 없음을 강조하는 이 말로 인해 웬트워스는 되레 자신의 편견을 시인하는 오류를 범한다. 그의 말은 영국과 대립 관계에 있는 미국에 대해서만큼은 편견을 거둘 수 없다는 말로 풀이되며, 결과적으로 누이를 미국 추종자로 몰아가는 그의 판단과 태도 역시 편견에서 비롯된 것임이 입증된다.

3. 미국의 실체: 증기선, 운하, 레더스타킹

영국인 일행은 긴 여정 동안 지속적으로 전개되는 미국의 풍광과 생생한 삶의 현장을 목도하게 된다. 이들은 특히 웬트워스의 머릿속에 각인된 오해와 선입견을 깨고 미국의 실상을 깨닫게 해 주는 살아 있는 증거로 기능한다. 여정의 시작점인 뉴욕 맨해튼 남쪽, 코트랜드 거리(Cortlandt Street) 남단에 위치한 증기선 선착장은 관광객을 부르는 호객꾼들의 소리로 시끌벅적하다.

호객꾼 2: 어떤 배를 찾으시나요, 선생?
신사: 뉴필라델피아호라오.
호객꾼 1: 선생, 노스아메리카호가 제일 빨라요.
호객꾼 2: 속지 마세요! 이쪽입니다, 선생! 사모님, 이쪽으로요!
호객꾼 1: 이쪽으로요, 손님! 지난 운항에서 우리가 저쪽 배를 20분 앞질렀답니다.
호객꾼 2: 우리 배가 더 빨랐다니까요, 선생!
신사: 저리 비키시오.

호객꾼 1: 잘 생각했어요, 선생. 이쪽입니다.

2nd Runner: Which boat, Sir?

Gentleman: The New Philadelphia.

1st Runner: The North America is the fastest, Sir!

2nd Runner: It's false! This way, Sir! This way, Ma'am.

1st Runner: This way, Sir! We beat them by twenty minutes last trip.

2nd Runner: We beat them, Sir!

Gentleman: Stand out of the way.

1st Runner: That's right, Sir. This way. (Act 1, Scene 1: 21–22)

[그림 05] 노스아메리카호와 알바니호(1827년경). *Popular Science Monthly* (1878년 3월호)에 게재된 그림. ©wikisource.orgorg

위 장면은 당시 미국에서 증기선이 교통수단으로서 성업 중인 상황을 드러낸다.[24] 이는 앞서 영국인 하녀 낸시가 미국에서 6두마차를 볼 수 없었던 이유에 대한 설명이기도 하다. 그녀는 품격의 상징인 이 문명의 이기가 부재한 신생국의 '미개한' 상황을 성토하지만, 그녀의 언급은 증기선이라는 신기술로 새로운 문명을 만들어 내는 미국의 실상 앞에서 무색해질 뿐이다. 결국 그녀의 언급은 미국에 대한 선입견에서 비롯한 무지의 소치였음이 드러남과 동시에 역설적으로 과거 문명에 머물러 있는 영국의 정체된 상황을 폭로한다.

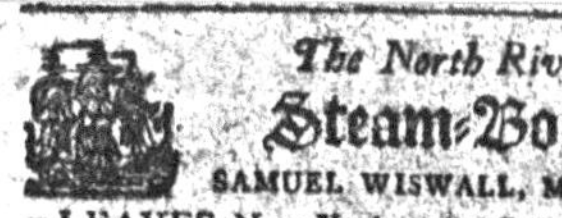

[그림 06] 허드슨강 증기선 광고(1808년경)
ⓒwikipedia.org

증기선에 이어 구세계와 차별되는 미국의 환경으로 영국인 일행의 시선을 끄는 것은 운하(canal) 시설이다. 맨해튼 남단에서 증기선을 타고 허드슨강을 따라 북쪽으로 거슬러 가던 일행은 종점인 알바니(Albany)에 도착하고 여기서부터 이리호(Lake Erie) 접경 도시 버팔로(Buffalo)까지 서쪽으로 횡단하는 운하 여행이 시작된다. 일행은 배에서 잠시 내려 강둑을 거니는 기회를 갖는데, 눈앞에 펼쳐진 이리 운하(Erie Canal)의 풍경에 대해 남매는 상반된 소감을 내놓는다.

---

24 극 중 언급되는 노스아메리카호는 실제로 허드슨강을 운행했던 증기선이다. 당시 한 승객의 기록에 따르면 이 배는 길이 61미터, 폭 8미터 크기에 두 개의 갑판으로 구성되었다. 남자실과 여자실로 구분된 객실은 식사도 가능했으며, 320명의 승객을 태우고도 여유가 있을 정도로 넓은 공간을 확보했다. 운임은 편도 3달러 혹은 마일당 2센트였다("Development" 227).

아멜리아: 대서양과 내륙 바다를 연결하는 애국적 위업에 감탄이 절로 나오네요.

웬트워스: 이까짓게 뭐라고, 브리지워터 공작의 업적에 비할까.

아멜리아: 칭찬할 일은 칭찬해야죠. 미국인들이 영토의 끝에서 끝으로 모든 물자를 신속하게 교역하는 축복을 누리는 한, 그들의 기억 속에 길이 남을 두 이름이 있답니다. 풀턴과 클린턴이 그들이죠.

Amelia: You must admire the great patriotic work—this union of the inland seas with the Atlantic Ocean.

Wentworth: What is this, to the work of the Duke of Bridgewater.

Amelia: Let praise be given, where praise is due. There are two names, which will live in memories of Americans, as long as they can appreciate the blessings that flow in a rapid interchange of every good from one extreme of their republic to the other. Fulton and Clinton. (Act 3, Scene 4: 42)

아멜리아는 이리 운하의 규모와 풍광에 경탄을 아끼지 않는데, 실제로 이리 운하는 1825년 개통 당시 강폭 12미터에 총길이 584킬로미터의 압도적인 위용을 자랑했다. 이는 당시까지 세계 최장이었던 프랑스 미디 운하(Canal du Midi)의 길이 225킬로미터를 2배 이상 넘는 규모였다. 허드슨강과 이리호를 연결하며 미국의 중심부를 가로지르는 이 물길은 "토목공학적 경이로움을 넘어"(more than just a civil engineering marvel) 지역적·경제적·문화적 층위의 국가적 통합의 표상이었다(Roberts n.pag.). '애국적 위업'이라는 아멜리아의 표현은 그녀가 "미국적 창의의 상징"(a symbol of American ingenuity)으로서 이리 운하가 체현하는 국가적 차원의 함의를 인정하고 있음을 방증한다(Sheriff

56). 아울러 풀턴과 클린턴 등 이리 운하 건설과 관련된 실존 인물들에 대한 언급은 미국에 대한 아멜리아의 해박한 지식 및 미국에 대한 그녀의 긍정적 시각을 객관적으로 입증하는 논거로 작용한다.[25]

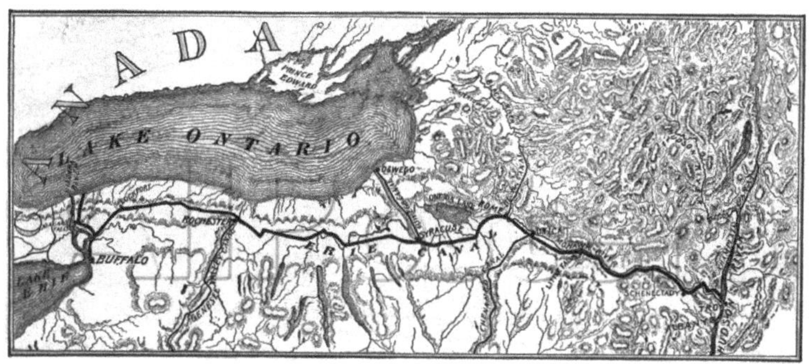

[그림 07] 이리 운하 지도(1840년경).
우측 끝 알바니에서 좌측 끝 버팔로까지 이어지는 물길로 이리호로 연결된다. ©wikipedia.org

25 로버트 풀턴(Robert Fulton, 1765–1815)은 최초의 상업용 증기선 클레먼트호(the Clermont)의 개발자로 알려져 있다. 이 배는 1807년 9월부터 허드슨강 여객 운항을 시작했는데, 뉴욕시에서 알바니까지 240킬로미터 거리를 32시간에 주파하면서 편도 7달러라는 다소 비싼 운임에도 수상 운송 수단으로서의 가능성을 입증했다. 증기선은 토요일 오후 6시에 뉴욕 항구에서 알바니로 출항했고, 수요일 오전 8시에 알바니에서 뉴욕 항구로 귀항했다("Development" 216). 드위트 클린턴(DeWitt Clinton, 1768–1828)은 상원의원, 뉴욕 시장, 뉴욕 주지사 등을 역임한 정치가이다. 그는 뉴욕 주지사 재임 중 이리 운하 건설을 입안하고 진두지휘한 것으로 알려져 있다. 이 대규모 사업은 기간 시설 개선이 경제성장을 촉진시키고 시민의 정치 참여와 지적 수준을 고양함으로써 미국의 삶에 변화를 가져올 것이라는 그의 믿음에서 기인했다. 실제로 이리 운하는 다수의 농촌 지역을 상업적·정치적 고립으로부터 해방시킨 것으로 평가받는다(Howe 241).

반면 웬트워스는 미국의 운하를 평가절하하면서 그 근거로 '브리지워터 공작의 업적'을 내세우는데, 이는 영국의 브리지워터 운하(Bridgewater Canal)를 일컫는다. 브리지워터 공작은 "영국 내국항행의 아버지"(father of British inland navigation)로 불리는 프랜시스 에거튼(Francis Egerton, 1736-1803)을 지칭한다(Baynes 342). 일찍이 운하 건설의 중요성을 인지한 그는 워슬리(Worsley)와 맨체스터(Manchester)를 잇는 브리지워터 운하 건설에 착수해 1761년에 개통시켰는데, 영국 최초의 운하로 여겨지는 이것이 웬트워스가 언급한 공작의 업적이다. 하지만 그가 자존심을 내세워 자랑하는 이 영국 운하의 실상은 66km 길이에 4m 폭의 선박이 드나들 수 있는 물길로 이리 운하의 위용에 비해 턱없이 작은 규모이다. 이리 운하의 실체를 눈으로 확인하고도 이를 애써 부인하는 웬트워스의 태도는 그의 진술의 신뢰성을 떨어뜨리는 요인으로 작용한다. 그가 내세운 영국 운하의 위대함은 근거 없는 아집의 결과로 드러난다. '칭찬할 일은 칭찬하라'는 아멜리아의 말은 웬트워스의 편견과 무지에 대한 경구이다.

[그림 08] 화염에 휩싸인 숲을 탈출하는 레더스타킹. 1900년 A.L. Burt Company가 출판한 『개척자들』 38장에 실린 삽화. ⓒwikipedia.org

한편 일행은 캐츠킬 산맥(Catskill Mountains)이 내려다보이는 숙소에서 여장을 풀던 중 미국 개척기의 전설적 인물 레더스타킹(Leather-Stocking)을 만나게 된다. 사실 그는 제임스 페니모어 쿠퍼(James

Fenimore Cooper, 1789-1851)의 소설 『개척자들』(*The Pioneers*, 1823)에 등장하는 허구적 캐릭터이다.[26] 던랩의 극은 집필 당시 미국의 실제 모습과 현황에 대한 묘사에 기초하고 있으나 이 지점에서만큼은 허구와 사실이 혼재된다. 허구적 인물임에도 불구하고 레더스타킹은 미국의 풍토에서 자생적으로 만들어진 토착 캐릭터라는 점에서 증기선 산업, 운하 시설과 함께 극 중 미국적 환경을 구성하는 요소로 기능한다. 웬트워스와의 첫 대화를 통해 그의 특별한 출생과 성장 배경이 밝혀진다.

웬트워스: 저 남자 영어를 하는군. 당신 인디언인가요?

레더스타킹: 아니—난 백인이요. […] 피 한 방울 안 섞인 순수한 백인이지. 하나 생의 대부분을 레드 스킨들과 함께 살았다오, 꽤 오랫동안 말이오. […]

웬트워스: 그럼 당신 영국인이오?

레더스타킹: 혈통은 그렇지만, 난 태생이 양키라오. 내가 만난 대부분의 사람들처럼—물론 레드 스킨들은 말고. […] 레드 스킨들은 날 '매의 눈'이라 부른다오.

Wentworth: He speaks English. Are you an Indian?

---

26 쿠퍼는 '레더스타킹 이야기'(Leather-Stocking Tales)로 알려진 다섯 편의 연작 소설을 발표했다. 역사소설로 분류되는 이들은 미국 개척기 '레더스타킹'이라 불리는 내티 범포(Natty Bumppo)를 중심으로 전개되는 일련의 사건들을 선보인다. 『개척자들』은 연작 소설의 첫 작품으로 백인 개척민과 인디언 원주민의 삶을 상세한 필치로 그려낸다. 이후 『모히칸족의 최후』(*The Last of the Mohicans*, 1826), 『대초원』(*The Prairie*, 1827), 『탐험자』(*The Pathfinder*, 1840), 『사슴사냥꾼』(*The Deerslayer*, 1841)이 차례로 출간되었다.

> Leather: No—I am a white skin. […] Pure white, without a cross. But I have lived with the red skins most of my life, and that's not a short one. […]
>
> Wentworth: You are an Englishman?
>
> Leather: By descent; but a born Yankee. As good as most men I meet with—always excepting the red skins […] the red skins call me, Hawk-eye. (Act 3, Scene 1: 32)

레더스타킹은 생물학적으로 백인이지만 인디언 사회에서 성장한 '레드 스킨'이며, 영국인의 혈통을 지녔으나 미국에서 태어난 '양키'이다. 그의 몸에는 영국, 미국, 인디언, 양키, 백인, 레드 스킨 등 다양한 국적·인종·문화 정체성이 혼재한다. 아울러 이러한 혼재성은 식민과 이민의 과정에서 국적·인종·문화 정체성의 혼재를 업보처럼 안고 있는 미국의 역사를 체현한다. 즉 역사의 증인으로서 그의 몸이 미국을 증언한다면, 몸이 증언하는 그는 미국 자체가 된다. 이런 의미에서 레더스타킹은 단순히 허구적·문학적 캐릭터임을 넘어서 미국의 표상이자 국가성에 대한 함의로 기능하며, 이는 역으로 웬트워스를 영국성에 대한 표상과 함의로 기능하게 하는 효과를 발한다.

레더스타킹은 영국인 일행을 숲속의 특별한 곳으로 직접 안내하겠다고 제안한다. 이유인즉 영국인의 "연약한 사지"(delicate limbs)로는 미국의 "거칠고 축축한 지형"(rough and wet places)을 이겨 낼 수 없다는 것이다(Act 3, Scene 1: 33). 레더스타킹이 건네는 호의의 말에서 예의 미국과 영국에 대한 차별적 함의가 선명하게 부각되고 있음이 발견된다. 그는 영국인 일행을 '연약한' 존재로 전제하고 이들을 '강한' 자신과 '거친' 미국의 자연환경과 대비시키며, 이러한 대비는 '강한 미국'

과 '연약한 영국'의 대결 구도로 치환된다.[27]

기실 이러한 대결 구도는 당대 미국의 주류 멜로드라마에서 빈번하게 사용되었던 내러티브 전략이다. 존 어거스터스 스톤(John Augustus Stone)의 『메타모라』(*Metamora*, 1928)가 좋은 예이다. 주동인물인 인디언 추장 메타모라(Metamora)는 '고결한 야만인'(the noble savage) 이미지로 묘사되는데, 이는 당대 미국인들이 역사적·문화적 '모국' 영국에 대해 갖고 있던 의식적·무의식적 열등감에 대한 방어기제의 결과다. 미국은 전통의 단절과 부재라는 원초적 흠결을 상쇄하기 위해 영국과 차별되는 토착적 전통을 수립해야 했다. 결과적으로 영국이 결여한 미국 특유의 풍토에서 전통을 구성할 요소를 찾아야 했고, 그중 하나가 인디언 원주민이었다. 그들은 문화적·종교적으로 '야만인'이었지만, 그들의 강인함과 자연에 대한 지혜는 신세계 개척을 앞둔 백인이 차용할 수 있는 '고결한' 자산이었다. 메타모라는 미국적 풍토와 정체성을 체현하는 캐릭터이며, 그를 미국 문학의 범주로 끌어들임으로써 미국 백인은 영국 백인과 차별되는 정체성을 문학적 상상력으로 구현했다. '강한 백인'(the strong white)이 그것이며, 영국의 정체성은 '연약한 백인'(the feeble white)으로 이항대립 되는 수순을 밟

27 1828년 11월 28일 뉴욕의 보워리 극장(Bowery Theatre)에서 초연 당시 《뉴욕이브닝포스트》(*New-York Evening Post*)는 무대에 재현된 미국의 풍광을 전했다. 공연 리뷰는 특히 레더스타킹이 등장하는 장면에서 배경이 되는 캣츠킬 산맥에 대한 묘사에서 "아연실색케 하는 거대한 절벽들"(stupendous and gigantic cliffs)이 세계 어디에서도 볼 수 없는 "웅대한 대자연의 아름다움"(grandeur of natural beauty)를 자아낸다고 말했다(2).

는다.[28]

메타모라가 영국(인)의 유약함에 대한 미국의 우월함을 정당화하는 '강한 미국'의 표상으로 등장한다면, 레더스타킹 역시 이와 같은 문학 전통을 공유하고 수행하는 장치로 활용된다. 한편 메타모라가 표상하는 강한 미국이 연약한 영국과 전적으로 대치하는 국면에 있다면, 레더스타킹이 표상하는 강한 미국은 연약한 영국인을 보호하고 이끌며, 종국에는 영국인을 미국의 실체에 대한 깨달음으로 견인하는 형국으로 의미가 확장된다. 아울러 레더스타킹은 메타모라의 '고결한 야만인' 이미지를 공유하면서도 인종적으로 백인이라는 점에서 백인 지배 사회의 관점에서 볼 때 한층 진화된 인디언 캐릭터를 제시한다. 메타모라에게서 강인함의 상징인 '붉은 피부'(red skin)를 빌려왔다면, '흰 피부'(white skin)의 인디언 레더스타킹은 '강한 백인' 자체가 되기 때문이다.

4. 치유의 기술: 존 불의 '퀴징' 전략

웬트워스의 미국에 대한 편견은 향후 극을 주도하는 핵심 화두로 등장하며, 영국인 일행이 허드슨강을 따라 나이아가라폭포까지 유람하는 동안 그의 편견이 치유되는 과정으로 극이 전개된다. 그리고 미국 체류 중인 영국인 존 불(John Bull)이 웬트워스의 편견을 교화하

28 『메타모라』에 대한 상세한 설명은 앞의 3장을 참고할 것

는 인물로 등장한다. 영국인 존 불은 아멜리아, 웬트워스 남매와 사촌 간이다. 그는 과거 아멜리아에게 청혼했지만, 세상을 좀 더 배우고 배필에 대한 확신이 서게 되면 다시 찾아오라는 그녀의 조언에 따라 영국을 떠났던 것이다. 수년 뒤 아멜리아는 미국 여행길에 이곳에 체류 중인 그와 해후한다. 이 자리에서 "한결 성숙한 남성"(quite an altered man, Act 1, Scene 1: 9)이 되어 돌아온 '미국의 영국인' 존 불은 그녀에게 청혼의 뜻을 재차 밝힌다. 한편 "색안경을 끼고"(through the colored glasses, Act 1, Scene 1: 11) 세상을 보려고만 하는 오빠의 아집을 걱정하는 아멜리아에게, 존 불은 청혼 수락을 조건으로 자신이 여행길에 동참해 웬트워스의 편견을 치유해 줄 것을 약속한다.

> 내가 일행의 여행에 동참한다면 오빠를 치료할 수 있을 거요. […] 나는 이 나라에서 완벽을 기대한 것도, 모국에서보다 더 나은 것을 기대한 것도 아니에요. […] 하지만 분명한 것은 이 땅에 발을 들이고 나서부터 이곳 사람들과 제도에 대한 애착이 나날이 커지고 있다는 겁니다. […] 이제 경험도 충분히 쌓고 환자와 병에 대해서도 알았으니, 당신의 오빠를 책임지고 치료해 보겠소.

> I think I could cure him, if I joined your party as a fellow-traveller […] I did not expect perfection in this country, any more than in my own; but I can say that my cling, both of the people and institutions, has increased every day since I landed among them. […] Now, with such a stock of experience, and a knowledge of the patient and disease, I will undertake to cure your brother. (Act 1, Scene 1: 11)

이후 존 불은 영국인 일행과 여행하면서 웬트워스의 편견을 치유하기 위한 일련의 시험 혹은 '퀴징'(quizzing) 전략을 수행한다. 이 전략은 크게 '편견 극대화' 및 '편견 객관화' 등의 구체적 형태를 띤다.

레더스타킹과 작별한 영국인 일행은 또 다른 미국의 토착 캐릭터 두리틀 조나단(Doolittle Jonathan)을 만나게 되는데, 그 역시 레더스타킹처럼 문학에 등장하는 허구적 양키 캐릭터이다. 조나단은 "배나무 가지에 묶인 종 모양 호박"(a bell-shaped pumpkin tied to the bough of pear tree, Act 3, Scene 1: 36)을 들고 등장한다. 기실 그는 웬트워스를 교화하기 위한 목적으로 존 불이 변장한 것이다. 조나단의 등장은 존 불이 '퀴징' 전략에 돌입했음을 알리며, 변장과 괴상한 모양의 소품 역시 이를 위해 치밀하게 계획된 것이다. 이 기괴한 볼거리에 웬트워스는 곧장 반응을 보인다.

웬트워스: 거기 들고 있는 게 뭐요?
존 불: 미국산 배 샘플입죠. 근데, 선생 나라에도 요만한 배가 있나 모르겠소.
아멜리아: 그렇게 크진 않아요.
웬트워스: 훨씬 크지.
아멜리아: 오빠!
웬트워스: 꽤 크지.
아멜리아: 오, 그렇지 않아요!
웬트워스: 그거 절반은 돼, 진짜로.
아멜리아: 오빠, 정말! […]
웬트워스: 뭐야! 영국산 배를 육두구 크기로 쪼그라뜨릴 셈이야?

Wentworth: What have you got there?
Bull: It's a sample of our Yankee pears, I guess as how, Mister, you

mightent ha got sich in your country.

Amelia: Not as large.

Wentworth: Every bit as large.

Amelia: Oh, brother!

Wentworth: Very nearly as large.

Amelia: Oh, no!

Wentworth: Half as large, I'm sure.

Amelia: No, no, brother! […]

Wentworth: What! Would you reduce English pears to the size of nutmegs. (Act 3, Scene 1: 36)

웬트워스는 '영국산'에 대한 맹목적 자부심을 드러낸다. 영국 것이 커야 한다는 편견적 당위성에 기댄 그의 자부심은 미국산 과일과의 크기 경쟁으로 표출된다. 그러나 그는 미국 배가 크다는 사실에 자존심이 상한다. 주목할 것은 조나단이 선보인 것이 배가 아니라 배나무에 매단 호박이라는 사실이다. 웬트워스는 기획된 변장과 소품의 실체를 간파하지 못한 채 영국산 배를 미국산 호박과 경쟁시킨 셈이며, 이러한 상황은 객관적 시각을 결여한 그의 편견과 무지를 조롱하듯 폭로한다.

이처럼 존 불은 웬트워스의 편견을 이용해 그를 '퀴징'하는데, 이는 편견을 치료하기 위해 계획된 전략이다. 이 방법이 역효과를 낼 수 있다는 아멜리아의 우려에, 존 불은 "병을 키울수록 효험이 확실하다"(The disease must be increased to make the cure radical, Act 3, Scene 2: 40)며 이 방법을 고수한다. 웬트워스는 영국의 '크기'에 대한 자존심을 이어가고 존 불은 맞장구를 치며 그의 편견을 더욱 부추긴다.

웬트워스: 작아! 이 나라는 모든 게 너무 작아. […]

존 불: 선생 말에 동감입니다. 선생, 난 이 나라를 두루 돌아다녔지요. […] 그리고 든 생각은 미시시피강이 템스강에 감히 상대가 안 된다는 것입죠. 나이아가라폭포도 용을 써 봐야 복스홀 가든 폭포의 구석에도 끼지 못할 걸요. 나는 이 나라 사람들이 허풍떠는 꼴을 잘 압니다. 이래 봬도 내가 토종 양키 아닙니까. 선생도 알겠지만, 이 나라 사람들 생각보다 변변치 못한 사람들이에요.

웬트워스: 생각했던 것보다 지각 있는 양반일세. 난 편견 없는 사람이 좋다오.

Wentworth: Little! Everything is under size in this country. […]

Bull: I'm of your opinion, Sir. I have been a gret traveller in this country, Sir. […] And I've a notion that the Mississippi won't compare with the Thames, any more than the Falls of Niagara will stand by the side of the cascade in Vaux-hall Garden. I know the people of this country brag, and for all I'm a native Yankee, you will find that I think them no better than they should be.

Wentworth: I see you a man of more sense than I took you for. I like an unprejudiced man. (Act 3, Scene 2: 41)

미국은 모든 게 작다는 웬트워스의 주장에, 조나단으로 변장한 존 불은 두 나라의 강과 폭포를 구체적으로 예로 들며 미국산의 '작음'을 과장해 왜곡한다. 결과적으로 높이 57미터에 길이가 1킬로미터에 달하는 나이아가라폭포는 복스홀 가든 폭포의 일부만큼도 못한 수

[그림 09] 〈복스홀 가든 전경〉. 새뮤얼 웨일(Samuel Wale) 작(1757년경). ©wikipedia.org

준으로 크기가 축소된다.[29] 사방 160미터의 정방형 형태인 복스홀 가든의 실제 규모를 감안하면 그 일부 시설에 불과한 가든 폭포가 나이아가라폭포의 구석에도 끼지 못하는 것이 현실이다. 조나단의 터무니없는 말장난을 '지각 있다'고 평가하는 웬트워스의 행위는 상대방의 실체를 여전히 '지각하지 못하는' 그의 상황과 충돌하며 그로테스

---

29 나이아가라폭포는 미국 뉴욕주와 캐나다 온타리오주의 국경 나이아가라강에 위치하는 세 개의 폭포—말굽 폭포(Horseshoe Falls), 미국 폭포(American Falls), 브라이들 베일 폭포(Bridal Veil Falls)—를 통칭한다. 폭포 전체 길이는 1,039미터에 달하며 최대 높이는 57미터에 육박한다. 분당 168,000입방미터의 물을 떨어뜨리는 나이아가라폭포는 세계에서 가장 유량이 큰 폭포로 기록된다("Niagara Falls" n.pag.). 복스홀 가든은 런던 람베스(Lambeth)구의 템스강 남쪽 강변에 위치한 놀이공원으로 17세기 중반 개관 이래 19세기 중반까지 런던의 대표적 위락시설이었다. 가든에서 가장 인기 있던 명소는 극 중 웬트워스가 언급한 인공 폭포 '캐스케이드'(The Cascade)였다. 당시로선 진기한 광경이던 이 인공 폭포는 매일 저녁 10시에 종소리와 함께 10분간 작동했는데, 음향과 조명이 어우러져 관람객에게 즐거움과 놀라움을 선사했다(Feltham 280).

크한 익살을 자아낸다. 조나단은 형식적으로 웬트워스에게 동조하고 있지만, 실상 그의 말은 상대방의 편견과 무지를 '퀴징'하는 것이다. 이는 존 불이 앞서 언급한 '병을 극대화하는' 전략으로 웬트워스가 여행의 종착지에서 나이아가라폭포를 실제로 목도한 뒤 자신이 지닌 편견의 심각성을 확실히 깨닫게 하려는 목적에서 치밀하게 계산된 포석이다. 웬트워스는 조나단을 '편견 없는' 위인이라 칭찬하면서 자신의 편견을 드러내고, 조나단 역의 존 불은 웬트워스의 편견을 역이용해 그의 편견을 극대화하는 것이다.

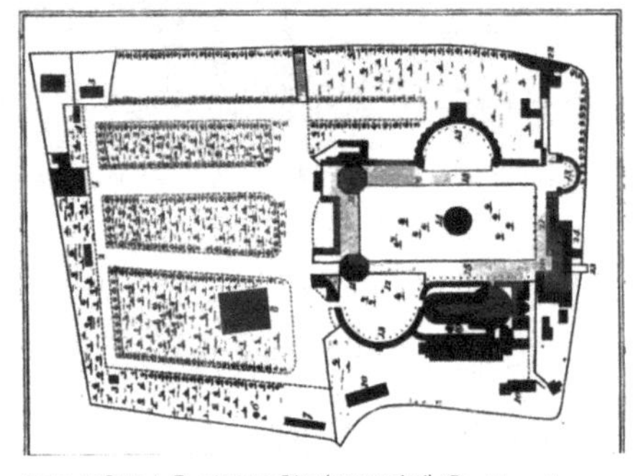

[그림 10] 복스홀 가든 구획도(1826년경) ©wikipedia.org

운하 여행의 종착지 버팔로에 도착해서도 존 불의 '퀴징' 전략은 지속된다. 이전과 차이점은 '퀴징' 대상이 웬트워스에서 또 다른 일행인 아일랜드인 데니스(Dennis)로 바뀐 것이다. 존 불은 데니스를 상대로 미국의 먹거리에 관한 말장난을 수행한다.

존 불: 저들이 사족을 못 쓰는 요리가 또 하나 있어요. 바비큐 파푸스라고. '파푸스'는 인디언 어린애를 부르는 호칭이지요.

웬트워스: 푸, 푸!

데니스: 아뇨, 푸 푸가 아니라, 파푸스.

존 불: 맞아요, 파푸스.

데니스: 그럼 저들이 인디언을 먹는다는 거요?

존 불: 매일요.

웬트워스: 실없는 소리! 이 사람이 자넬 시험하는 걸세. […]
웬트워스: 이 아일랜드 양반 무슨 말이건 다 믿을 기세구먼.[30]

Bull: They have another dish they like meazingly. Barbacued papoos. Papoos is the name they give the young Indians.
Wentworth: Pooh, pooh!
Dennis: No. Not pooh, pooh—papoos.
Bull: Yes, Pappoos.
Dennis: And do they ate Indian?
Bull: Everyday.
Wentworth: No, No! He's quizzing you. […]
Wentworth: This Irishman will believe any thing. (Act 3, Scene 5: 49–50)

조나단이 얼토당토않는 말로 데니스를 희롱하자 웬트워스는 순진한 아이리시를 시험하지 말라고 나무란다. 이는 양키의 말장난에 희롱당하는 아일랜드인의 모습을 통해 웬트워스가 자신 역시 조나단에게 희롱당해 왔음을 비로소 깨닫게 된 결과이다. 이 상황은 웬트워스가 제삼자의 무지를 관찰함으로써 자신의 무지를 '객관적'으로 반추하는 효과를 낳는다. 결국 웬트워스는 자신의 아집과 편견을 깨닫

30 '파푸스'(papoos)는 캐나다 퀘벡과 온타리오 일대에 널리 분포했던 원주민 알곤킨(Algonquiqn) 부족의 말이다. '아이'(a child)를 뜻하는 이 단어는 17세기 중반 윌리엄 우드(William Wood)의 『뉴잉글랜드의 조망』(*New-England's Prospect*, 1634)에서 "pappouse" 표기로(Wood 113), 로저스 윌리엄(Rogers William)의 『아메리카 언어의 열쇠』(*A Key into the Language of America*, 1643)에서는 "papoose" 표기로(Williams 28) 소개되면서 대중에게 처음 알려졌다. 이후 이 단어는 미국 영어에 차용되었고 종족에 상관없이 '인디언 원주민 아이'(a Native American child)를 뜻하는 말로 백인 사회에 유통되었다.

고 인정한다. 이에 존 불은 데니스를 향해 수행했던 '퀴징' 전략이 실은 웬트워스를 향한 것이었으며, 그의 고질적 편견 병을 치료하기 위해 치밀하게 계획된 것이었음을 밝힌다.

> 웬트워스: 가엾은 친구의 편견을 왜 부추기는 거요? 이 사람들과 이 나라가 당신이 말하는 것만큼 형편없는 것은 아니지 않소. […] 내가 이 사람들과 이 나라를 부당하게 대해 왔음을 이제야 알겠소.
>
> 존 불: 반가운 말씀이오, 선생. 사실 내가 그쪽에게 장난을 좀 쳤던 거라오. 하나 모두 당신을 위한 일이었답니다. […] 지금껏 당신은 데니스만큼이나 지독한 편견에 사로잡혀 있었지요. 이 편견은 당신이 깔보려 한 사람들로부터 도리어 당신이 비웃음을 사게 되는 결과를 초래했던 겁니다.

> Wentworth: Why would you encourage that poor fellow's prejudices, when you know that neither the people nor the country are as bad as you make them. […] I begin to think that I have done both the people and country injustice.
>
> Bull: I am glad of it, Mister. To tell the truth, I have been quizzing you a little. Only for your own good. […] You have had prejudices almost as strong as Dennis Dougherty's prejudices which have made you a subject of ridicule to the people you have affected to despise. (Act 3, Scene 5: 50–51)

웬트워스의 편견을 성공적으로 치유한 뒤 존 불은 변장을 해체하고 정체를 드러낸다. 그는 자신이 웬트워스의 오랜 지인인 "웨스트민스터 출신 존 불"(John Bull, of Westminster, 51)임을 밝힌다. 상황의 전말을 알게 된 웬트워스는 "세상을 있는 그대로 볼 것"(I will see things as they are, 52)이라 말함으로써 자신이 편견에서 교화되었음을 인정한다.

이로써 '병을 키울수록 효험이 확실하다'는 존 불의 제언은 입증된 셈이다. 아울러 그는 "치료가 없으면 보상도 없다"(No cure no pay, 52)는 말을 통해 아멜리아에 대한 청혼 조건 역시 성공적으로 충족되었음을 함께 알린다.

5. 미국이 본 영국인: 존 불의 메타정체성

웬트워스의 미국에 대한 편견이 교화되는 과정에서 주목할 점은 이 영국인을 교화하는 인물 존 불이 미국에 체류하는 '영국인'으로 설정된 것이다. 이는 당대 미국 멜로드라마에서 미국인의 유럽풍 사대주의와 편견을 교화하는 인물이 소위 '양키 캐릭터'(Yankee Character)인 것과 차별된다. 일례로 서론에서 언급한 바 있는 극 『패션』(*Fashion*, 1845)의 주동인물 아담 트루맨(Adam Trueman)은 작은 시골 마을의 농부이다. 흙먼지로 뒤덮인 그의 부츠는 양키 캐릭터의 전형적 특징으로 소박한 전원생활의 행복과 노동을 숭상하는 미국적 가치를 상징한다. 또 한 예로 역시 서론에서 언급한 극 『대조』(*The Contrast*, 1787)에서 최초 등장한 조나단(Jonathan)은 미국 초기 멜로드라마를 풍미한 '무대 양키'(stage Yankee)의 원형(prototype)으로 농촌 생활에서 체득한 소박함의 미덕과 도덕적 삶을 숭상한다.[31]

『나이아가라 여행』에서 존 불이 변장한 조나단 역시 언급한 양키

31 『패션』에 대해서는 5장에서 자세히 논의할 것이다.

캐릭터의 전통을 따르긴 하나 이 양키 캐릭터는 특정 목적을 위해 '연기'되는 것일 뿐 실제 주체가 영국인이라는 점에서, 기존 멜로드라마에서 재현되는 조나단 캐릭터와 성격을 달리한다. 즉 '영국인' 존 불이 동료 '영국인' 웬트워스의 편견을 고치기 위해 '미국인' 조나단을 연극 장치로 활용하는 구조인 것이다. '병을 키울수록 효험이 확실하다'는 원칙에 따라 존 불은 이 양키 캐릭터를 "건방지고 무례하며 헐뜯기를 일삼는"(uncivil, rude, and fault-finding) 부정적 스테레오 타입으로 의도적으로 왜곡한다("Mr. Dunlap" 191). 이는 웬트워스의 미국에 대한 편견을 극대화하고 급기야 웬트워스 본인조차 더 이상 수긍할 수 없는 임계점에 도달케 한다. 이 지점에서 웬트워스는 조나단의 언행에 문제가 있으며, 그 원인이 편견과 무지에서 비롯된 것이라는 판단에 이른다. 조나단의 문제적 모습을 통해 웬트워스는 자신의 편견과 무지를 '객관화'해 보게 되고, 이를 계기로 그는 본인의 문제를 자각한 뒤 치유를 경험하게 된다.

극 중 존 불이 연기하는 조나단의 스테레오 타입은 기실 작가 던랩이 당대 영국인 희극배우 찰스 매튜스(Charles Mathews, 1776-1835)가 연기한 조나단 캐릭터 재현을 의도적으로 참조한 것이다(Shanks 4). 매튜스는 1822년 가을부터 이듬해 봄까지 미국 동부를 순회 공연했는데, 이때 관찰한 다양한 인물 군상들에 대한 인상을 한데 모아 일인 희극 『미국 여행』(*A Trip to America*)으로 엮어냈다. 이 극은 그가 영국에 복귀한 1824년 런던에서 초연되어 흥행에 성공했고, 같은 해 미국 뉴욕 무대에도 올려졌다(Blair 4).[32] 찰스 매튜스가 특유의 개인기로 재현해 낸 흑인, 인디언 원주민, 백인 등 다양한 미국 토착 캐릭터들에 대한 묘사는 당시 미국 언론과 세간의 큰 화젯거리였다(Davis 163). 그는 뛰어난 인물 모사 능력에 대한 호평과 함께 "양키 연극의 아버지"(the paterfamilias of the Yankee theatre)이자 "미국 원주민 방언 희극의 창시자"(the progenitor of all native American dialect comedy)라고 극찬받았다(Hodges 1964: 60-61).

[그림 11] 찰스 매튜스 초상 ©wikipedia.org

반면 매튜스의 조나단 캐릭터 재현에 대해 부정적인 반응 또한 속출했다. 일례로 미국 관객들은 이 양키 캐릭터가 순진한 외국인 여행자를 희롱하고 추궁하며 악의적 즐거움을 충족하는 "거만하고 비열하며, 음흉한"(pompous, mean, and conniving) 부랑아로 희화된 것에

32 이 극은 1824년 3월 25일 런던의 영국 오페라 하우스(English Opera House)에서 초연되었다. 당시 영국인들이 미국을 경험하는 수단이 여행기, 소설, 강연 등으로 제한되었음을 감안할 때, 이 공연은 미국 풍광을 영국 무대에서 가시화한 최초 사례로서 획기적인 이벤트였다. 더욱이 매튜스가 미국에서 직접 관찰하고 체험한 "토착민의 삶에 대한 진실한 보고"(a true report of native life)로 알려지면서, 이 공연은 영국 현지인들의 흥미와 관심을 자극했다(Hodges 1950: 492). 이 극의 1824년 미국 초연에 대한 상세한 설명과 논의는 조트너(Maura L. Jortner)의 2009년 논문, 트레이시(Tracy C. Davis의) 2011년 논문, 루이스(Robert Michael Lewis)의 2016년 논문을 참조할 것.

불만을 드러냈고, 영국인 배우가 양산해 낸 "영국인 양키"(English Yankee)의 등장에 분개한 이들은 심지어 공연을 방해하고 매튜스의 면전에 야유를 보내는 등 불편한 심기를 직접 표출했다(Jortner 2005: 83, 110-111). 이처럼 작가 던랩은 '변장' 장치를 통해 극 중 영국인 존 불과 그가 연기하는 양키 캐릭터 조나단을 중첩시키고, 여기에 현실의 영국인 배우가 연기하는 조나단 캐릭터 쌍이 한 번 더 중첩되는 참조 관계를 설계한다. 또한 극 초반 존 불은 아멜리아와의 재회 장면에서 자신을 "미국의 존 불"(John Bull in America, 9)이라 소개하는데, 이 표현은 불과 4년 전 뉴욕에서 초연된 제임스 커크 폴딩(James Kirke Paulding)의 『미국의 존 불, 새로운 허풍선이』(*John Bull in America, or the New Munchausen*, 1825)를 상기시키면서 참조 관계를 보다 복잡한 국면으로 이끈다.

결과적으로 던랩은 자신의 극에 등장하는 조나단과 존 불이 매튜스의 조나단과 폴딩의 존 불과 상호참조 되는 환경을 제공한다. 우선 던랩의 조나단은 매튜스가 연기하는 '영국인 양키' 조나단과 상호참조 된다. 아울러 던랩의 존 불은 폴딩의 '미국의 영국인' 존 불과 상호참조 된다. 나아가 던랩의 존 불은 '양키 조나단'을 연기하는 '미국의 영국인'으로서, 매튜스가 연기하는 조나단 및 폴딩이 재현하는 존 불과 삼자 간 상호참조 되기도 한다. 세 명의 캐릭터들은 '영국(인)'과 '미국(인)' 두 개의 요소로 조합된 함수 구조를 갖는데, 이들이 삼자 간 상호참조 됨에 따라 조합과 함수의 의미는 한층 복잡해진다. 던랩이 설계해 놓은 이러한 상호참조 환경 속에서 관객들은 세 명의 무대 캐릭터를 구성하는 두 요소가 여러 층위에서 여러 방식으로 조합되면서 만들어 내는 다양한 의미들을 체험하게 된다.

심지어 관객들은 미국인 배우 윌리엄 채프먼(William Chapman)이 연기하는 존 불을 무대에서 목도하게 되면서, ‘영국(인)’과 ‘미국(인)’ 두 요소가 만들어 내는 조합과 함수는 더욱 ‘열린’ 의미로 확장된다. 양키 캐릭터 조나단을 ‘연기’하는 영국인 캐릭터 존 불을 다시 미국인 배우가 ‘연기’하는 이러한 ‘메타연극적’ 재현 장치는 가변적이고 ‘메타적인’ 참조 관계와 의미 함수를 도출하는 것이다. 이러한 장치는 결과적으로 미국(인)에 대한 영국(인)의 고정관념은 물론, 영국(인)에 대한 미국(인)의 고정관념까지도 깨는 효과를 발한다. 극 중 영국인 웬트워스가 미국에 대한 편견으로부터 치유되는 과정이 전자의 예라면, 웬트워스를 치유로 이끄는 영국인 존 불이 미국의 가치를 전도하는 양키 조나단으로 구현되는 것은 후자의 예이다.

웬트워스는 자신을 편견으로부터 구해 준 존 불이 웨스트민스터 출신의 영국인이라는 사실에 안도한다. 그러나 ‘미국의 영국인’ 존 불이 체현하는 정체성의 복잡미묘함을 감안할 때, 웬트워스가 안도하는 이유인 ‘영국인’이 함의하는 바와 그 결과로서 발현되는 ‘안도’의 의미 역시 단순하지 않다. 그를 치유하는 명목상 주체는 영국인 존 불이지만 그를 치유에 이르게 하도록 ‘퀴징’ 전략을 수행하는 실질적 동체(agent)는 조나단이며, 결과적으로 이 양키 캐릭터와 그가 체현하는 미국적 가치가 웬트워스가 전하는 감사 표시의 직접적 대상이 된다. 아울러 존 불이 미국인 배우에 의해 연기됨으로써 관객이 인지하는 웬트워스의 안도 대상은 미국인으로 가시화된다. 이처럼 “의사 선생이 영국인이어서 다행”(I am glad my physicians were English! 52)이라는 웬트워스의 표면적 의미는 메타적 상호참조 과정을 통해 ‘의사 선생이 미국인이어서 다행’이라는 함수적 의미로도 수렴하는 것이다.

웬트워스를 교화시키는 과업을 성공적으로 완수한 뒤 존 불은 영국인 친구에게 편견의 처방전으로 공손함(civility)의 지혜를 최종적으로 조언한다.

> 위로가 될지 모르겠지만 이제 자네에게 조언을 하나 하지. 자네가 어디에 있든지 모든 사람에게 공손하게 대하게. 그러면 자네는 공손함과 친절로 보답받게 될 것이네. [⋯] 이 교훈을 꼭 명심하게, 웬트워스. 그리고 존 불은 세계 어디에서처럼 미국에서 존경과 사랑을 받을 것이라네. 자, 이제 나이아가라폭포로 가 보세!
>
> And now, let me advise you, for your own comfort, to treat everybody with civility, wherever you go—and you will find civility and kindness in return. [⋯] Remember the lesson, Wentworth, and John Bull will be as much respected and loved in America, as he is in every other part of the world. And now, huzza for the Falls of Niagara! (Act 3, Scene 5: 51–52)

존 불이 조언하는 '공손함'의 지혜는 여러 면에서 시사하는 바가 크다. 우선 장소를 불문한 모든 사람을 대상으로 한다는 점에서 공손함의 지혜는 '인간에 대한 예의'로 해석되는 보편적 휴머니즘을 지향한다. 두 번째, 공손함은 공손함으로 보답된다는 점에서 존 불이 조언하는 지혜는 상호 이해와 관용에 기초한 호혜주의(reciprocity)를 전제한다. 존 불은 영국인인 자신이 영국에서뿐만 아니라 미국에서도 존경과 사랑을 받을 것이라 말하는데, 이러한 자신감 있는 태도는 그가 세상을 두루 체험하며 이러한 공손함의 지혜를 이미 터득했음을 방증한다. 아울러 존 불이 체화하는 영국(인)과 미국(인)의 혼재 정체성으로 인해, 그가 조언하는 공손함의 지혜는 웬트워스에게뿐만 아니라 미국 시민을 향한 '양키' 조나단의 교훈으로도 기능한다. 교훈을 전하는 주체가 '영국인'이면서 '미국인'이 되는 이중성 시각을 갖기에, 교훈을 전달받는 객체 역시 '영국인'과 '미국인'이 되는 이중성을 갖는다. 결과적으로 존 불이 전하는 편견의 처방전은 시선의 주체와 객체가 상호 교차하고 참조하는—영국(인)이 본 미국(인), 미국(인)이 본 영국(인)—'메타적' 메시지가 된다.

6. 포용의 아메리카니즘

극 중 존 불이 체현하는 메타정체성은 독립전쟁 이후로 앙금처럼 남아 있던 영국과 미국의 역사적·정치적·심리적 반목 양상과 사뭇 다른 정서와 정황을 시사한다. 당시까지 미국 주류 멜로드라마의 주된 주제는 유럽풍 문화를 흠모하고 추종하는 미국인들의 사대주의적 편견에 대한 비판과 경고였다. 당연하게도 당대 멜로드라마에 단골로 등장하는 영국인은 '선과 악'의 선명한 대결 구도 속에서 사치와 위선을 일삼는 악인(villain) 스테레오 타입으로 그려지고, 이에 대항하는 양키 캐릭터는 정직·성실·근면·검소 등 미국적 신조(American Creed)를 몸소 체현하는 선한 미국 시민의 전형으로 등장한다. 반면 『나이아가라 여행』에서는 조나단이 영국인 존 불에 의해 연기되고, 이를 통해 영국인이 편견이라는 사회악을 비판하고 교화하는 선한 인물로 제시된다는 점에서 차이를 보인다. 아울러 존 불이 체화하는 영국(인)과 미국(인)의 혼재 양상 및 메타정체성으로 인해 그가 제시하는 편견에 대한 처방 역시 어느 한쪽의 교화를 촉구하는 일방적 메시지이기보다 양자의 상호 이해와 관용을 촉구하는 쌍방향적 메시지가 된다.

이와 관련해 영·미의 상호 이해와 관용의 필요성이 극 초반부터 영국인 아멜리아에 의해 피력되고 있는 점에 주목할 필요가 있다. 앞서 언급했듯이 아멜리아는 미국에 대한 시각에 있어 오빠 웬트워스와 극명한 대조를 이루며, 남매의 시각 차이는 구세계 유럽과 신세계 미국 간의 대립 구도를 형성한다. 중요한 점은 아멜리아의 인식이 상기한 이분법적 대립 구도에서 이미 진일보한 상태에 있다는 것이다. 그녀는 향후 신생국 미국의 번영이 과거 유럽의 시행착오에 대한 반성에 기초해야 한다는 의견을 개진한다. 즉 구세계와 미국은 전적으로 대립하는 양극이 아니라 상호 절충을 요하는 보완적 관계일 수 있다는 것이다. 이러한 아멜리아의 인식은 향후 존 불이 편견 처방전으로 제시하는 '공손함의 지혜'를 통해 개진될 '이해와 관용'의 메시지에 대한 복선이자 이러한 주제 전개를 염두에 둔 작가 던랩의 사전포석으로 이해된다.

> 하지만 나는 이곳에서 과거 시대의 지혜와 경험의 지원과 보살핌 속에서 새 생명의 활력으로 넘쳐나는 사회를 보고 있어요. 미국이 유럽의 시행착오를 거울삼는다면 조만간 전 세계의 자랑거리가 될 겁니다.
>
> But here, I see society in all the vigour of early life, supported and protected by the wisdom and experience of past ages. If America takes warning by the errors of Europe, she will soon be the pride of the Universe. (Act 1, Scene 1: 7)

'이해와 관용'의 화두는 극의 마지막 장면에서 재차 확인된다. 일행은 여행의 종착지인 나이아가라에 도착하고 여기에서 웬트워스는 레더스타킹과 극적으로 재회하게 된다. 영국인 혈통을 물려받았고, 미국에서 양키로 태어났으며, 인디언으로 자란 레더스타킹은 복잡하고 특수한 사연과 인생들의 집합소인 미국의 역사를 표상한다. 미국사의 증인이자 양국 과거사의 증인이기도 한 그가 다시금 소환되어 편견으로부터 치유된 웬트워스와 조우하는 것이다.

> 웬트워스: 악수합시다. (그의 손을 잡는다). 당신이 어디를 가든 영국인의 진심 어린 충정을 잊지 마시오.
> 레더스타킹: 이 손이 영국인의 손을 부여잡은 게 이번이 처음은 아니지. 적으로서 그리고 친구로서.
> 웬트워스: 이제부터는 영원히 친구죠!
> 레더스타킹: 영원히! (천천히 사라진다.) [⋯]
> 웬트워스: 편견의 장막을 거두고 바라보면, 주변 동료들 하나하나가 모두 형제이지 않겠소.

> Wentworth: Your hand. (*Grab his hand*) Wherever you go, take the hearty salute of an Englishman.
> Leather: It is not the first time this hand has grappled a Briton's—as friend and as foe.
> Wentworth: Henceforth, forever friends!
> Leather: Forever! (*Goes off slowly*) [⋯]
> Wentworth: When the film of prejudice is removed from the eye, man see in his fellow man of every cline a brother. (Act 3, Scene 6: 53–54)

이 마지막 장면에서 영국은 미국의 적이 아니라 우방으로 각인된다. 레더스타킹은 과거 영국인에 맞섰던 손으로 영국인 웬트워스와

악수를 나누며 과거 영국에 대한 적대 관계를 청산하고 영원한 우정을 약속한다. 심지어 웬트워스는 양국의 관계를 '우정'에서 '형제애'로 격상시킨다. 특히 이 장면은 레더스타킹이 홀연히 퇴장하는 것으로 마감되는데, 이는 과거 양국의 적대 관계 청산에 대한 상징이자 새로운 관계 정립의 역할이 현재 세대의 몫으로 위임되는 과정에 대한 상징이 된다. 이처럼 두 인물의 재회 장면은 포용적 영·미 관계에 대한 시각적 활인화(tableau)를 연출하며 극의 대미를 장식한다.

던랩은 『나이아가라 여행』에서 당대 주류 멜로드라마에서 관습적으로 활용되었던 대립적 영·미 관계 구도와 차별되는 애국주의 내러티브를 시도한다. 이를 통해 작가는 신생국에서 성장국으로 변신 중인 미국의 국가적 위상에 걸맞게 영국 및 외부 세계와의 관계 설정에 있어 과거의 대결적·일방적 시각에서 진일보한 대승적 자세를 견지해야 할 필요성을 제시한다. 그리고 이것은 상호 이해와 관용에 입각한 '포용의 아메리카니즘'이라는 성숙한 시대 의식으로 개진된다. 이처럼 한결 여유 있고 너그러워진 어조는 미국이 영국의 식민지라는 과거의 열등감을 벗었다는 안착 심리의 발현으로 해석되며, 이는 서론에서 언급했듯이 『미국 연극사』를 통해 던랩이 표출하는 미국적 가치에 대한 자부심 및 애국주의 정서의 근거가 된다.

연극사학자 사빈 클라인(Sabine Macris Klein)은 19세기 이전까지 드라마 장르가 신세계 미국과 구세계 유럽의 관계를 탐구하는 초기 매체로 기능했으며, 이 경우 미국은 "항상 유럽에 대해 적대적인 입장에 놓였다"(was always set in opposition to the Europeans)고 지적한다(24). 신흥 미국과 구세계 유럽이 서로에 대한 대항 논리로 스스로를 정의하고 자기 정체성을 확립했다는 것이다. 그렇다면 던랩의 『나이아가라 여행』 역시 당대 미국과 유럽의 관계를 탐구하는 매체로 기능하는 셈이다. 이 드라마 매체에서는 19세 초반이라는 달라진 환경 속에서 미국이 영국과의 관계 설정에 있어 변화 국면을 맞이하고 있다. 이런 측면에서 『나이아가라 여행』은 연극적·문학적 가치를 넘어서, 국제 관계를 바라보는 당대 미국 사회의 인식 동향을 가늠케 하는 문화사적 사료로서도 가치를 발한다.

인용 문헌

· Adams, James Truslow. *The Epic of America*. Boston: Little, Brown, 1931.

· Baynes, Thomas Spencer, ed. "Francis Egerton, third duke of Bridgewater." *Encyclopaedia Britannica*. Vol. 4. 9th ed. New York: Charles Scribne's Sons, 1878.

· Blair, Walter. "Charles Mathews and *His A Trip to America*." *Prospectus* 2 (October 1977): 1-26.

· "Bowery Theatre: Friday Evening." *New-York Evening Post* 28 Nov. 1828: 2.

· Bryer, Jackson R., and Mary C. Hartig. Coad, eds. *The Facts On File Companion to American Drama*, 2nd ed. New York: Facts On File, 2010.

· Davis, Tracy C. "Acting Black, 1824: Charles Mathews's *Trip to America*." *Theatre Journal* 63.2 (May 2011): 163-189.

· "Development of the Hudson River Steamboat." *Scientific American* 101.13 (1909): 216-229.

· Dunlap, William. *A Trip to Niagara; or, Travellers in America*. 1828. New York: E. B. Clayton, 1830.

· ----. *A History of the American Theatre*. New York: J. & J. Harper, 1832.

· ----. *A History of the Rise and Progress of the Arts of Design in the United States of America*. 1834. Vol. 1. Boston: C.E. Goodspeed, 1918.

· Feltham, John. *The Picture of London*. London: R. Philips, 1809.

· Hodges, Francis. *Yankee Theatre: The Image of America on the Stage, 1825-1850*. Austin: U of Texas P, 1964.

· ----. "Charles Mathews Reports on America." *Quarterly Journal of Speech* 36.4(1950): 492-499.

· Howe, Daniel Walker. *What Hath God Wrought: The Transformation of America, 1815-1848*. Oxford: Oxford UP, 2007.

· Jortner, Maura L. "Playing 'America' on Nineteenth-Century Stages; or, Jonathan in England and Jonathan at Home." Diss. U of Pittsburgh, 2005.

· ----. "Throwing Insults Across the Ocean: Charles Mathews and the Staging of 'the American' in 1824." *Portrayals of Americans on the World Stage: Critical Essays*. Ed. Kevin J. Wetmore, Jr. Jefferson: McFarland, 2009. 26-49.

· Kamp, David. "Rethinking the American Dream." *Vanity Fair* Apr. 2009. Web. 28 Sep. 2018.

· Klein, Sabine Macris. "Satire and Sentiment: Images of America and Americans in German Drama to 1800." *Portrayals of Americans on the World Stage: Critical Essays*. Ed. Kevin J. Wetmore, Jr. Jefferson: McFarland, 2009. 15-25.

· Lewis, Robert Michael. "Speaking Black, 1824: Charles Mathews's *Trip to America* Revisited." *Nineteenth Century Theatre and Film* 43.1(2016): 43-66.

· "Mr. Dunlap's Play of a Trip to Niagara."*New-York Mirror* 20 Dec. 1828: 191.

· "Niagara Falls Geology Facts and Figures." *Niagara Parks*. Web. 13 Oct. 2018.

· Roberts, Sam. "200 Years Ago, Erie Canal Got Its Start as Just a Ditch." American Theatre: History, Context, Form 26 June 2017. Web. 7 Oct. 2018.

· Saxon, Theresa. *American Theatre: History, Context, Form*. Edinburgh: Edinburgh UP, 2011.

· Shanks, Samuel. "Rooting Out Historical Mythologies: William Dunlap's *A Trip to Niagara* and Its Sophisticated Nineteenth Century Audience." *The Journal of American Drama and Theatre* 27.2 (2015): 1-15. Web. 9 May 2018.

· Sheriff, Carol. The Artificial River: *The Erie Canal and the Paradox of Progress 1817-1862*. New York: Hill and Wang, 1997.

· Sigerson, Renee. "Hamilton's Controversial Ally Dunlap: Opponent of Slavery, Defender of Progress." *EIR* 9 Dec. 2016: 24-26.

· Williams, Roger. *A Key into the Language of America*. 1643. Bedford: Applewood Books, 1997.

· Wood, William. *Wood's New England's Prospect*. 1634. Boston: John Wilson and Son, 1865.

그림 출처

[그림 01] 나이아가라폭포 전경

https://commons.wikimedia.org/wiki/File:Alvan_Fisher_-_A_General_View_of_the_Falls_of_Niagara_-_Google_Art_Project.jpg

[그림 02] 윌리엄 던랩 초상

https://en.wikipedia.org/wiki/William_Dunlap

[그림 03] 『미국 연극사』 표지

https://archive.org/details/historyofamerica00dunl/page/n5

[그림 04] 런던-패링던 마차

https://en.wikipedia.org/wiki/Carriage

[그림 05] 노스아메리카호와 알바니호

https://en.wikisource.org/wiki/Popular_Science_Monthly/Volume_12/March_1878/The_Growth_of_the_Steam-Engine_V#/media/File:PSM_V12_D560_The_north_america_and_albany_1827.jpg

[그림 06] 허드슨강 증기선 광고

https://en.wikipedia.org/wiki/North_River_Steamboat

[그림 07] 이리 운하 지도

https://en.wikipedia.org/wiki/Erie_Canal

[그림 08] 화염에 휩싸인 숲을 탈출하는 레더스타킹

https://commons.wikimedia.org/wiki/File:American_Pioneer_Life_pg_229_Leatherstocking_leads_the_way_through_the_burning_forest.png

[그림 09] 복스홀 가든 전경

https://en.wikipedia.org/wiki/Vauxhall_Gardens

[그림 10] 복스홀 가든 구획도

https://en.wikipedia.org/wiki/Vauxhall_Gardens

[그림 11] 찰스 매튜스 초상

https://en.wikipedia.org/wiki/Charles_Mathews

[그림 01] 〈뉴욕 브로드웨이〉(*Broadway, New York*). 토마스 호너(Thomas Hornor) 작(1836년). 카날 스트리트(Canal Street) 주변에 즐비한 건물들을 조망하고 있다. 1815년경부터 시작된 소위 '시장혁명'(the market revolution)은 많은 신흥 부자를 양산하며 경제의 활황과 도시의 성장을 이끌었다. 이 그림은 당시 환경을 잘 보여 준다. 뉴욕 메트로폴리탄 미술관(Metropolitan Museum) 소장. ©metmuseum.org

제5장

1840년대 문화사대주의와 미국적 가치[33]:

애너 코라 모왓, 『패션』

Anna Cora Mowatt, *Fashion* (1845)

33 이 글은 『현대영미드라마』 27권 2호(2014년)에 게재된 논문 「*Fashion*에 나타난 국가성 논쟁과 미국주의의 멜로드라마적 호소」를 다듬어 정리한 것이다.

1. 강한 미국, 보통 사람의 시대

19세기 중반은 미국 역사에서 가장 역동적인 시대 중 하나였다. 상기한 역동성은 당대 미국의 정치 현실과 무관하지 않다. 1829년 미국 7대 대통령에 당선된 앤드류 잭슨(Andrew Jackson)은 '보통 사람'(common man)의 시대를 천명하면서 왕정, 귀족정치, 계급 구조로 상징되는 영국적 전통과 차별되는 미국적 민주주의를 표방했다. 이는 영국으로부터 독립 이후 신생국 미국의 전통 확립 명분과 필요성을 가시화했다는 점에서 중대한 역사의 전환점이었다. 잭슨 대통령 재임기(1829-1837) 동안 엘리트의 정부 독점 종식, 대중의 정치 참여 강화, 백인 남성 전체로 투표권 확대, 미국의 가치를 반영하는 법안 수정이 실현되었고, 상기한 정책 추진을 위해 의회에 대한 대통령과

[그림 02] 〈미국의 진보〉(*American Progress*). 존 가스트(John Gast) 작(1872년). 미국을 인격화한 여신 콜롬비아가 동부 백인의 문명을 미 서부로 이끌고 인디언들은 서쪽으로 내몰리고 있다. 그녀는 동쪽의 빛으로 서쪽의 어둠을 밝히고, 서쪽에서 동쪽으로 전신선과 철도를 잇고 있으며, 손에는 지식을 보급할 책을 들고 있다. 동쪽의 대서양, 서쪽의 태평양 그리고 동서를 양분하는 로키산맥 등, 미국을 한 폭의 그림 속에 압축적으로 표현한다. 서부 문명화를 우화적으로 표현한 이 그림은 '명백한 운명' 개념을 함축한다. © wikipedia.org

정부의 권한이 강화되었다.[34] '보통 사람을 위한 강한 미국'은 잭슨 행정부의 지향점을 넘어서 향후 미국 민주주의가 지향할 미국적 전통으로 여겨지며 대중의 지지와 공감을 이끌어 냈다. 이 시기를 통칭하는 '잭슨 민주주의'(Jacksonian Democracy)는 넓게는 잭슨 이후 대통령들의 집권기를 포함, 11대 대통령 제임스 포크(James K. Polk) 집권기인 1849년까지 이어지며 1840년대를 관통하는 시대정신으로 평가된다.

강한 미국이라는 잭슨 민주주의의 가치는 19세기 미국 사회를 관통하는 '명백한 운명'(Manifest Destiny)이라 불리는 미국적 신조의 명분이 되었다. 미개한 처녀지 서부를 개척·개화하는 일이 미국 백인의 "근원적 임무"(essential duty)이자 "피할 수 없는 운명"(irresistible destiny)임을 골자로 하는 '명백한 운명' 개념은(Miller 120), 1800년대부터 남북전쟁(Civil War, 1861-1865) 직전까지 이어진 미국의 영토 확보 노력에 정당성을 제공했다.[35]

---

34 백인 남성 전체로의 투표권 확대는 1800년대부터 1830년경까지 지속적으로 요구되어 왔으나, 잭슨 대통령 재임기를 포함한 잭슨 민주주의 시대에 와서 현실화되었다. 실제로 1840년 무렵 미국 백인 남성 성인의 80퍼센트까지 투표권이 확대되었다(Shade 77-111).

35 미국의 팽창주의 노력은 1803년 루이지애나 매입(Louisiana Purchase)을 통해 미국 정부가 프랑스로부터 미시시피강 서부 유역의 2,147,000km2에 달하는 영토를 1500만 달러에 사들인 것으로 시작한다. 이는 미국 역사상 가장 현명한 구매로 평가된다. 1842년 강제점유법(Armed Occupation Act)은 플로리다 동부 미정착지에 대한 강제 정착을 법제화했다. 같은 해 웹스터-애쉬버튼 조약(Webster-Ashburton Treaty)을 통해 미국과 영국의 북미 식민지 간 국경분쟁을 해결했고, 그 결과 로키산맥 동편으로 북위 49도 선을 관통하는 미국-캐나다 간 국경이 확정되었다. 1843년 천여 명에 달하는 미주리 지역 백인들을 실은 마차가 미국 북서부 오리건 지역으로 이동했는데, 이는 최초의 대규모 서부 개척 행렬로 기록된다. 1845년에는 플로리다가 미국의 27번째 주로 편입되었다.

국경 확립을 통해 영토를 보호하려는 미국의 노력과 결실은 특히 1840년대의 막바지이자 잭슨 민주주의 시대가 실질적으로 막을 내리는 포크 대통령 재임기(1845-1849)에 두드러졌다. 일례로 포크 대통령은 1845년 12월 2일 의회연설에서 먼로주의(Monroe Doctrine)[36] 강화 및 서부 개척을 통해 영토 확장이 공격적으로 감행되어야 함을 강조했다. 1846년 6월 15일 오리건 조약(Oregon Treaty)을 통해 북위 49도를 따라 로키산맥(the Rocky Mountains)에서 후안데푸카 해협(Strait of Juan de Fuca)에 이르는 미국-캐나다 간 국경이 확정되었다. 같은 해에 아이오와가, 1848년에는 위스콘신이 각각 미국의 29번째, 30번째 주로 편입되었다. 이어 1849년에는 미네소타가 미국령이 되었다. 영토 확립과 함께 독립국 미국의 위상을 가시화하는 상징적 사건들도 포크 대통령 재임기에 있었는데, 미국 최초 우표 발행(1847년), 워싱턴 기념탑(Washington Monument) 건립(1847년), 일리노이-미시간 운하 완공(1848년), 미국 최초 금화 발행(1849년) 등이 대표적

[그림 03] 제임스 포크 초상
©wikipedia.org

36 먼로주의는 1823년 12월 2일 도입된 미국의 대외 정책으로 북미·남미 지역에 대한 유럽의 식민지화 노력을 침략 행위로 간주하고 이에 미국의 개입을 촉구했다. 아울러 먼로주의는 미국이 유럽의 식민국들은 물론 유럽 국가들의 내정에 일절 간섭하지 않을 것임을 명문화했다.

피나(Seraphina)를 프랑스 귀족 졸리마르 백작(Count Jolimaitre)과 결혼시키려는 계획까지 세운다. 우여곡절 끝에 졸리마르가 가짜 귀족임이 폭로되면서 프랑스 사교계에 진출하려는 부인의 꿈도 무산된다. 설상가상 부인의 사치로 집안 재정이 붕괴될 위기에 처한다. 이때 티파니 일가의 오랜 친구 아담 트루맨(Adam Trueman)이 문제의 해결사로 나선다. 그는 정직과 근면 성실로 부를 쌓은 농부로 미국적 신조를 대변한다. 트루맨은 티파니 가문의 재정 문제를 해결해 주는 대신, 이들에게 시골로 돌아가 정직한 노동, 근검절약, 자립심, 우리(미국적인) 것의 소중함을 배우라고 조언한다.

에머슨이 강조한 새 시대 미국 문학의 지향점 강조에 대한 직접적인 반영으로 평가되는 『패션』은 19세기 중반 미국 상류 사회에 팽배한 허위의식을 풍자하고, 특히 유럽풍 문화와 사고방식을 탐닉하고 귀족주의에 젖어 정직, 중산층, 보통 사람, 민주주의 등 미국의 현재 가치를 망각하는 부유층의 시대착오적 행태를 신랄하고 유쾌하게 비판한다. 이처럼 『패션』은 고유의 문학적·문학사적 의의뿐 아니라 당대 사회상과 맞물려 파생되는 문화사적 의미 역시 크다.

2. 가치관의 대립: 유럽과 미국

『패션』을 관통하는 가장 두드러진 주제는 유럽적 가치관과 미국적 가치관의 대립이다. 이 대립 구조는 작품 속 여러 층위에서 직접적·비유적으로 표출된다. 우선 사치와 검약, 허위와 진실, 화려함과 소박, 의존성과 자립성, 사대주의 노예근성과 주인 의식 간 대립 등으로 열

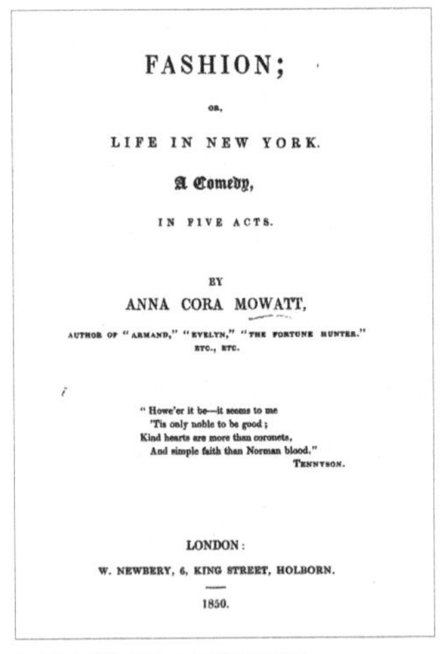
FASHION;
OR,
LIFE IN NEW YORK.
A Comedy,
IN FIVE ACTS.
BY
ANNA CORA MOWATT,
AUTHOR OF "ARMAND," "EVELYN," "THE FORTUNE HUNTER," ETC., ETC.

" Howe'er it be—it seems to me
'Tis only noble to be good;
Kind hearts are more than coronets,
And simple faith than Norman blood."
TENNYSON.

LONDON:
W. NEWBERY, 6, KING STREET, HOLBORN.
1850.

[그림 05] 『패션』 표지(1850년)
©wikisource.org

거되는 정신적 영역이 그것이다. 아울러 도시 생활과 전원생활, 귀족과 농부의 대립 등 공간·신분계층·인물형 층위가 덧대어지면서 다층적 대립 구조를 형성한다. 상기한 다층적 대립 구조는 궁극적으로 구세계 유럽과 신세계 미국의 대립이라는 거시적 틀로 수렴되고, 결과적으로 유럽적 가치는 독립국가라는 새로운 운명을 맞이한 미국 사회에서 경계되고 청산되어야 할 시대착오적 구태로 치부된다. 극의 제목인 '패션'(fashion)은 다름 아닌 미국 사회에서 청산되어야 할 다양한 층위—정신, 공간, 사회계층—에 걸친 유럽적 가치관을 함의한다.

티파니 집안에서 에티켓 교사로 일하는 밀리네테(Millinette)는 프랑스 출신 여성으로 그녀가 가르치는 에티켓은 다름 아닌 '프랑스 패션'이다. 극 초반부에 '패션'에 대한 자신의 견해를 피력하는 와중에 그녀는 미국적 가치관과 대치되는 유럽적 혹은 '비미국적' 인식을 드러낸다.

> 나리가 사업하는 분이라면, 마님은 패션을 아는 부인이죠. 나리가 돈을 벌면, 마님을 돈을 쓰고. 나리는 아무나 될 수 없지만, 마님은 누구라도 될 수 있죠. 아! 지크 나리, 이 나라에서 패션을 아는 마님이 되려면 돈만 있으면 돼요. 오! '프랑스 숙녀'가 되는 건 또 다른 문제지만요!

> Monsieur is man of business, Madame is lady of fashion. Monsieur make money, Madame spend it. Monsieur nobody at all, Madame everybody altogether. Ah! Monsieur Zeke, de money is all dat is necessarire in dis country to make one lady off fashion. Oh! it is quite anoder ting labelle France! (Act 1: 127-8)

밀리네테의 인식은 성 역할에 대한 이분법적 사고와 배금주의로 구체화된다. 우선 남성을 생산 주체로 여성을 소비 주체로 단순화해 폄하하는 것은 남녀의 균등한 경제 역할 분담에 대한 미국적 기대와 대치된다.[38] 밀리네테의 비미국적 인식은 극 중 티파니 부부의 관계를 통해 재현된다. 상인 출신으로 재력가가 된 남편은 초심을 잃지 않고 성실히 가업을 경영하는 반면 아내는 사치와 낭비로 가산을 축낸다. 아내의 사치와 낭비벽을 충당하기 위해 남편은 금융 사기까지 저지르고 급기야 집안은 붕괴한다. 부부의 모습은 미국적 사고와 맞지 않는 성 역할을 미국의 토양에 이식했을 때 초래할 수 있는 결과를 방증한다. 아울러 밀리네테의 인식에 기초한 배금주의는 땀과 노동에

---

38 헨리 그림(Henry Grimm)의 극 『중국인은 물러가라』(*The Chinese Must Go*, 1877)는 경제 단위로서 여성에 대한 미국의 기대가 최소 19세기 후반에 이미 존재했음을 입증하는 문학적 근거가 된다. 1870년대 미국 내 반중국인 감정을 극화한 이 극은, 당시 캘리포니아 지역 노동시장이 중국인 이민자들에 의해 잠식되면서 실직 위기에 직면하게 된 백인 하층민 노동자의 위기의식을 그린다. 극 중 중국인들은 백인 가정에게 경제적 위협일 뿐만 아니라, 미국의 전통적인 가정관을 헤치는 문화적 위협 요소로 등장한다. 일례로 극 중 백인 가정의 딸은 중국인이 들여온 아편에 중독되어 노동 능력을 상실한 모습으로 묘사된다. 파괴된 미국 가정과 병들어 버린 소녀에 대한 안타까움 이면에서 이 작품은 건강한 가정의 구성원이자 엄연한 경제 단위로서 여성에 대한 국가적 기대를 피력한다. 이 작품에 대한 상세한 정보는 박정만의 2004년 논문을 참조할 것.

대한 정당한 대가로서 부와 명예 성취에 대한 희구로 요약되는 '아메리칸드림'이라는 미국적 신조와 분명하게 대비된다. 아서 밀러(Arthur Miller)가 『세일즈맨의 죽음』(*The Death of a Salesman*, 1949)을 통해 2차 세계대전 이후 자본주의의 과도 성장이 초래한 배금주의와 그 결과 인간의 가치가 금전적 교환가치로 치환되면서 아메리칸드림이 변질되는 안타까운 현실을 목도하지만, 저변에 관통하는 분명한 정서는 변질되기 이전 아메리칸드림 본연의 모습에 대한 그리움, 땀과 노동이 인간의 명예와 품격에 대한 보증수표가 되었던 시절에 대한 향수 어린 회귀본능인 것이다.

『패션』은 한 세기 이후 후대 극작가가 목도할 아메리칸드림이라는 미국적 덕목의 변질 징후를 미리 간파한다. 언니의 입을 통해 상인 출신이라는 자신의 과거가 우연히 발설되자, 티파니 부인은 대경실색을 한다. 그녀는 "우리의 과거를 잊는"(forget what we have been) 대신 "수천 배 높은 지위에 올라선 '지금'을 기억하라"(remember that we are of the upper ten thousand)고 말하면서 언니에게 입단속을 시킨다(Act 1: 131). 티파니 부인이 노동의 대가로 경제적 성공을 이룬 것은 아메리칸드림에 충실한 수순일 수 있다. 문제는 부를 획득한 이후 그녀의 태도 변화다. 상인 출신 배경에 대해 열등감이 있는 그녀는 이러한 과거를 감추려 한다. 그녀가 탐닉하는 유럽 귀족층 사교계의 문화는 결국 자신의 열등감을 덮기 위한 수단인 것이다. 유럽과 달리 계급의 전통이 미약한 혹은 부재한 미국 사회에서 성실한 노동의 대가로 부와 명예를 획득하는 것은 정당한 미국적 덕목이다. 반면 티파니 부인은 상인 출신이라는 과거를 부끄러워하고 숨김으로써, 미국적 사고에서 볼 때 존경받아 마땅할 자신의 경제적 성취를 되레 '신흥 졸부'라는 부정적 의미로 스스로 호도해 버리는 결과를 낳는다. 부인의 태도는 미국적 덕목에 유럽의 기준을 적용할 때 발생할 수 있는 위험성을 효과적으로 예시한다. 즉 미국적 덕목에서 '결여'일 수 없는 대상을 구시대 유럽의 '계급 전통'이라는 잣대를 적용함으로써, 부인은 스스로 '결여된' 존재임을 자인하는 누를 범한다. 결과적으로 티파니 부인의 사대주의적 인식 속에서 아메리칸드림이라는 미국적 덕목은 신흥 졸부 양성 메커니즘으로 변질된다.

티파니 부인이 딸을 유럽 귀족과 결혼시켜서 신분 세탁을 하려는 것 역시, 상인 출신이라는 과거 혹은 스스로 인정하는 '결여'에 대한 열등감에서 비롯된 방어기제였음이 드러난다.

> 자, 세라피나야, […] 저기 저분이 졸리마르 백작이시다. 이 마을에서 단연 최고 상류층 외국인이시지. 어쩜 저리 세련되셨을까. 당신 나라의 고상한 일급 귀족들만 만나시던 분이니, 미천한 미국인들과 교류가 견디기 힘드실 만도 하겠지. […] 백작님에 대해서 내가 한 말 명심해, 그분은 최고의 남자란 걸.

> Now, Seraphina, my dear, […] There is Count Jolimaitre, decidedly the most fashionable foreigner in town,—and so refined,—so much accustomed to associate with the first nobility in his own country that he can hardly tolerate the vulgarity of Americans in general. […] Remember now what I told you about the Count. He is the man of the highest. (Act 1: 131–134)

부인은 '최고 상류층 외국인'(the most fashionable foreigner)인 졸리마르 백작을 '귀족' 혹은 '고상함'(nobility)으로 대응시키고 그가 '최고의 남자'(man of highest)라는 결론에 도달한다. '상류층 외국인은 고상한 귀족이며, 고로 최고의 남자'라는 그녀의 논리는 반대급부로 또 다른 논리를 배태하는데, 즉 '미국인은 미천한 족속이며, 때문에 최하의 남자'라는 논리가 그것이다. 이전 장면에서처럼 부인은 귀족과 고상함이라는 유럽적 가치에 경도되어 이 외래적 가치를 가치판단의 기준으로 삼음으로써 오히려 미국 시민인 자신이 '미천한 족속'임을 자인하는 오류에 빠진다. 이 지점에서 주목할 것은 출신 배경에 대한 부인의 개인적 열등감이 미국 전체 혹은 국가성에 대한 열등감으로 확장되고 있음이다.

3. 외래문화의 어리석음, 패션의 실상

티파니 부인의 유럽 상류층 문화 탐닉 그리고 미국적 가치에 대한 열등감과 자기비하 태도는 멜로드라마 특유의 해학과 풍자를 통해 에피소드 형식으로 희화화된다. 대표적인 예가 '프렌치 타임'(French time) 또는 프랑스의 시간관념에 대한 에피소드이다. 프랑스풍 파티 준비를 마치고 손님을 기다리던 중 부인은 밀리네테와 대화를 나눈다.

> 티파니 부인: 내가 들은 바로는 사람을 기다리게 하는 게 사실 상류층 사교계의 미덕이라던데. 시간 엄수 따위에 신경을 쓰는 건 미천한 족속들의 몫이라는 거죠. 그렇지 않나요, 밀리네테?
>
> 밀리네테: 지당하신 말씀이에요. 고명한 분들은 항상 아랫사람들을 기다리게 한답니다, 부인.
>
> 티파니 부인: […] 뉴욕 사교계에 이 방식을 처음 도입한 '나' 자신이 대견스

럽지 뭐예요. 이게 진짜로 파리식인 거 분명하죠, 밀리네테?
밀레네테: 그럼요, 부인. 완벽한 파리 방식 맞습니다.

MRS. TIFFANY: I hear that nothing is more fashionable than to keep people waiting.—None but vulgar persons pay any attention to punctuality. It is not so, Millinette?
MILLINETTE: Quite comme il faut. Great personnes always do make little personnes wait, Madame.
MRS. TIFFANY: [···] I flatter myself that I was the first to introduce it amongst the New Yorkee-light. You are quite sure that it is strictly a Parisian mode, Millinette?
MILLINETTE: Oh, oui, Madame; entirely mode de Paris. (Act 1: 129)

위 대화에서 '프렌치 타임'과 '시간 엄수'의 이분법적 대립 구도가 발견된다. 전자는 파리라는 지역성으로 대표되는 유럽의 시간관념, 후자는 뉴욕이라는 지역성으로 대표되는 미국의 시간관념으로 대응한다. 계급 전통이 희박한 미국 사회에서 누구나 부와 명예를 취할 수 있다는 믿음이 아메리칸드림의 골자라면, 시간 엄수는 아메리칸드림을 꿈꾸는 미국 시민이 필히 체득해야 할 생활 수칙이다. 즉 시간 엄수는 아메리칸드림이라는 미국적 신조를 구현할 현실 원리인 것이다. 뉴욕에 프렌치 타임을 최초 도입한 자신을 대견스러워하는 부인의 모습은 독자와 관객의 실소를 유발하는데, 이는 물론 공감 아닌 반감의 표시일 것이다. 그녀는 유럽의 상류층 문화라는 겉옷으로 신흥 졸부라는 자신의 본래 모습을 가리려 하나 그럴수록 독자와 관객의 눈에 더욱 선명하게 강조되는 것은 겉과 속의 괴리이다. 치장이 화려할수록 더욱 도드라지는 것은 신흥 졸부의 꼼수이다. 이처럼 티파니 부인이 의도한 계획과 실제 결과가 어긋나면서 아이러니가 유발되고, 이는 다시 멜로드라마와 풍습 희극이라는 장르적 속성—가벼움, 진지하지 못함, 억지스러움, 해학, 풍자—과 어우러져 실소를 자아낸다.

주목할 두 번째 예는 '팔걸이의자'(armchair) 에피소드이다. 유럽 상류층 문화에 대한 부인의 동경은 언어적 층위로까지 확대된다. '팔걸이의자'의 프랑스식 발음에 대한 집착은 그녀의 사대주의적인 태도를 드러낸다. 부인은 프랑스어 발음 흉내를 넘어서 이것을 '매력적'(charming)이고 '우아하며'(genteel) '고상한'(refined) 것으로 미화하고 급기야 자국어의 '천박함'(vulgarity)을 평가하는 준거로 삼는다. 이 장면에서 독자와 관객은 앞서 '프렌치 타임' 에피소드에서와 마찬가지로 실소를 금치 못한다. 부인의 언어는 국적 불명의 '엉터리 프랑스어'(broken or pidgin French)이며, 그녀의 외국어 모방은 스스로를 '언어적 인종차별'(linguistic racialization)의 대상으로 함몰시킨다. 결국 부인이 얻는 것은 염원하던 프랑스 상류층으로의 신분 상승이 아니라, 감추려던 자신의 열등함이 오히려 폭로되어짐으로써 독자와 관객으로부터 받게 될 조롱 어린 지탄이다.

티파니 부인: 밀리네테, 팔걸이의자를 프랑스 말로 뭐라고 하죠?

밀리네테: '포테이'라고 하죠, 부인.

티파니 부인: '포-툴'! 그거참 이국적인, 어딘지 이름 모를 외딴곳에서 들려오는 듯한 참으로 매력적인 어감이라 할까, 정말 우아해요! 우리 미국 말은 확실히 천박한 구석이 있는데 말이에요. '포-툴'! 고상하기도 해라. '포-툴'! 팔-의자! 달라도 너무 달라!

밀리네테: 부인 발음이 매력적이네요. '포-툴'! (혼자서 흉내 내 본다) 매력적이에요, 부인!

티파니 부인: 그렇게 생각해요, 밀리네테? 하긴 내 생각도 그래요. 품위 있는 상류층 여성이라면 늘 외국 문물에 적응할 줄 알아야 하죠.

MRS. TIFFANY: Millinette, how do you say arm-chair in French?

MILLINETTE: Fauteuil, Madame.

MRS. TIFFANY: Fo-tool! That has a foreign—an out-of-the-wayish sound that is perfectly charming—and so genteel! There is something about our American words decidedly vulgar. Fowtool! How refined. Fowtool! Arm-chair! What a difference!

MILLINETTE: Madame have one charmante pronunciation. Fowtool! (*Mimicking aside*) Charmante, Madame!

MRS. TIFFANY: Do you think so, Millinette? Well, I believe I have. But a woman of refinement and of fashion can always accommodate herself to everything foreign! (Act 1: 129)

상기한 두 에피소드는 티파니 부인의 허위의식이 재현하는 '외래문화의 어리석음'(foreign folly)에 유쾌한 일격을 가하는 동시에 미국인 독자와 관객의 유쾌한 동조와 비판을 도출한다.

딸을 프랑스 백작 졸리마르에게 결혼시키려는 티파니 부인의 계획은 이 남성의 실체가 탄로 나면서 무산된다. 이러한 플롯은 유럽 상류층 문화를 맹신하는 부인의 허위의식과 시대착오적 비현실성 그리고 그녀의 동경 대상인 외래문화의 어리석음과 실상 폭로라는 극의 궁극적 주제를 견인하는 효과적인 장치이다. 즉 폭로된 졸리마르의 실상은 다름 아닌 외래문화의 어리석음 혹은 '패션'의 실상인 것이다. 극 초반에 세라피나의 눈에 비친 졸리마르는 파리와 런던의 사교계와 상류층 문화를 섭렵한 프랑스 귀족으로 그녀가 꿈꾸는 이상적인 남편감이다.

> 백작: 아! 당신이 파리의 그 상쾌한 공기를 마셔 봤다면 토르토니에서 아이스크림을 먹고, 카페 로얄에서 저녁 식사를 해 보았다면. 오 그리고 런던에서 살아 보았다면, 세인트 제임스 공원의 안락함을 만끽하고 매일 오후 영주와 부인들과 삼삼오오 하이드파크를 거닐어 보았다면, 당신은 왕도, 여왕도 귀부인도 없는 이 미국을 견딜 수 없을 것이오.

> COUNT: Ah! If you had ever breathed the exhilarating air of Paris, ate creams at Tortoni's, dined at the Café Royale, or if you had lived in London—felt at home at St. James's, and every afternoon driven a couple of Lords and a Duchess through Hyde Park, you would find America—where you have no kings, queens, lords, nor ladies—insupportable! (Act 1: 136)

졸리마르가 열거하는 파리의 공기, 토르토니의 아이스크림, 카페 로얄 호텔의 만찬, 런던의 세인트 제임스 공원과 하이드파크 산책로 등은 미국에서 보기 힘든 풍물이다.[39] 문제는 이국적 풍물이 절대 우위 가치로 변질되어 미국 문화를 평가하는 잣대로 활용된다는 점이다. 졸리마르에 따르면 상기한 유럽의 풍물은 귀족 문화의 소산이며,

---

39 토르토니(Tortoni)는 18세기에 파리에 개장한 카페 이름으로 아이스크림 디저트로 유명했다. 카페 로얄(Café Royal)은 18세기 중반 프랑스인 와인상이 런던에 개장한 호텔로 오스카 와일드(Oscar Wilde), 버나스 쇼(George Bernard Show), 버지니아 울프(Virginia Woolf) 등 유명 영국 문인들이 방문하던 명소였다. 세인트 제임스 공원(St. James's Park)은 런던 시내에 위치한 가장 오래된 왕립공원으로 1532년 헨리 8세에 의해 왕실공원으로 조성되었고 찰스 2세 때 일반 시민에게 개방되었다.

태생적으로 귀족과 계급 전통을 '결여'한 미국에서는 실현 불가능한 것들이다. 졸리마르는 상대적 가치로 접근해야 할 문화의 일면을 왜곡하고 유럽 문화를 절대 신봉하는 사대주의적 시각을 세라피나에게 주입한다.

흥미로운 것은 귀족 문화를 운운하는 졸리마르 자신이 정작 귀족이 아니라는 점이다. 티파니 부인과 대화에서 그의 정체에 대한 의혹이 감지된다.

티파니 부인: 큰 재산에 높은 분들과의 인맥을 자랑하는 저입니다만, 백작님, 부끄러운 소리지만 전 아직 한 번도 외국에 나가 본 적이 없답니다. 백작님이야 유럽의 '궁정'을 제집처럼 드나드시겠지만 말이에요.
백작: '궁정'요? 아, 네, 부인, 당연하죠. (방백) 실은 법정이랍니다.

MRS. TIFFANY: Although a lady of large fortune, and one, Count, who can boast of the highest connections, I blush to confess that I have never travelled,—while you, Count, I presume are at home in all the courts of Europe.
COUNT: Courts? Eh? Oh, yes, Madam, very true.—(*Aside*) police courts. (Act 1: 135)

유럽 '궁정'(courts)을 자주 드나들었느냐는 질문에 졸리마르는 '법정'에 자주 드나들었느냐는 질문으로 알아듣고 짐짓 놀란다. 사태 파악을 한 그는 자신이 오해했음을 애써 감추지만, 그의 혼잣말을 통해 그가 실상 범죄의 세계와 친숙한 인물임이 간접적으로 폭로된다. 나아가 부인은 졸리마르에게 "영어를 모국어처럼 잘하시는군요"(You talk English like a native, Act I: 135) 하고 말하며 그의 언어능력을 부추기는

데, 이 장면은 심지어 백작이 프랑스인이 아니라 미국인일 수 있다는 의구심마저 들게 한다.

[그림 06] 셰익스피어 『헛소동』(*Much Ado About Nothing*)에서 베아트리체(Beatrice)를 연기하는 모왓. 모왓은 1845년 6월 19일 니블로 극장(Niblo's Theatre)에서 공연된 『리옹의 여인』(*The Lady of Lyons*)에서 배우로 데뷔했다. ©wikipedia.org

이후 졸리마르가 밀리네테와 마주치게 되면서 그의 정체는 서서히 윤곽을 드러내기 시작한다. 1막이 끝날 무렵 밀리네테의 등장에 깜짝 놀라면서도 애써 태연한 척하는 졸리마르의 반응을 통해, 두 남녀가 서로 아는 사이임을 독자와 관객은 직감한다. 이후 3막에서 졸리마르는 밀리네테와 원치 않는 은밀한 재회의 시간을 갖게 되고, 여기서 둘의 관계가 밝혀진다. 실상 둘은 과거 프랑스에서 연인이었으며, 남성은 여성의 돈을 챙겨 몰래 미국으로 도망쳤던 것이다. 즉 그는 귀족과 거리가 먼 사람이며, 앞서 티파니 부인과의 대화에서 감지한 것처럼 '궁정'보다는 '법정'과 더 친한 사람이었음이 드러난다. 더욱이 친구 한 명 없는 파리는 그에게 낯선 타지이며, 그가 돈을 훔쳐 숨어 들어온 미국이 그에게 친숙한 모국일 수 있다는 심증을 갖게 된다. 졸리마르의 거짓투성이 삶은 심증을 넘어서 명약관화한 사실임이 밀리네테의 입을 통해 증언된다.

> 오! 부인, 그는 절대로 백작이 아니에요. 그건 이 나라에서 그가 지어낸 직함이죠. 외국인들은 항상 이 나라에 올 때 멋진 직함을 하나씩 달고 온답니

다. 파리에서 그의 이름은 구스타브 트레드밀이었죠. 그는 프랑스인도 아니구요, 그저 프랑스에서 오래 살았을 뿐이죠. 처음엔 버미첼리 씨 가게에서 요리사로 있었죠! 타이어네즈 씨 가게에선 이발사였구요! […] 자, 이제 모든 걸 털어놓고 나니 한결 마음이 가볍네요![40]

Oh! Madame, he is not one Count, not at all! Dat is only de title he go by in dis country. De foreigners always take de large title ven dey do come here. His name a Paris vas Gustave Tread-mill. But he not one Frenchman at all, but he do live on long time a Paris. First he live vid Monsieur Vermicelle—dere he vas de head cook! Den he live vid Monsieur Tire-nez, de barber! […] Dere, now I tell every thing, I feel one great deal better! (Act 5: 173)

결국 티파니 부인은 졸리마르의 진짜 정체와 직면하게 된다. 그는 프랑스인도, 백작도 아닌 그저 떠돌이 잡역부였던 것이다. 능숙한 영어, 미국식 이름 그리고 돈을 훔쳐 숨어 들어온 곳이 미국이라는 사실을 통해, 그가 미국인일 가능성이 보다 분명해진다. 최소한 그는 티파니 부인과 세라피나가 동경하는 유럽 상류층 귀족 문화와는 관계없는 인물인 것이다. 부인과 마찬가지로 그는 자신의 몸을 맞지 않는 옷—프랑스 이름과 칭호, 유럽의 상류층 문화를 포함한 외래적 가치—에 억지로 끼워 넣으려 한다. 미국적 사고에서 부끄러울 것 없을

40 버미첼리(Vermicelli)는 전통 이탈리아 파스타의 일종이며, 타이어네즈(Tirenez)는 코털을 깎는 도구이다. 작가는 국적과 직업의 특징을 표현하는 단어를 인물의 명칭으로 활용함으로써, 풍습 희극의 전형적 요소인 고정 인물(stock character)—이탈리아 요리사, 이발사 등—형성과 코믹한 풍자를 효과적으로 유발한다.

자신의 출신 배경을 열등한 것으로 여기고 이를 감추려 함으로써 오히려 열등감을 자인하게 되는 어리석음을 자행한다는 점에서 졸리마르는 티파니 부인의 복사판이었음이 폭로된다. 즉 졸리마르의 정체성 폭로는 다름 아닌 티파니 부인이 이상화하는 유럽 상류층 귀족 문화의 허구성에 대한 각성이자 그녀의 시대착오적 사대주의가 갖는 어리석음의 실상에 대한 폭로이다.

4. 양키 캐릭터: 미국적 신조의 우의적 재현

티파니 부인, 세라피나, 졸리마르가 유럽 상류층 귀족 문화의 허구성을 대표한다면, 파티의 초대 손님인 아담 트루맨(Adam Trueman)은 미국적 가치와 신조를 대표하는 인물이다. 뉴욕 외곽의 작은 마을 코테라거스(Cotteraugus)에 거주하는 농부로서, 그는 유럽 상류층 귀족 문화와 대립하는 가치, 즉 잭슨 민주주의가 표방하는 '보통 사람'과 '강한 미국'을 구현하는 소위 '양키 캐릭터'(Yankee character)이다. 농부라는 직업이 말해 주듯, 트루맨은 소박한 전원생활이 주는 행복과 정직한 노동의 가치를 숭상한다. 이러한 면모는 "흙

[그림 07] 미국을 의인화한 '엉클 샘'(Uncle Sam)과 미국적 가치를 고취하는 메시지(1917년)
ⓒwikipedia.org

먼지로 뒤덮인 부츠"(boots covered with dust, Act 1: 137)에서 가장 잘 드러나는데, 이는 미국의 토착 인물 '양키 캐릭터'의 전형적 특징이다.

그는 티파니 일가의 저택을 허례허식의 "진열장"(show-box)에 비유하면서, 외래적 형식에 갇힌 미국인 어느 누구도 "마음 편할 수 없다"(shouldn't ... ever feel at home)고 말한다(Act 1: 137). 아울러 트루맨은 상기한 겉과 속의 괴리상에 대한 지적을 통해 미국적 가치와 신조의 중요성을 피력한다.

> 트루맨: 남편의 친구를 맞는 예절이 이런 것이란 말인가. 이런 걸 보려고 내가 코테라거스에서 여기까지 먼 길을 온 게로군. 시뻘건 제복으로 치장하고 실실 웃는 검둥이 집사 꼴이라니…
> 티파니 부인: 모르시나 본데, 이게 다 상류층 패션이랍니다!
> 트루맨: 상류층 패션이라구, 이게? 자유의 나라에서 노예근성의 딱지를 달게 하는 게 상류층 패션이란 말인가? 공화주의의 소박함 만세! 내 감히 말하거니와 자네 필시 가문의 문장이라도 만들 기세구먼!
>
> TRUEMAN: This is a civil welcome for your husband's old friend, and after my coming all the way from Catteraugus to see you and yours! First a grinning nigger tricked out in scarlet regimentals—
> MRS. TIFFANY: Let me tell you, sir, that liveries are all the fashions!
> TRUEMAN: The fashion, are they? To make men wear the badge of servitude in a free land,—that's the fashion, is it? Hurrah for republican simplicity! I will venture to say now, that you have you rcoat-of-arms too! (Act 1: 137)

위에서 트루맨은 제복(liveries)과 문장(coat of arms)을 계급 전통에 뿌리박은 유럽 혹은 구세계 유럽의 인습으로 보고, 태생적으로 직업과 신분의 귀천이 없는 평등사회로 출발한 신세계 미국의 토양에 맞지 않는 시대착오적 유물이자 청산되어야 할 잔재로 규정한다. 미국에서 유럽 상류층 귀족 문화를 따르려는 티파니 부인의 행동을 통해, 트루맨은 그녀의 사대주의적 노예근성을 풍자하고 비판한다. 자유의 나라 미국의 토양에 어울리는 것은 국민주권을 신봉하고 검약과 근면의 신조를 숭상하는 '공화주의의 소박함'이다.[41]

극 중 또 한 명의 양키 캐릭터는 티파니 집안 가정교사 거트루드(Gertrude)이다. 주목할 점은 이 양키 캐릭터가 여성이며, 극 전개에 있어 주도적인 역할을 수행한다는 것이다. 거트루드는 졸리마르의 정체를 밝힘으로써 세라피나의 위험한 결혼을 막고, 나아가 유럽 상류층 귀족 문화에 대한 미몽으로부터 티파니 부인을 각성시키는 등 극 중 갈등을 해결하는 영웅적 면모를 선보인다. 이처럼 거트루드는 트루맨과 함께 미국적 영웅 캐릭터 쌍을 이룬다. 고아 출신인 거트루드는 첫 등장 때부터 트루맨이 강조하는 미국적 신조의 대변자로 묘사되면서 티파니 집안 여인들과 차별성을 띤다. 그녀를 흠모하는 하워드 대령(Colonel Howard)과의 대화에서 이 점이 분명히 드러난다.

---

41 공화주의(republicanism)는 미국 독립혁명(American Revolution, 1775–1786) 이후 지속된 미국 시민 의식의 주요한 부분으로 자리매김했다. 귀족정치와 세습 권력을 거부하는 대신, 국민주권과 시민 개개인의 '자유'(liberty)와 '양도할 수 없는 권리'(unalienable rights)를 핵심 가치로 강조하는 공화주의는 이후 미국 독립선언(1776), 미국 헌법(1787), 남북전쟁 직후 노예해방을 명문화한 링컨의 게티스버그 연설(1863)의 기초가 되었다. 자세한 사항은 Shalhope(1972), Buel(1972), Wood(1991)를 참고할 것.

당신은 내가 브로드웨이를 활보하는 것보다 숲을 거니는 것을 더 좋아할 것이라고 생각지 않나요? 시들어 버린 외래종 꽃다발보다 향기로운 야생화 화환을, 이처럼 답답한 실내 온실의 후텁지근한 공기보다 갓 벤 건초 냄새를 내가 더 좋아할 것이라고 생각지 않느냐구요? 혹은 화려한 거실에서의 계도적인 잡담보다 고향 친구들과의 조용한 대화를 제가 더 즐긴다는 사실이 상상이 안 가나요? […] 모든 남자들이 그런 것처럼 나에게도 광적으로 집착하는 대상이 있어요…. 그것은 바로 자립심이랍니다!

Can you suppose that I could possibly prefer a ramble in the woods to a promenade in Broadway? A wreath of scented wild flowers to a bouquet of these sickly exotics? The odour of new-mown hay to the heated air of this crowded conservatory? Or can you imagine that I could enjoy the quiet conversation of my Geneva friends, more than the edifying chit-chat of a fashionable drawing-room? […] I have my mania,—as some wise person declared that all men have,—and mine is a love of independence! (Act 2: 142-143)

극 중 갈등이 모두 해결될 무렵, 거트루드가 트루맨의 손녀였다는 사실이 밝혀지는데, 이는 두 인물 간의 연결고리를 정당화한다. 기실 트루맨에게 루스(Ruth)라는 이름의 딸이 있었다. 트루맨의 재산을 노린 한 사내의 감언이설에 속아 딸은 아버지를 버리고 사내와 야반도주를 했던 것이다. 사내에게 버림받고 고향으로 돌아온 그녀는 실연의 충격으로 앓다가 딸아이를 남기고 죽게 된다. 트루맨은 여식과 같은 불행한 인생을 살지 않도록 손녀를 시골 친척에게 맡겨 키우게 했다. 그의 뜻대로 손녀는 소박하고 성실하며 자립심 강한 여인으로 성장했는데, 그녀가 바로 거트루드인 것이다. 트루맨은 손녀의 모습에서 "진실한 여인상"을 발견하고 기쁨에 겨워한다(Hurrah! I've found one true woman at last!, Act 5: 166).

『패션』이 특별한 또 하나의 이유는, 이 극이 양키 캐릭터로서 흑인 지크(Zeke)를 등장시킨 점이다. 미국 드라마에서 흑인 캐릭터는 전통적으로 백인에 의해 희화화의 대상이 되어 왔다. 특히 집쿤(Zip Coon) 캐릭터는 백인의 복장과 언어를 모방하는 '멋쟁이'(dandy type)로 묘사되는데, 검은 피부에 어울리지 않는 백인 정장, 촌스러울 정도로 과한 장신구, 어설픈 영어는 백인에 대한 흑인 인물의 동경이 비현실적인 바람일 수밖에 없음을 드러낸다. 아울러 '백인답지 않은 백인 흉내' 자체가 흑인 캐릭터의 인종적 열등감 표출과 결부되어 희극적 효과를 유발하면서 백인 관객의 시선을 즐겁게 하는 대상으로 객체화된다. 『패션』에서 지크는 티파니 가문의 집사로 유럽 상류층 귀족 문화의 우아함을 흉내 내는 '멋쟁이' 흑인으로 묘사된다. 즉 그는 유럽풍 패션을 추종한다는 측면에서 티파니 집안 백인 여성들과 인종을 넘어선 공통점을 갖는다. 앞서 집쿤 캐릭터가 인종적 하류로서 백인에게 종속되어 있는 흑인의 현실을 체화한다면, 극 중 백인 여성들과 흑인 캐릭터 지크는 문화적 하류로서 유럽풍 패션에 대한 종속 상태에서 자유롭지 못한 현실을 체화한다. 흑인 스테레오 타입이 흑인의 흑인성과 인종화 상태를 표출하듯, 티파니 집안 백인 여성들은 '문화적 흑인성'(cultural blackness) 혹은 '문화적 인종화'(cultural racialization) 상태를 표출하면서 유럽풍 패션에 탐닉하는 미국인의 행태를 풍자한다.

[그림 08] 『패션』 공연 사진(1934년). Janesville Little Theatre, 위스콘신.
무대 중앙부에 검은색 얼굴의 지크의 모습이 보인다. ©janesvillelittletheatre.org

한편 지크는 티파니 집안의 백인 인물들과도 차별성을 드러내며 독특한 효과를 유발하는 획기적 장치이다. 그는 유럽풍 패션을 흉내 낸다는 점에서 티파니 부인과 세라피나와 공통점을 갖지만, 그의 '흉내 내기'는 자발적인 것이 아니라 티파니 부인의 '명령'에 따른 타의적 선택이라는 점에서 구별된다. 백인 관객들은 지크의 우매함에 폭소를 터뜨리지만, 정작 그가 표출하는 우매함은 다름 아닌 극 중 백인 인물들—티파니 부인, 세라피나, 졸리마르 백작을 포함하는—의 우매함에 대한 초상인 것이다. 결과적으로 백인 관객들은 지크의 모습을 통해 투사된 자신의 모습을 객관적 시각에서 관찰한다. 폭소 뒤에 이어지는 최종적 현실 인식—지크의 우매함은 다름 아닌 자신의 모습일 수 있다는—은 백인의 입장에서 뒤통수를 치는 충격일 수 있다.

이와 관련해, 지크라는 이름이 함의하는 성서적 모티브에 주목할 필요가 있다. 지크는 유대의 예언자로 예루살렘의 파멸을 예언한 성서적 인물 에스겔(Ezekiel)의 축어적 표현이다. 유럽풍을 추종하는 미국인의 우매함과 그로 인한 미국인의 문화적 흑인성·인종화에 대한 투사로서, 지크는 향후 이어질 티파니 집안의 몰락과 참회 수순을 예언하는 듯하다. 실제로 그는 기존 흑인 캐릭터와 달리 주연급은 아니지만 시종일관 무대에 등장하면서 극의 전개에 중요한 역할을 한다. 그는 거트루드의 계획에 협력함으로써 졸리마르의 실상을 폭로하고, 세라피나를 위험한 결혼으로부터 구제하며, 종국에는 티파니 집안이 몰락의 순간에 참회와 반성의 기회를 갖도록 이끄는 과정에서 중요한 역할을 수행한다.

5. 천성의 고귀함: 모국의 미덕과 국가정체성

트루맨은 티파니 집안에 첫발을 들여놓는 순간부터 이곳에 거짓과 위선의 기운이 팽배해 있음을 감지한다. 이곳은 성실과 정직이라는 미국적 신조와 어울리지 않는 공간이다. 식구들의 사치와 '허울'(what seems to be)뿐인 삶은 미국 최초 정착민인 청교도들이 검소한 생활에 기초해 미국적 전통으로 정립해 온 종교적 신실함과 거리가 멀다. 트루맨의 눈에 이들은 미국의 청교도 전통에 입각할 때 이교도와 다를 바 없으며, 그는 그 원인을 외래문화에 대한 숭배에서 찾는다.

> 이 '패션 숭배'가 자네들을 이교도와 위선자로 개종시켰구먼! '속임수'가 이 집안의 신이라니! 우는 척 웃고, 웃는 척 소매로 눈물을 훔치는 족속들. 뭐

하나 겉모습과 다르지 않은 게 없다니. 이 집에서 사흘밖에 안 묵었지만, 대통령 선거철에 난무하는 것보다 더 많은 거짓말을 듣게 될 줄이야!

This fashion-worship has made heathens and hypocrites of you all! Deception is your household God! A man laughs as if he were crying, and cries as if he were laughing in his sleeve. Everything is something else from what it seems to be. I have lived in your house only three days, and I've heard more lies than were ever invented during a Presidential election! (Act 2: 140)

이어 트루맨은 티파니 일가를 정신적 피폐함으로 이끈 또 다른 원인으로 배금주의(mammonism)를 지적한다.

자네들이 매사 '행복해' 하던 시절도 이젠 오랜 이야기가 되었군! 마치 자네들은 육신을 녹여 돈을 주조하고 영혼을 담보로 팔아 버린 듯해! 자네들의 따뜻한 마음은 장부 위에서 식어 버렸고, 깃털처럼 가벼운 정신은 셈법으로 무거워졌네! 자네들은 젊음과 희망과 인간적 멋을 돈과 맞바꾸었지! 이제 탐하던 재산을 '얻었다' 치세, 그게 자네들에게 무슨 이득이란 말인가? […] 물욕은 자네들의 가게를 감옥으로 만들었고, 자네들의 집은 쉴 곳 한 평 없는 겉만 번지르르한 '박물관'이 되어 버렸지. 가게에서 너무 오랜 시간 주판알을 튕기다 보니, 정작 자네들은 가정에서 무용지물이 되어 버렸네! 나를 보게! 지난달 8월로 일흔두 살이 되었지만, 히코리 나무처럼 강인하고 건강하지 않나!

It's many a long day since you were happy at anything! You look as if you'd melted down your flesh into dollars, and mortgaged your soul in the bargain! Your warm heart had grown cold over your ledger—your light spirits heavy with calculation! You have traded away your youth—your hopes—your tastes for wealth! And now you have the wealth you coveted, what does it profit you! […] It[the love of gain] has made your counting-house a penitentiary, and your home a fashionable museum where there is no niche for you! You have spent so much time ciphering in the one, that you find yourself at last a very cipher in the other! See me, man! Seventy-two last August!—strong as a hickory and every whit as sound! (Act 2: 140-141)

그는 돈의 노예가 되어 버린 티파니 일가의 현 상황을 진단하고 물욕으로부터 자유로울 때 인간이 비로소 심신의 건강과 삶의 즐거움을 누릴 수 있음을 강조한다. 앞서 '패션 숭배'가 티파니 일가를 유럽에 대한 문화적 사대주의 또는 노예근성을 초래했다면, '금전 숭배'(money worship)는 이들을 물질의 노예가 되도록 만들었다. 물욕으로부터의 자유로움은 '자립심'(independence)이라는 미국적 신조를 상징하며, 이는 건강한 국가정체성의 근간으로 설명된다. 흥미로운 것은 트루맨이 자신을 히코리 나무의 강인함에 비유한다는 점이다. 이와 관련하여 당시 잭슨 대통령의 별명이 '올드 히코리'(Old Hickory)인 점은 시사하는 바가 크다. 히코리는 강하고 질긴 북미산 식물로, 이 별명은 '강한 미국'이라는 시대적 열망의 대변자 잭슨 대통령의 상징물이었다. 실제로 당대 미국 시민들은 히코리 나무 장대를 미국 전역에 꽂아 잭슨 대통령에 대한 지지를 표명하기도 했다(Hargreaves 2013). 『패션』이 잭슨 민주주의 시대의 산물임을 감안할 때, 극 중 트루맨은 다분히 현실의 잭슨 대통령을 연상시키며, 이런 의미에서 그는 잭슨 민주주의에 대한 오마주가 된다.

처자식의 사치와 낭비벽으로 가산을 탕진하고 사업마저 도산할 위기에 처하자 티파니 씨는 트루맨에게 도움을 청한다. 트루맨은 오랜 우정을 생각해 기꺼이 도움의 손길을 내민다. 이에 앞서 그는 한 가지 조건을 제시하는데, 그것은 다름 아닌 미국적 신조 회복이라는 카드이다. 그는 집을 포함해 "온갖 겉만 번지르르한 것들"(all these gew-gaws)을 처분하고 시골로 내려가라고 조언한다. 그곳에서 금전적 가치에 의지하지 않는 "진정한 자립심"(true independence)과 외래문화의 어리석음에 물들지 않은 "모국의 미덕"(home virtues)을 처와 딸이 터득할 수 있도록 하라고 처방한다. 대신 가장인 티파니에게는 도시에서 사업을 지속하되 "절제를 조언자로 정직을 비서로 삼으라"(let moderation by your counselor, and let honesty be your confidential clerk)고 충고한다(Act 5: 176-7). 트루맨은 가식의 삶을 살아온 졸리마르에게도 반성의 충고를 잊지 않는다.

> 정의가 변호사들의 전유물이고, 건강이 의사들의 전유물이며, 애국심이 정치가들만의 전유물이라면, 자네는 혹 이렇게 말할지도 모르겠네. 작위가 없는 곳에 '고귀함'은 없다고 말이야! 하지만 우리에겐 패션으로 치장된 고귀함이 아닌, 천성이 고귀한 왕과 왕자와 귀족이 지천으로 있다네. 우리에겐 마음 따뜻하고 용맹스러운 정직한 사내들과 상냥하고 공평하며 진실된 아낙네들이 있지. 어떤 '작위'도 이들의 '고귀함'을 더해 주진 못하지.

> When justice is found only among lawyers—health among physicians—and patriotism among politicians, then may you say that there is no nobility where there are no titles! But we have kings, princes, and nobles in abundance—of Nature's stamp, if not of Fashion's—we have honest men, warm-hearted and brave, and we have women—gentle, fair, and true, to whom no title could add nobility. (Act 5: 177-178)

졸리마르에게 전하는 충고를 관통하는 화두는 '고귀함'이다. 계급과 귀족의 전유물로서 고귀함이 아니라, 정직하고 진실한 천성에서 발현되는 고귀함의 가치를 트루맨은 설파한다. 전자가 화려한 장신구와 금전 가치에 의존하는 반면 후자는 인공의 치장을 필요로 하지 않는다. 전자가 귀족과 계급 전통이 배태한 구세계 유럽의 유산이라면, 후자는 귀족과 계급 전통이 부재하는 신세계 미국의 유산이다. 부수적 치장에 의존하지 않는 '인간 성품 본연의 고귀함'은 극 중 언급되는 다양한 층위의 '미국적' 가치관과 트루맨이 티파니 일가에게 터득하라 요구한 '모국의' 미덕—정직한 노동, 근검절약, 소박한 생활, 자립심, 주인 의식—을 응집하는 동시에 나아가 작품의 사회적 맥락인 19세기 중반 미국 사회가 요구하는 '국가적' 정체와 사명감—보통 사람, 강한 국가, 민주주의, 명백한 운명—을 수렴해 낸 개념으로 부각된다. 이처럼 극은 외래적 가치와 모국의 미덕이 충돌하는 구도를 보여 주고, 결국 미국적 가치가 구세계 유럽의 가치와 "견줄 필요 없는"(no need to emulate) 그 자체로 자족적이고 자립적인 가치임을 결론 짓는다(Vaughn 87).

6. 미국주의의 멜로드라마적 호소

1845년 3월 24일 뉴욕의 파크 극장(Park Theatre)에서 초연된 『패션』은 당시 대중으로부터 가장 인기가 높았던 통속극 장르인 멜로드라마의 진수를 관객에게 선보였다. 연극사학자 월터 메서브(Walter Meserve)는 이 극에 담긴 멜로드라마의 실체를 아래와 같이 열거한다.

도덕적 논평, 국가주의 주제, 도시와 시골의 갈등, 연애 에피소드, 멜로드라마적 악당, 사회에 대한 희화적 묘사, 기지의 경구, 시골 출신 양키 캐릭터, 미국인 영웅, 흑인 하인, 애국적 정서, 절제의 문제, 프랑스 백작과 프랑스 가정부, 시종일관 지속되는 풍자

[M]oral commentary, a nationalistic theme, a city versus country conflict, love episodes, a melodramatic villain, society caricatures, witty epigrams, a country Yankee, an American hero, a Negro servant, patriotic sentiments, a temperance issue, a French count and a French maid, and satire throughout. (Meserve 131)

상기한 멜로드라마적 요소들은 도입부에서 에머슨의 말을 인용해 적시한 바 있는 '대중의 입맛'이라는 당대 미국 문학의 지향점을 겨냥한 것이었다. 초연 당시 흥행 성적은 이 극이 대중의 호응을 이끌어 내는 데 성공했음을 입증했다. 새로운 극이 초연될 때 통상 3, 4회 공연되는 것이 당시 관례였음을 감안한다면(Hewitt 140), 『패션』이 2주에 걸쳐 초연된 것은 이례적인 형상이었다. 또한 뉴욕의 파크 극장에서 초연되는 동안 이 극은 필라델피아에 있는 월넛 스트리트 극장(Walnut Street Theatre)에서 다른 극단에 의해 동시 공연되기까지 했고, 이듬해 1850년에는 영국 런던 무대에까지 진출해 유럽 관객의 격찬을 받았다(Wilson 125).

물론 『패션』이 안고 있는 문학적 결함을 부인할 수 없다. 초연 당시 《스피릿오브타임스》(*Spirit of Times*)는 극 중 "투박하고 무기력하며, 앞뒤 안 맞는"(unpolished, spiritless, and disjointed) 대화가 흡사 무미건조한 신문 기사를 읽는 듯하다고 말하면서 이 극이 희극으로서 "완전

실패작"(dreadful failure)이라 혹평했다(56). 또한 풍습 희극이라는 "철저하게 유럽적"(thoroughly European)인 "부르주아극"(bourgeois play) 양식을 답습하고 있다는 점이 미국 드라마로서 『패션』의 태생적 한계로 지적되기도 한다(Johnson 331). 한편 이 극의 문학사적 가치는 상기한 문학성의 결함을 상쇄할 만큼 중요한 의미를 가지며, 이는 초연 당시 각 언론 매체의 연이은 호평을 통해 입증된다. 일례로 초연 닷새 뒤인 3월 29일 자 《알비온》(*The Albion*)은 『패션』을 일컬어 진정한 의미의 미국 드라마가 가능한 시대가 도래했음을 알리는 "전례 없는"(unexampled) 극이자 "현존 최고의 미국 희극"(the best American comedy in existence)이라 격찬했다(156). 모왓의 전기를 집필한 반스(Eric Wollencott Barnes)의 말대로 미국 역사상 『패션』만큼 즉각적인 반향을 일으키며 미국 드라마 환경을 획기적으로 변화시킨 극이 없었으며, 이 극의 등장은 "예술로서 드라마"(the drama as an art) 시대가 미국에 도래했음을 알리는 신호였다(Barnes 111). 『패션』의 문학사적 가치는 비교적 최근의 연구에서도 지속적으로 재확인되고 있는데, "남북전쟁 이후 미국 드라마와 연극에 가장 큰 영향을 미친 극"(Manuel 33)이자 "동시대 여류 극작가들의 작품들 중 유일한 미국 문학의 정전 텍스트"(Abramson 39)로 평가된다.

문학사적 가치와 별도로 에머슨이 강조한 새 시대 미국 문학의 지향점 강조에 대한 응답으로서 『패션』이 갖는 사회적 의미 또한 크다. 이와 관련해 『패션』 초연일인 1845년 3월 24일이 포크 대통령의 취임식 불과 20일 후라는 점은 시사하는 바가 크다. 이 공연은 잭슨 민주주의 시대를 마감하는 마지막 행정부의 포문을 연다는 상징적 의미와 함께 시대가 함의하는 미국적 가치와 애국적 열망을 객석에 운집한 중산층 대중을 향해, 그들의 입맛에 맞는 멜로드라마라는 극 형식으로 포장해 대중의 감성에 호소했다. 한 비평가의 표현대로 이 극은 "감상적 미국주의"(sentimental Americanism)의 전도사이자 "애국심 교육의 연극적 실례"(theatrical object lesson in patriotism)였다(Kellogg 1). 한편 모왓은 남성의 영역으로 여겨지던 극작가라는 전문 직종에 진출해 명성과 존경을 얻은 미국 최초의 여성으로 기록된다. 『패션』 초연 일주일 뒤인 4월 5일 자 《알비온》은 『패션』을 일컬어 미국적 인물, 사건, 지역성을 소재로 하는 "미국 드라마 전통" 수립의 초석을 제공한 "불후의 기념비적 작품"(an enduring monument of the American drama)이라 평가하면서, 이 과업이 여성의 힘으로 완수된 것은 "유례없는"(rather singular) 사건이며 결과적으로 미국 드라마가 "여성에게 빚을 진"(should be indebted to woman) 셈이라 논평했다(164).

이처럼 모왓은 『패션』 집필을 통해 남성에게 법적·사회적으로 종속되어 있던 당대 여성의 위치에 의문을 던진다. 극 중 갈등 해결 과정에서 주도적 역할을 하는 양키 캐릭터로 여성 인물 거트루드를 등장시킨 것은 이를 입증하는 좋은 예다. 일각에서는 극을 관통하는 미국적 가치가 남성 인물 트루맨의 입을 통해 직접 설파되

[그림 09] 포크 대통령 취임식 스케치. 《일러스트레이티드 런던 뉴스》(*Illustrated London News*) 1845년 4월 19일 자. ©wikipedia.org

는 점, 결과적으로 작가의 '여성주의적' 태도와 의도가 가부장적 질서가 유지되는 형국으로 귀결되는 점 등을 이유로 들면서 이 극에서 표출되는 여성주의 이슈의 한계를 지적하기도 한다(Burke 21-27). 그러나 이 극이 미국 문학사에서 갖는 중요성은, 상기한 작가적 태도의 한계와 앞서 언급된 문학적 결함을 상쇄하는 문화사적 의미이다. 『패션』 초연 당시 한 비평가의 지적은 이런 점에서 주목할 만하다.

> 『패션』이 영국 본토의 수많은 희극에 필적하지 못함을 인정한다고 하더라도, 우리는 이 작품을 충심으로 환영해 마지않는다. 그 이유는 이 극이 미국의 극이고 국가에 대한 애정을 고취하기 때문이다. 또한 이 작품이 받은 애정 어린 환대를 통해 우리는 새로운 부류의 작가들이 국내 문학계에 진입하고 있음을 그리고 그들이 국내 문학계에 새로움과 활력을 불어넣고 있음을 간파하기 때문이다. 이 작품의 극본 상 문제점 그리고 무대 공연 시 배역 선정의 결점들이 많이 있음을 지적하기란 쉬운 일이다. 그러나 현재는 유익하지 못한 일일 것이다.
>
> Although we by no means consider Fashion as equal to many of the sterling old English comedies, our approval of it is cordial, because it is American and inspires a love of country; and because we see in the hearty reception that it has met, an earnest [desire] that new laborers are about to come into the field of dramatic literature, and give it a new and better life. It would be easy to point out many faults both in the play itself, and in the cast of characters as it was produced here. But this would be of no use at present. (*Arthur's Ladies Magazine* 287)

잭슨 민주주의가 참정권의 확대와 대중 정치의 시대를 열었다면, 『패션』은 여성의 미국 문학계 참여와 여성 문학의 시대를 연 것이다.

이런 점에서 필자는 연극사학자 메서브가 이 극을 "미국 드라마 진보의 이정표"(a landmark in the progress of American drama, 129)로 평가한 데에 동의하며, 『패션』을 잭슨 민주주의의 '문학적' 실례로 평가한다.

인용 문헌

· 박정만. 「반 중국인 감정과 '타자'의 역사: 헨리 그림의 *The Chinese Must Go*」. 『현대영미드라마』 17.2 (2004): 75-104.

· Abramson, Doris. "The New Path: Nineteenth-Century American Women Playwrights." *Modern American Drama: The Female Canon*. Ed. June Schlueter. Rutherford: Farleigh Dickinson UP, 1990. 38-51.

· Barnes, Eric Wollencott. *The Lady of Fashion*. New York: Charles Scribner's Sons, 1954.

· Buel, Richard. *Securing the Revolution: Ideology in American Politics, 1789-1815*. Ithaca: Cornell UP, 1972.

· Burke, Sally. *American Feminist Playwrights: A Critical History*. New York: Twayne, 1996.

· Emerson, Ralph Waldo. "The American Scholar." 1837. Web. 12 May 2014 <http://www.emersoncentral.com/amscholar.htm>.

· Goldfield, David. *The American Journey: A History of the United States*. New York: Pearson, 2012.

· Hargreaves, Mary, ed. "John Quincy Adams: Campaigns and Elections." *American President: An Online Reference Resource*. Miller Center of Public Affairs, U of Virginia. Web. May 20, 2014 <http://millercenter.org/ president/ jqadams /essays/ biography/ 3>.

· Hewitt, Barnard. *Theatre U.S.A 1665 to 1957.* New York: McGraw-Hill, 1959.

· Johnson, Claudia. "A New Nation's Drama." *The Columbia Library History of the United States*. Gen. Ed. Emory Elliot. New York: Columbia UP, 1988. 324-41.

· Kellogg, Marjorie. "'Fashion' Mocks Mode in Victorian America." *Vassar Miscellany News* 50.10 (December 1, 1966): 1, 5.

· Manuel, Carme. "Anna Cora Mowatt's *Fashion*: Theatrical Refashioning of the Female Self." *Antebellum American Drama* 7 (2000): 27-41.

· Meserve, Walter J. *Heralds of Promise: the Drama of the American People in the Age of Jackson, 1829-1949*. New York: Greenwood, 1986.

· Miller, Robert J. *Native America, Discovered and Conquered: Thomas Jefferson, Lewis & Clark, and Manifest Destiny*. Wesport, CT: Praeger, 2006.

· Mowatt, Anna Cora. *Fashion; or, Life in New York* (1845). *Staging the Nation: Plays from the American Theatre 1787-1909*. Ed. Don B. Wilmeth. Boston: Bredford, 1998. 125-79.

· Shade, William G. "The Second Party System." *Evolution of American Electoral System*. Ed. Paul Kleppner, etal. Westport, CT: Praeger, 1981.

· Shalhope, Robert E. "Toward a Republican Synthesis: The Emergence of an Understanding of Republicanism in American Historiography." *William and Mary Quarterly* 29 (Jan 1972): 49-80.

· Vaughn, Jack A. *Early American Dramatists: From the Beginnings to 1900*. New York: Frederick Ungar, 1981.

· Wilson, Garff B. *Three Hundred Years of American Drama and Theatre: From* Ye Bare and Ye Cubb *to* Hair. Englewood Cliffs, Prentice-Hall, 1973.

· Wood, Gordon S. *The Radicalism of the American Revolution*. New York: Vintage, 1991.

신문 기사

· "*Fashion*: A Drama of inferior quality." *Spirit of the Times* 29 Mar. 1845: 56.

· "*Fashion*: the best American comedy in existence." *The Albion* 29 Mar. 1945: 156.

· "*Fashion*: The Beginning of American Drama." *The Albion* 5 Apr. 1845: 164.

· "The Moral Lesson of *Fashion*." *Arthur's Ladies Magazine* 3 June 1845: 287-8.

그림 출처

[그림 01] 뉴욕 브로드웨이
https://www.metmuseum.org/art/collection/search/339878

[그림 02] 미국의 진보
https://en.wikipedia.org/wiki/Manifest_destiny

[그림 03] 제임스 포크 초상
https://en.wikipedia.org/wiki/James_K._Polk

[그림 04] 애너 코라 모왓 초상
https://commons.wikimedia.org/wiki/File:Anna_Cora_Mowatt_2.jpg

[그림 05] 『패션』 표지(1850년)
https://en.wikisource.org/wiki/Fashion

[그림 06] 『베아트리체 연기를 하는 모왓
https://en.wikipedia.org/wiki/Anna_Cora_Mowatt

[그림 07] 미국을 의인화한 엉클 샘

https://en.wikipedia.org/wiki/Uncle_Sam

[그림 08] 『패션』 공연 사진(1934년)

http://www.janesvillelittletheatre.org/fashion-1934.html

[그림 09] 포크 대통령 취임식 스케치

https://en.wikipedia.org/wiki/Presidency_of_James_K._Polk

[그림 01] 〈존 차이나맨에게도 공정하라〉(*Be Just Even to John Chinaman*). 1893년 6월 3일 자 《판단》(*Judge*)에 실린 이 삽화는 중국인 배척법(Chinese Exclusion Act, 1882년)에 따라 중국인 이민자에게 가해진 부당한 차별을 풍자한다. 중국인 남성이 미국을 상징하는 '미스 콜롬비아 학교'에서 쫓겨나는 동안, 이를 웃으며 관망하는 교실의 학생들이 다름 아닌 인디언 원주민과 흑인 등 미국 역사에서 인종차별의 피해 당사자라는 점이 아이러니하다. ⓒpinterest.com

제6장

1890년대 인종·문화 혼종 이슈와 에스닉 정체성[42]:

토마스 스튜어트 데니슨, 『팻시 오왕』

Thomas Stewart Denison, *Patsy O'Wang* (1895)

42 이 글은 『현대영미드라마』 31권 1호(2018년)에 게재된 논문 「유라시아 혼혈의 반격: *Patsy O'Wang*에 나타나는 인종·문화 혼종과 새로운 에스닉 정체성」을 다듬어 정리한 것이다.

1. 살아 있는 사람들에 대한 생생한 기록

토마스 스튜어트 데니슨(Thomas Stewart Denison, 1848-1911)은 1895년 희곡 선집 『살아 있는 사람들에 대한 생생한 희곡들』(*Lively Plays for Live People*)을 출간했다. 머리말에서 작가 본인이 밝히듯 데니슨은 "36편의 희곡과 다수의 소설"을 집필한 작가이자 당시까지 "32만 부의 단행본 희곡 판매 실적을 올린" 소위 '잘 팔리는' 작가였다(3). 데니슨이 출판사 운영자였음을 감안할 때 상기한 언급들은 출간물의 판매 제고를 위한 홍보 전략으로 이해되며, 그가 집필·출판하는 극들 역시 다분히 사업적 고려와 안목에서 기획되었으리라는 추측이 가능하다. 실제로 작가는 머리말을 통해 선집의 극들이 "주로 무대 상연을 의도한"(intended primarily for representation, 3) 것이라 적시하는데, 이는 선집의 목적이 독자의 문학적·예술적 감상보다는 연극 제작과 관극의 즐거움을 포함한 '현장'의 필요성에 있음을 짐작게 한다.

한편 머리말에서 간과할 수 없는 부분은 극의 내용적 측면에 대한 언급이다. 데니슨은 "극의 핵심은 행동"(the first requisite in a play is action)이며 극 행동을 통해 "독창적 인물 연구"(originality in character study), "참신한 사건"(novelty of incident), "생생한 대화"(freshness of dialogue)가 최대한 드러나야 한다고 말한다. 아울러 자신은 "딱히 새로워 보이지 않

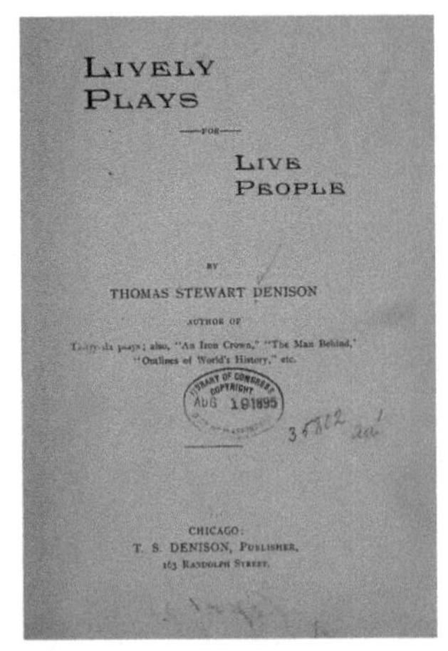
LIVELY PLAYS

—FOR—

LIVE PEOPLE

BY

THOMAS STEWART DENISON

AUTHOR OF

CHICAGO:
T. S. DENISON, PUBLISHER,
163 RANDOLPH STREET.

[그림 02] 『살아 있는 사람들에 대한 생생한 희곡들』 표지(1895년) ©archive.org

는 작금에”(in these days when apparently nothing is wholly new) 이들을 한데 엮어 내겠다고 말한다(3). 이러한 진술은 선집을 구성하는 극들의 성격을 가늠케 하는 중요한 단서이다. 즉 선집에 수록된 일련의 극들은 당대 미국 민초들의 생활상을 생생하게 반영할 것이며, 반영될 민초들의 생활상이란 ‘딱히 새로워 보이지 않을’ 만큼 일상화된 ‘작금’의 현실일 것이라는 점이다. 즉 선집은 제목처럼 ‘살아 있는 사람들에 대한 생생한 희곡들’이자 당대 민초의 삶을 들여다볼 수 있는 ‘시의적 기록물’로서의 성격을 기대케 한다.

선집에서 주목할 극은 『팻시 오왕: 중국인 혼혈이 등장하는 아이리시 소극』(*Patsy O’Wang: An Irish Farce with a Chinese Mix-Up*, 1895)이다. 이 극은 백인 박사가 운영하는 요양원에 고용된 중국인 요리사가 실수로 술을 마신 후 내면에 잠재되어 있던 아이리시 정체성을 되찾고 그를 중국인으로 되돌리려는 박사의 계획을 좌절시키면서 아이리시 정체성을 재확인한다는 내용을 지닌다. 공교롭게도 이 극은 전문 극단에 의한 공연 기록이 전무해, 당시 대중의 폭넓은 반응을 확인하기가 여의치 않다. 다만 1908년 2월 23일 자 《워싱턴 포스트》(*The Washington Post*)의 ‘클럽과 여성 사회’(Clubs and Women’s Society)란에 실린 리뷰를 통해 이 극이 아마추어 연기자들에 의해 공연되었음을 확인할 수 있는데, 이것이 이 극의 유일한 공연 기록으로 남아 있다. 리뷰에 따르면 이 극은 성 마크 주일학교(St. Mark’s Sunday-school) 후원으로 그해 2월 18일 화요일 저녁에 피시언 템플(Pythian Temple)에서

[그림 03] 피시언 템플 현재 모습 (워싱턴주 타코마) ©wikipedia.org

공연되었다.[43] 리뷰는 이 극을 "그 해 최고의 아마추어 공연들 중 하나"(one of the best amateur performance given this winter)라고 평하고 중국인 요리사 역의 배우가 시종일관 관객의 웃음을 자아내며 큰 박수를 받았다고 전했다("Clubs and Women's Societies" 3).[44]

이 극이 특별한 이유는 당시에는 생소한 '유라시아'(Eurasian) 혼혈을 주동인물로 등장시킨다는 점이다. 그는 아일랜드인 아버지와 중국인 어머니 사이에서 태어난 '중국인' 요리사다. 이 극은 상기한 중국-아일랜드 혼혈이 특유의 강한 생존력과 기지를 발휘해 인종주의와 백인우월주의라는 당대의 지배 환경

---

43 피시언 템플 극장은 워싱턴주 타코마(Tacoma) 시의 극장 지구(Theatre District)에 위치하며 1906년에 완공되었다. 건축 당시 저층은 가게와 사무실로 상층은 숙소로 사용되었고, 종종 연회장과 공연장으로 임대되었다. 1990년대 중반에 지역 극단들의 공연이 유치되었고, 톰 스토파드(Tom Stoppard)의 『로젠크란츠와 길던스텐은 죽었다』(*Rozencrantz and Guildenstern Are Dead*, 1966), 제롬 로렌스(Jerome Lawrence)와 로버트 리(Robert E. Lee)의 『바람을 상속하다』(*Inherit the Wind*, 1955), 레지날드 로즈(Reginald Rose)의 『12인의 성난 사람들』(*12 Angry Young Men*, 1954) 등 문제작들이 공연되었다. 이 건물은 1985년 8월 23일 국가 유적지로 등록되었다.

44 데니슨은 선집 말미에 붙인 부록에서 자신이 출간한 희곡들을 망라하고 있다. 특이할 점은 그가 선집에 실린 총 10편의 극을 "아마추어 연기자들은 위한" 작품으로 분류하고 있다는 것이다. 데니스가 이러한 선택을 한 이유는 알 수 없지만, 이러한 선택이 『팻시 오왕』의 전문 극단 공연이 부재하게 된 원인으로 작용했으리라는 합리적 추론이 가능하다(Ou 481).

과 위계질서를 농락한다. 흑백 혼혈이 죽음 혹은 자살로 운명을 맞도록 결말짓는 소위 '비극적 혼혈'(tragic mulatto) 전통이 당대 미국 극문학의 주된 경향이었음을 감안할 때 인종적 혼혈 캐릭터의 새로운 대안을 제시한다는 점에서도 이 극의 문학사적 가치를 찾을 수 있다.

2. 중국인을 보는 백인/미국의 시선

극은 1890년대 백인 중산층 플루크 박사(Dr. Fluke)가 운영하는 사설 요양원을 배경으로 하며, 이곳에 중국인 요리사가 고용되면서 이야기가 전개된다. 극은 중국인 요리사에 대한 박사 부부의 대화로 시작한다. 플루크 부인(Mrs. Fluke)은 중국인 고용에 대해 불만을 토로하고, 박사는 중국인 노동자에 대한 긍정적 평판을 근거로 아내의 불만을 다독인다. 박사는 지금껏 고용한 다양한 인종의 노동자들이 만족스럽지 못했다며 중국인 요리사야말로 최선의 선택이라 확신한다.

> 플루크 박사: 캘리포니아에선 말이야, 사람들이 중국인 요리사에게 푹 빠져 있다는 거야. [···] 당신도 알다시피 여태껏 중국인만 빼고 다 써 봤지 않소. 아일랜드, 스웨덴, 독일, 프랑스, 아프리카, 심지어 미국인까지 말이요. [···] 확신하건대 팻시 오왕은 분명 보배라니까.

> Dr. Fluke: Out in California, you know, people are charmed with Chinese cooks. [···] But you know, darling, we have tried everything but the Chinese—Irish, Swede, German, French, African, Yankee— [···] I am sure this Patsy O'Wang is a treasure. (81)

중국인 요리사에 대한 박사의 평판은 당대 현실을 반영한다. 실제로 캘리포니아의 백인 중산층 가정 다수가 아이리시를 포함한 다양한 국적의 여성 가정부들에 불만을 느끼고 그 대안으로 중국인 남성들을 고용했는데, 침착하고 명석하며 순종적인 이들은 "가사 노동의 적격자"(ideal for domestic work)로 신뢰를 받았다(Urban 6-7). 19세기에 수백만 명에 달하는 아일랜드 이민 여성들이 대거 진출한 분야가 가사 노동이었다. 당시 백인 중산층 가정 도처에서 아이리시 여성들이 가정부로 일했고, 일종의 스테레오 타입으로 여겨질 정도로 가사 노동은 아이리시 여성의 독점적 노동시장이었다(Dinnerstein and Reimers 26-7). 이런 정황을 감안할 때, 중국 남성들의 가사 노동 진출의 결과로 가장 큰 타격을 입은 것은 아일랜드 이민 여성들이었다. 더욱이 중국인 이민자들이 대거 세탁업소 개업에 나서게 되면서 동일 업종에 종사하던 아일랜드 이민 여성들은 가정 안팎에서 새로운 긴장 국면과 위협에 직면했던 것이다(Moon 49).

ANOTHER FIELD OF AMERICAN INDUSTRY INVADED BY THE CHINESE.
"No more Washee! Playee Base-ballee! Sellee out Gamo, allee samo Melican man!"

[그림 04] 〈중국인에게 침해당한 또 다른 미국 산업〉 《하퍼스위클리》(*Harper's Weekly*) 1883년 4월 14일자. 세탁소에서 일하는 중국인 이민자는 야구방망이를 휘두르며 "세탁은 그만! 야구를 한다고 해! 우리는 똑같은 미국인"이라며 야심을 표출한다. 이 삽화는 중국인에게 노동 기회를 침탈당하는 백인의 불안 심리를 잘 표출한다. UC버클리 도서관 소장. ©oac.cdlib.org

박사의 설득에도 부인은 요리사의 이름 '팻시 오왕'이 중국인처럼 들리지 않는다며 또 다른 의혹을 제기한다. 박사가 해명하는 것처럼 중국인 요리사는 아일랜드인 아버지와 중국인 어머니 사이에서 태어난 혼혈이다. 기실 그의 중국 이름은 '친섬'(Chin Sum)이며 일상에서는 '팻시 오왕'(Patsy O'Wang)이라는 아이리시 이름으로 불린다. 즉 그는 두 개의 혈통과 두 개의 이름으로 대표되는 "이중적 본성"(dual nature, 78)을 한 몸에 지닌다.

> 플루크 박사: (웃으며) 팻시 오왕! 하지만 그건 별명일 뿐, 이 친구의 중국 이름은 친 섬이야. 친은 예전에 홍콩 제10 포병 부대에 있던 한 과격한 아이리시 장교의 아들인데, 그의 모친은 어여쁜 중국 소녀였다는군.

> Dr. Fluke: (*Laughing.*) Patsy O'Wang! But that's only a nickname. The Chinese of it is Chin Sum. Now, Chin is the son of a wild Irish officer in the tenth Artillery stationed formerly at Hong Kong. His mother is a pretty Chinese girl. (82)

중국인에게 부엌일을 맡기는 것이 조심스러운 부인은 심지어 "그가 우리를 독살할지 누가 알겠느냐"(Who knows but he may poison us all, 83)며 과민하게 반응하는데, 이는 중국인에 대한 그녀의 선입견을 보여준다. 하지만 중국인 노동자를 두둔하는 박사의 말에 설득되어 이내 부인은 불편한 심기를 거두고 평정을 찾는다. 특히 박사가 베이커 대령(Major Barker)이 보낸 추천장에서 발견한 "내가 본 중 최고의 요리사, 가장 순종적인 하인, 가장 사랑스러운 족속"(the best cook I ever saw, the most obedient servant, the most affectionate creature, 82) 등 찬사 일색의 문구는 부인의 마음을 돌리는 데 결정적인 역할을 한다.

박사 부부의 대화를 통해 드러나는 점은 중국인 이민자에 대한 중산층 백인의 인식이 대체로 긍정적이고 최소한 편파적으로 적대적인 것은 아니라는 것이다. 팻시를 추천한 대령과 그를 고용한 박사는 중국인 요리사를 전적으로 신뢰한다. 그리고 중국인 요리사에 대한 부인의 선입견과 조바심은 남편의 설득에 쉽게 누그러지는 수준일 뿐, 극단적 편파성 혹은 혐오주의로 확립된 수준은 아니다. 물론 이후에도 "저치가 아편을 안 피우길"(I hope the wretch doesn't smoke opium, 84)이라 말하며 종종 불안감을 드러내긴 하지만, 뿌리 깊은 인종적 반감의 표출이라기보다 이질적인 외국 문화에 대한 이해 부족과 그로 인한 막연한 두려움에서 기인하는 것으로 이해된다(B. Lee 26). 부인의 걱정에 대해 박사가 "자신의 무지를 티 내지 말라구, 아편굴에서나 있는 일이야"(don't expose your ignorance. That is done in joints, 84)라며 응답하는 부분에서 설득력을 갖는다.

요양원 고객 중 한 명인 심퍼 양(Miss Simper) 역시 중국인에 대한 중산층 백인의 우호적인 태도를 대변한다. 도시빈민사역 선교사인 그녀는 박사가 고용한 중국인 요리사에 대해 인도주의적 관심과 애정을 보인다. "암흑 속에 있는 수백만 아시아인을 생각하면 심장이 요동친다"(My heart bleeds for all the millions of Asia who sit in outer darkness, 83)는 그녀의 발언은 일에 대한 열정과 소신을 피력한다. 그녀는 박사의 소개로 팻시와 처음 대면한 뒤, 그의 이름을 되뇌며 호들갑스럽게 감탄사를 연발한다. 중국인을 따라다니는 '아편쟁이'라는 고

[그림 05] 아편을 태우는 중국인들 (1880년경). 라이 아퐁(Lai Afong)의 사진. ©wikipedia.org

질적 오명도 그녀에겐 꾸며 낸 이야기로 들릴 뿐이다.

> 심퍼 양: 나는 이 가여운 사내를 친이라 부를래요. 난 중국 이름이 정말 사랑스러워요. 어쩜 그리 짧고, 단순하고 귀여운지. 친! 생각해 봐요! 정말 인상적이죠.
>
> 플루크 부인: 게다가 쥐니 아편이니 하는 그런 끔찍한 이야기들은 어떻구요.
>
> 심퍼 양: 난 그런 말 안 믿어요.

> Miss Simper: I shall call him Chin, poor boy. I think those Chinese names perfectly lovely. So brief, so simple, so childlike. Chin! Just think! So expressive.
>
> Mrs. Fluke: And those horrid stories of rats and opium.
>
> Miss Simper: I don't believe a word of it. (85)

심퍼 양은 단지 허구적 인물로만 치부될 수 없다. 그녀는 『팻시 오왕』이 집필되던 시기에 실존했던 인물인 레베카 살로메 포스터(Rebecca Salome Foster, 1848-1902)를 너무도 빼닮았다. 그녀는 극 중 심퍼 양처럼 도시빈민사역 봉사자였으며, '묘지'(the Tombs)라 불리던 뉴욕 구치소(New York House of Detention) 수감자들의 구명을 위해 헌신하면서 '묘지의 천사'(Tombs Angel)라는 명성을 얻었다(Mitgang 36; McGill 17). 포스터가 구명 활동을 벌인 인물 중에 절도범 조지 워싱턴 아

[그림 06] 레베카 살로메 포스터 초상 ©wikipedia.org

포(George Washington Appo, 1856-1930)라는 남자가 있다. 흥미롭게도 그 역시 중국인 아버지와 아일랜드인 어머니 사이에서 난 혼혈이었다. 그의 인종적 혼혈성은 그를 범죄라는 사회적 일탈로 이끈 원천적 원인으로 지목되었고, 결과적으로 그의 이야기는 도덕적·사회적 부작용을 배태하는 '혼교'(miscegenation)의 위험성을 경고하는 텍스트로 쉽게 전유되었다.[45] 부모의 인종이 바뀌긴 했으나 중국-아일랜드 혼혈 정체성을 지닌다는 점 그리고 이러한 인종적 '흠결'로 인해 금기의 대상이 되고 백인 주류사회의 변방에서 '별종'으로 분류될 운명에 있다는 점에서 실존 인물 아포

[그림 07] 조지 워싱턴 아포 초상
©wikipedia.org

45 일례로 루이스 벡(Louis Beck)의 논픽션 『뉴욕의 차이나타운: 사람과 장소에 대한 역사적 재현』(*New York's Chinatown: An Historical Presentation of Its People and places*, 1898)은 조지 아포의 가계도와 혼혈 정체성, 불우한 유년기, 이후의 부랑과 범죄로 점철된 어두운 인생 역정을 소개한다. 로버트 리(Robert G. Lee)는 벡이 "중국인-백인 관계에 대한 우화"(a parable about Chinese-white relations)를 통해 "위험한 혼혈 인구"(a dangerous half-breed population)에 대한 상징으로 아포를 설정한다고 지적한다(81, 82). 같은 어조로 엠마 텡(Emma Jinhua Teng)은 벡이 "잡종 퇴행성"(hybrid degeneracy)에 대한 사례 연구의 관점에서 아포를 관찰하며, 결과적으로 아포가 "중국의 악을 비중국 사회로 전달하는 매개"(an agent of transmission of Chinese vices to the non-Chinese community)로 그려지고 그의 혼종성이 "백인의 인종적·도덕적 순수성의 오염을 재현하는"(represents not only a corruption of white racial purity, but also a corrupting moral influence) 것으로 귀결된다고 비판한다(176, 98).

는 "혈통에 약간의 결점"(a slight flaw in his pedigree, 82)을 타고난 극 중 인물 팻시를 많이 닮았다.

한편 요양원에는 두 명의 일손이 더 있는데, 플루크 박사의 조수 마이크(Mike)와 가정부 노라(Norah)가 그들이다. 이들은 모두 "모국"(the ould sod, 78)을 떠나온 아일랜드 이민자로 같은 처지인 중국인 요리사에 대해 불편한 심기를 드러낸다.

> 노라: 마이크, 이 집에 있는 중국인 요리사 어떻게 생각해?
> 마이크: 노라, 참으로 모욕이야. 틀림없는 사실이지. 천박한 이교도가 점잖은 양반들을 위해 요리한다고 생각해 보라니까.
> 노라: 정말 치욕이야. 한마디 해야겠어. 내가 직접--
> 마이크: 난 녀석의 더러운 요리에 입도 안 댈 거야. 두고 봐.
>
> Norah: What do you think, Mike, that's a Chinee cook in the house?
> Mike: Ah Norah, it's an outrage, that's the whole blissid truth. To think of a blackgyard haythen cookin' for dacint people.
> Norah: I's a disgrace, I'll give notice, I will—
> Mike: I'll not ate a bit o' his dirthy cookin', faith I'll not. (85)

노라는 중국인 요리사를 백인 가정에 들이는 것을 '치욕'이라 말하고 마이크는 중국인이 백인의 음식을 조리하는 것을 '모욕'이라 말한다. 위 대화에서 인종적 편견과 반감에 기초한 대결 구도가 발견된다. 천박한 이교도와 점잖은 양반들이 대구를 이루며, 전자가 불교를 신봉하는 중국인을 함의한다면 후자는 '와스프'(WASP)로 일컬어지는 백인 개신교도로 치환된다. 아울러 이러한 인종주의 텍스트의 이면에서 화자의 의중이 표출된다. 마이크와 노라는 자신이 백인 가정에서 팻시와 동등한 지위를 갖게 된 것을 부당한 처사로 치부함으로써 반대급부로 자신의 정당한 권리를 피력하는 것이다. 여기서 정당함과 부당함을 가르는 기준은 '인종적' 가치이다. 인종적으로 백인인 그들은 미국의 정식 시민으로 인정받지는 못할지언정, 몽골계 인종인 팻시와 같이 취급될 수는 없다는 논리이다. 인종적 가치에 기초한 정당성 논리는 두 집단 간 문화적 위계와 우열 관계를 일반화하는 방향으로 확장된다. 중국인이 이교도인 반면 아일랜드인은 개신교도는 아닐지라도 기독교인이라는 점에서 '와스프'에 근접한다는 것이다. 이러한 논리는 마이크가 제시하는 음식의 비유에서 보다 분명해진다. 그는 백인 기독교도의 '청결한' 밥상을 백인 기독교도의 손으로 준비할 것을 주장한다. 그는 중국인이 만든 '더러운' 음식을 먹지 않겠다고 단언함으로써 자신을 '점잖은 양반' 혹은 '와스프'와 동일시한다. 마이크와 노라의 대화는 인종적 결격 사유가 없음에도 주류 백인으로 인정받지 못하는 아이리시 이민자들의 억울한 속내와 백인 주류로 인정받고자 하는 절실한 욕망을 함께 투사한다.

이와 관련해 중국인처럼 아이리시 이민자 역시 당대 미국 사회에서 이방인 혹은 '타자'로 인식되었음을 뒷받침하는 근거들이 발견된다. 일례로 노라는 요양원 환자인 보일러 씨(Mr. Boyler)를 "영국인"(Englishman, 86)"이라 칭하는데, 이는 그가 '앵글로색슨'계 와스프임을 함의한다. 이러한 언어 표현을 사용함으로써 노라는 백인 고객과 차별되는 자신의 출신 배경(아일랜드)과 모국어 기원(켈트어)을 표출하며, 결과적으로 스스로 자신의 타자성을 인식하고 있음을 은연중 드러낸다. 아울러 '브리짓'(Bridget)과 함께 '노라'(Norah)가 당시 아이리시 이민 여성들의 가장 흔한 이름이었음을 감안하면(Harte 114), 극 중 노라의 이름 자체가 백인 주류와 '거리 두기' 효과로 의도된 인종적 스테레오 타입으로 볼 수 있다. 중국과 아일랜드 이민자들이 공히 미국 사회에서 이방인으로 여겨지고 있음은 보일러 씨가 이들을 대하는 태도에서 보다 분명히 확인된다. 그는 관절염 치료 중 마이크의 미숙한 기계 작동에 불만을 터뜨리는데, 그 와중에 마이크는 팻시에게 기계 작동을 떠넘기고 자리를 비운다. 팻시의 기계 오작동으로 환자의 고통이 극에 달하고 치료실은 "고문실"(torture chamber, 89)로 돌변한다.

> 보일러: (일어나면서 의자 뒤집어지는 요란한 소리) 이 멍청한 몽골인 같으니. (무대 뒷벽 문에서 나온다.) 악당 같은 아이리시 녀석 어디 있어? (팻시가 어리둥절한 표정으로 따라 나온다.) 존, 멍청아.
>
> 팻시: (웃음 짓는다.) 내 이름 존 아니다. 중국 이름 친 섬이다. 미국 이름 팻시 오왕이다.
>
> 보일러: 주둥이 나불대지 마, 이 말라깽이 노랑이 쥐 잡이 놈아! 마이크 그 악당 놈 어디 있어? […] 이봐, 동글납작 몽고 원숭이! 넌 뭐가 웃겨 실실 거려?

> Boyler: (*Get up, and crash of chair upsetting.*) You Mongolian idiot. (*Comes out D.F.*) Where is that rascally Irishman? (*PATSY follows out,looks puzzled.*) John, you are a fool.
>
> Patsy: (*Grins.*) My name not John. Name in Chinee Chin Sum. Melican name Patsy O'Wang.
>
> Boyler: Stop your chatter, you mummy, you saffron-colored rat catcher! Where is that rascal of a Mike? […] Here, you moon-faced Mongolian

monkey! What are you grinning at? (89)[46]

위 대화에서 팻시는 백인 손님에게 '동글납작'하고 '노란' 얼굴의 '몽골계 원숭이'라는 스테레오 타입으로 인지된다. 이어 보일러 씨는 팻시를 '존'(John)으로 칭하는데, 이는 '존 차이나맨'(John Chinaman)으로 잘 알려진 당대 중국인 캐릭터 타입을 지시한다. 최초 중국인 이민기인 1850년대 캘리포니아 금광 개발(Gold Rush) 기간에 등장한 이 캐릭터는 길게 땋아 내린 변발, 창파오 복장, 중국 모자 차림으로 풍자만화, 문학, 노래, 연극 무대의 단골 소재로 등장하면서 중국인 남성의 이미지를 고착시키는 데 일조했다.[47] 마이크 역시 스테레오 타입의 대상이기는 마찬가지다. 그는 보일러 씨에게 '악당'(rascal)으로 인식된다. 팻시가 생물학적·유전적 특성에 근거한 스테레오 타입이 되는 반면 마이크는 습성 및 행태적 특성에 입각한 스테레오 타입이 된다.

---

46 지문에서 'D.F.'는 '무대 뒷벽 문'(Door in the Flat)의 약칭임.

47 금광 개발 무렵인 1855년에 샌프란시스코에서 출간된 『캘리포니아 가요집』(*The California Songster*)에 작자 미상의 노래 "존 차이나맨"(John Chinaman)이 실려 대중의 인기를 받았다. 1857년 5월 9일 자 《펀치》(*Punch*)에 실린 "존 차이내맨에게 주는 교훈"(A Lesson to John Chinaman)이라는 제목의 풍자만화는 '여성과 아이들의 파괴자'라는 푯말을 목에 두룬 중국인이 뭇매를 맞는 장면을 연출했다. 존 차이나맨을 자주 소재로 삼았던 풍자만화가 토마스 내스트(Thomas Nast)는 이후 '존 콘퓨셔스'(John Confucius)라는 이름의 중국인 정치가 캐릭터를 고안하기도 했다. 일례로 1879년 3월 15일 자 《하퍼스위클리》(*Harper's Weekly*)에 실린 "취향의 문제"(A Matter of Taste)라는 제목의 풍자만화는 "기독교인들은 어떻게 저런 오물로 배를 채울 수 있단 말인가?"(How can Christians' stomach such dirt?")라며 백인들에게 혐오스런 질문을 던지는 중국인 정치인을 그린다. 존 차이나맨 캐릭터는 마크 트웨인(Mark Twain)과 브렛 하트(Bret Harte)가 1877년에 공저한 희곡 『아신』(*Ah Shin*)의 주동인물 '아신'으로 극화되기도 했다.

결과적으로 중국인은 인종적으로, 아일랜드 이민자는 사회적으로 이방인 취급을 받는다. 핵심은 보일러 씨로 대별되는 와스프에게 중국인과 아일랜드인 공히 타자로 인식되면서 백인 주류사회의 변방으로 내몰린다는 것이다. 노라의 입을 통해 언급되는 아이리시 이민자의 또 다른 습성 및 행태는 '음주'이다.

노라: 지난번에 플루크 박사님이 그러셨잖아, 또다시 술에 취하면 이 집에서 쫓겨날 줄 알라고.

마이크: 박사님은 정말 깐깐하셔. 약점 없는 사람이 어디 있다구.

Norah: Last time you know, Dr. Fluke said you'd have to leave if you got drunk again.

Mike: It's a bit of charity that Doctor needs. Ivery mon has some weakness. (86)

[그림 08] "존 차이나맨에게 주는 교훈." 《펀치》(*Punch*) 1857년 5월 9일 자. ©punch.photoshelter.com

노라는 아이리시 이민자들에게 있어 음주벽이란 미국에 제대로 정착하기 위해 청산해야 할 적폐라는 것을 자인한다. 그녀가 경고하듯 술 때문에 요양원에서 쫓겨나게 되는 형국은 그들이 미국 사회에서 온당한 시민으로 인정받지 못하는 상황에 대한 비유적 표현이자 현실 인식이다. 주목할 것은 이러한 지적에 대해 마이크가 취하는 편향적 태도이다.

그는 사람은 누구나 흠결을 갖기 마련이라며 스스로를 두둔하는 대신 플루크 박사에게 관용의 미덕을 요구한다. 그러나 마이크는 자신이 피력한 가진 자의 '인도주의적' 배려 필요성을 자신보다 '못한' 사회적 약자인 팻시에게는 적용하지 않는다. 백인 고용주의 선택을 받는 '을'의 입장에서 중국인 이민자는 적자생존의 노동시장에서 경쟁해야 할 상대이며, 생사가 달린 첨예한 이해관계가 존속하는 한 마이크는 경쟁자에게 인도주의를 베풀 만한 여력이 없는 것이다.

이처럼 극의 도입부에서는 중국인 이민자에 대한 백인 주류 세력과 아이리시 이민자 간의 입장 차이가 표출되는데, 이는 당대 미국 사회에서 중국인을 바라보는 혼재된 시각을 극화한다. 베이커 대령, 플루크 박사, 심퍼 양으로 대변되는 와스프 기득권층은 중국인 요리사 팻시에 대해 대체로 긍정적이고 호혜적인 입장을 견지한다. 플루크 부인과 보일러 씨의 경우 중국인에 대한 부정적 시각을 갖고 있지만 아일랜드 이민자에 대해서도 유사한 입장을 취한다는 점에서 중국인에 대한 편파적인 시각으로 보기는 힘들다. 백인 기득권층이 중국인 이민자들에 다소 관대한 입장을 견지할 수 있는 이유는 그들이 중국인들과 직접적인 경쟁 관계가 아니라는 사실에 있다. 플루크 박사와 심퍼 양처럼 전문직에 종사하거나 플루크 부인처럼 전업주부인 그들은 인종적·경제적·계층적 기득권자이며, 인종적·경제적·계층적 위계질서의 하부에 위치한 팻시는 그들에게 영향력을 행사할 수 없다. 오히려 그들은 중국인을 고용하는 '갑'의 입장에서 중국인 노동자들의 생사를 여탈할 수 있는 절대 권한을 갖는다.

이에 비해 아이리시 이민자인 마이크와 노라는 중국인 팻시에게 반감과 견제의 태도를 노골적으로 드러내면서 비판적인 입장을 취한다. 팻시에 대한 이들의 적대적 태도는 "일자리 경쟁의 적으로 양극화된"(polarized as two opponent competing for jobs) 두 이민 집단의 이해관계가 첨예하게 맞물려 있음을 시사한다(Ou 488). 경제적·사회적·계층적 약자인 아이리시 이민자들은 주류 백인에게 선택을 받아야 하는 '을'의 입장인 동시에 중국인 이민자들과 노동의 기회를 다투어야 하는 이중고에 직면한다. 중국인 이민자들이 값싼 노동력, 높은 노동생산성, 근검절약, 성실성 등을 무기로 아이리시 남성들의 일자리뿐만 아니라 앞서 언급했듯 아이리시 여성들의 가사 노동직까지 잠식해 가는 상황에서, 팻시에 대한 마이크와 노라의 태도는 상기한 현실이 주는 우려와 공포심 그리고 이중으로 수세에 몰린 아이리시 이민자들이 절감하는 극도의 피해의식을 재현한다.[48]

3. 아이리시 정체성: 변신과 진화

아이리시 이민자 노라와 마이크는 중국인 요리사 팻시로부터 그들의 권리와 지위를 지키기 위한 전략들을 감행한다. 이들은 중국인에 대한 비방과 스테레오 타입 수사 구사, 인종적·문화적 위계(racial-

48 중국인들의 노동시장 장악에 대한 백인 노동자들의 피해의식과 분노는 헨리 그림(Henry Grimm)의 프로파간다 드라마 『중국인은 물러가라』(*Chinese Must Go*, 1877)에서 극명하게 표출되고 있다. 1870년대 후반 캘리포니아의 백인 노동자들이 조직한 '반중국인 클럽'(anti-Coolie club)의 집회장에서 공연되었던 이 극은 중국인에 대한 백인 노동자의 반감을 노골적이고 직설적인 어조로 성토한다. 극의 제목은 집회에서 사용되었던 구호에서 따온 것이다(박정만 2004: 76).

cultural hierarchy)를 전제로 한 중국인에 대한 아이리시 이민자의 비교 우위 강조, 성 역할 위계(gender hierarchy)를 전제로 한 여성성으로 치환된 중국인에 대한 아이리시 이민자의 남성성 강조, 이민 집단 간 마이너리티 위계(minority hierarchy)를 전제로 한 아이리시 노동자의 비교 우위 강조 등의 단계로 요약된다.[49]

그러나 이러한 전략들은 극 중에서 성공적으로 작동하지 않는다. 그 원인은 팻시에 내재하는 '혼종'(hybrid) 정체성 혹은 '이중적 본성'(dual nature)에서 기인한다. 상기한 '반중국' 전략의 성공은 공략 대상이 철저하게 중국적이어야 한다는 전제에서 가능한데, 실상은 그렇지 않다. 팻시는 여러 면에서 모호한 정체성을 지닌다. 그는 아일랜드인 아버지와 중국인 어머니 사이에 태어난 유라시아 혼혈이며, 결과적으로 '팻시 오왕'과 '친 섬'이라는 두 개 국적의 이름을 갖는다. 그가 '친 섬'으로 행세할 경우 마이크와 노라의 전략들이 효과를 볼 수 있겠지만, 그가 '팻시 오왕'으로 행세할 경우 이 전략들은 대상과 효력을 상실하게 된다.

이처럼 팻시의 모호한 정체성은 그를 통제하고 견제하려는 백인의 시선을 교란시킴으로써 자신을 지켜 내는 방어 수단으로 기능한다. 아울러 팻시의 모호한 정체성은 별도의 물리적 노력 없이 그 존재만으로도 외부의 공격을 무력화한다는 점에서 경제적이고 효율적인 공

49 19세기 후반 아이리시 이민자들은 이민 후발 세력인 중국인들과 함께 인종 위계에서 마이너리티(racial minority)로 분류되었다. 여타 이민 세력들에 비해 자유로운 노동 계약 및 경제 활동을 영위했지만, 비숙련 노동자들이 대부분이었던 이들은 인종·노동·경제 위계의 말단에 위치했다(William 186).

격 무기가 된다. 팻시의 몸이 체현하는 혼종성의 실체와 함의 그리고 백인중심주의라는 통제적 환경에 대한 방어 체계로서 그의 모호한 정체성이 갖는 '의도치 않은' 공격성과 파괴력은 특히 플루크 박사의 진료실에서 벌어지는 일련의 사건들—팻시의 우연한 음주와 아이리시로의 변신, 박사의 차 처방 노력과 실패, 팻시의 아이리시 정체성 재확인—을 통해 가시화되는데, 각 사건들은 물고 물리는 포복절도할 벌레스크(burlesque)를 연출하며 극의 백미를 이룬다.

앞서 언급한 전기치료 장면에서 기계 오작동과 과열로 화상통을 호소하던 보일러 씨는 팻시에게 연고를 가져오라고 명령한다. 고객에게 '충실한' 팻시는 우여곡절 끝에 연고가 들어 있을 것으로 추정되는 병을 들어 마개를 여는데, 기실 그것은 마이크가 박사 몰래 숨겨뒀던 술병이다. 술 냄새에 혹한 팻시는 "음! 홍콩 브랜디! 오늘 홍콩 시절 기분 낸다. 오늘 진탕 마신다"(Um! Hong Kong brandy! Make toddy likee time in Hong Kong. Dlink heap toddy, 89)고 말하고는 환자는 안중에도 없이 술을 들이켠다. 술을 본 팻시의 반응에서 그가 술에 익숙하다는 사실 및 과거의 음주 이력이 드러난다. 술맛을 본 이후 팻시의 음주는 빈번히 지속되는데, 이 과정에서 예의 온순함이 사라지고 대신 난폭함과 광기가 점차 그를 지배한다. 전자는 백인 사회가 중국인 이민자에 기대하는 성품의 스테레오 타입이고 후자는 아이리시 이민자의 기질에 대한 스테레오 타입이다. 취기가 오른 팻시의 행동은 더욱 대담해진다. 바닥을 구르고 발을 차며 치료실을 종횡무진 누비던 그는 급기야 보일러 씨의 가발과 지팡이를 뺏어 들고 위협적으로 휘두르며 고성을 치고 병을 내던진다. 마이크의 눈에 팻시는 "악령이 든"(The devils's in him, 92) 모습이다.

북새통 끝에 팻시는 정신이 들고 안정을 찾는다. 그는 악몽에서 깨어난 듯 방금 전의 소란을 되뇐다. 현재 상황에 대해 잠시 혼란스러워하던 그는 이내 현실을 파악한다.

> 머리가 너무 아파! 여기가 어디지? (잠시 생각한다.) 홍콩인가? 아니, 여긴 미국이지. (두리번거린다.) 진찰실이군. 예전 홍콩 시절 막사에서 술에 취했을 때도 이랬는데. 위스키를 마셨더니 내 안의 아일랜드 기질이 살아났지. 그런데 그들이 나를 되돌려 놓았어. 그들이 내게 무얼 먹였더라? 도무지 기억이 안 나. 머릿속이 혼란스러워. (손으로 머리를 받친다.) 어쨌건, 나는 중국인이 되지 않을 거야. 나는 술 외에는 한 방울도 입에 대지 않을 거야.

> It's a bad head I have. Where am I? What am I? (*Thinks a moment.*) Is this Hong Kong? No, this is America. (*Looks round.*) A doctor's shop. I was this way once before in Hong Kong when I got drunk in the barracks. Whiskey brings out the Irish in me. But they put me back. What did they give me? I can't remember. My head's all confused. (*Hands to head.*) Well, I won't be a Chinaman. I won't take a blessed drop of anything but poteen. (92)

팻시의 진술은 그의 과거에 관한 중요한 비밀을 제공한다. 홍콩 시절 그는 위스키를 마시고 아이리시 기질이 발현되었는데, 누구인지 적시되지 않는 '그들'이 그를 중국인으로 '되돌리기' 위해 '무엇'인가를 먹였던 것이다. 이를 근거로 다음과 같은 합리적 추론이 가능하다. 팻시는 홍콩에서 되돌려진 중국인 기질을 미국에 입성한 지금까지 유지해 왔으며, 방금 전 실수로 술을 마시고 이전의 아이리시 정체성을 되찾았다는 것이다. 아이리시로 '변신'한 팻시는 다시는 중국인이 되지 않을 것을 그리고 술 외에는 아무것도 마시지 않을 것을 결심한다.

팻시는 결심을 곧장 실천에 옮긴다. 이어지는 장면은 팻시가 중국인에서 아이리시로 변신하는 과정을 가시화한다. 그는 백인 고객의 가발로 자신의 변발을 덮어 가리고, 중국 복장과 신발을 박사의 외투와 신발로 대체한다. 그는 변신된 모습을 거울에 비추며 흡족해 한다. 놀랍게도 팻시의 외양뿐만 아니라 언어 행태에도 변화가 오는데, 그는 이제 완벽한 백인 영어를 구사하는 것이다.

> 나는 이 중국인 복장을 없애 버릴 거야. 정말 싫어. (가발을 본다.) 바로 이거야! (변발을 정수리에 조심스럽게 말아 올리고 그 위를 보일러 씨의 가발로 덮는다. 선반에 놓인 손거울을 들여다본다.) 나쁘진 않아! 낡은 코트, 너와도 이제 끝이야. (창파오를 벗어던진다. 사무실 안쪽 복도에서 박사의 코트를 꺼내어 입는다. 거울을 본다.) 밑단이 긴 감은 있지만, 그런대로 맞는 걸. (무대를 가로질러 걷는다.) 자, 이 정도는 되어야 뉴욕이나 시카고 혹은 코크에서 날 아이리시로 알아보지 않겠어? (신발을 본다.) 이 빨건 신발하곤. (공중으로 신발을 걷어찬다.) 너도 꺼져. 나에겐 소가죽이 제격이지. (진찰실로 들어갔다가 의사의 신발을 들고나온다. 신발을 신는다.) 이렇게 단장하니 좀 어울리네. (우쭐대며 걷는다.)

> I'll get rid of this Chinese dress. I hate it. (*Notices wig.*) Just the thing! (*Coils pig-tail up carefully on top of his head and puts on BOYLER'S Wig. Looks in hand glass that is on shelf.*) Not so bad! Old coat, I'm done with you, too. (*Throws off Chinese tunic. Get's DOCTOR'S coat from hall inside office and puts it on. Looks in glass.*) Not so bad a fit, though a bit too long in the tails. (*Walks across stage.*) Well now, ain't I good enough Irish for New York, or Chicago, or Cork ayther? (*See shoes.*) Look at the

bloody shoes. (*Kicks them high in the air.*) Off with ye. Cow leather's good enough for me. (*Goes in office and comes out with DOCTOR'S shoes. Puts them on.*) Now me toilet is more to me likin'. (*Struts admiringly.*) (92–93)

[그림 09] 변발의 중국인. 샌프란시스코(1910년경). 1911년 신해혁명 때까지 외국에 거주하는 화교들은 만주의 청 왕조에 대한 충성의 표시로 변발을 고집했다. ⓒwikipedia.org

팻시의 변신에 이어 플루크 박사가 도착한다. 그는 팻시의 변신에 대한 비밀을 아는 극 중 유일한 사람이다. 기실 베이커 대령의 추천장에는 팻시의 출생 배경 정보와 칭찬 일색의 추천사 외에 추가 정보들이 포함되어 있었는데, 그것은 "어떤 상황에서도 위스키를 절대 맛보게 하지 말라"(Never under any circumstances let him taste a drop of whiskey, 82)는 주의사항이다. 또 다른 "놀라운"(surprising, 82) 정보는 "그는 술에 취하면 자신이 아일랜드인이라 생각하는 기이한 망상에 빠지게"(If he ever gets under the influence of liquor, he labors under the strange delusion that he is an Irishman) 되며 그의 망상을 퇴치하는 특효약은 "다량의 진한 차"(plenty of strong tea, 96)라는 것이다. 대령의 진술은 직전에 팻시의 진술로 추정된 '가능성'에 의문을 제기한다. 즉 팻시가 홍콩에서 '무엇'인가를 섭취한 뒤로 중국인이 되었고, 미국에서 술을 마신 후 아일랜드인으로 되돌아왔다는 것은 팻시의 망상에 불과하다는 것이다. 그러나 두 개의 상반된 진술을 통해 확실해진 것은 팻시를 중국인으로 되돌려 놓은 그 '무엇'이 '차'라는 점이다. 팻시의 변신을 망상의 증후로 판단한 박사는 추천장 내용에 근거해 그에게 차를 처방할 계획을 세운다.

박사의 지시에 따라 들통에 끓여 낸 일 갤런의 차가 신속하게 준비된다. 박사는 팻시에게 차를 권하고 팻시는 이에 순순히 응한다. 팻시가 자신의 은밀한 계획에 대해 무지하다고 확신하는 박사는 팻시의 태도에 흡족해한다. 그러나 정작 꼬임에 넘어간 쪽은 박사 자신이다. 팻시가 박사의 제안에 흔쾌히 응한 것은 그가 '그들'의 계획이 재개되었음을 인지한 연후에 취한 계획적 행동이다. 현재 상황을 정확히 판단하는 쪽은 팻시이며, 이는 향후 이어질 상황 역시 팻시의 주도권 아래 전개될 것임을 기대케 한다.

플루크 박사: 마침 차가 준비되어 있네. 종종 우리는 저녁 먹기 전에 한 시간 정도 가벼운 음료를 마시지. 팻시, 자네 차 한 잔 어떤가?

팻시: (방백) 차라구! (눈웃음치며) 그들의 계획이 시작되었군. 그럼 한 방울만요, 연하게요, 설탕은 한 개. [···]

플루크 박사: 아주 좋아, 그렇게 하지. 노라 차를 부어. 난 작은 컵으로. 감기에 걸렸을 땐 넉넉하게 마셔 두면 좋아. 몇 잔 더 하지 그래, 팻시.

팻시: 그럼 좋죠, 선생님. 난 차를 좋아해요. (플루크 박사 혼자 키득거린다.)

Dr. Fluke: We have tea served. Sometimes we take a light refreshment an hour before dinner. Patsy, do you like tea?

Patsy: (*Aside.*) Tea! (*With wink.*) I'm onto their scheme. I'll take a drop, weak if you please, one lump of sugar. [···]

Dr. Fluke: Very well, as you please. Norah pour the tea. Give me a small cup. For a cold it should be drunk copiously. You had better take several cups, Patsy.

Patsy: Very well, sir, I like tea myself. (*DR. FLUKE chuckles to himself.*) (100)

이어지는 차 처방 장면은 팻시가 주도하는 상황을 '익살스럽게' 가시화한다. 아래 지문에서 묘사되듯, 팻시는 자신이 급조한 특별한 '장치'(gadget)와 차 마시는 '연기'(pretence)로 박사 일행을 감쪽같이 속이는 전략을 수행한다. 팻시의 전략은 두 가지 면에서 성공적이다. 우선 그의 차 마시는 행위는 박사가 차 처방을 통해 기획한 일차적 명분을 충족시킨다. 아울러 팻시는 차를 한 방울도 마시지 않고 박사의 계획을 조롱하듯 좌절시킨다. 결과적으로 팻시는 '술 외에는 어느 것도 마시지 않을 것'이라는 이전의 결심을 지켜 낸다.

탁자 뒤에 있던 노라가 플루크 박사에게 작은 컵을 그리고 팻시에게는 큰 컵을 건넨다. 팻시는 고무 튜브와 작은 깔때기가 달린 커다란 찜질 주머니를 코트 안에 숨기고 있다. [···] 깔때기는 커다란 실크 손수건으로 일부 덮여 왼손에 쥐어졌다. 팻시는 목을 어루만지는 척 왼손을 턱 아래에 두어 깔때기를 은폐한다. 그는 차를 마실 때 박사를 등지고 오른쪽으로 몸을 돌려서 관객이 보는 가운데 차를 깔때기에 쏟아붓는다. 그리고 컵을 노라에게 건넬 때 그는 왼손을 코트 밑으로 밀어 넣는다. 코트의 윗단추는 풀려 있다. 차를 마실 때마다 이 행동이 반복된다.

NORAH, rear of table, hands DR. FLUKE a small cup, then a large one to PATSY. Latter has a large hot-water bag under his ulster with rubber tube and small funnel. [···] The funnel is held by the left hand partially envelope in a large silk handkerchief. Under pretence of coddling his throat, PATSY keeps his left hand up under his chin to keep the funnel concealed. As he drinks, he turns away to R. from the DOCTOR, back to audience, pours tea down funnel. As he hands cup to NORAH he thrusts his left hand beneath the ulster, the top button of which is unbuttoned. Repeat with each cup. (100–101)

팻시가 깔때기와 튜브를 통해 차를 지속적으로 배출하는 동안, 내막을 모르는 박사 일행은 밑 빠진 독과 같은 팻시의 목구멍으로 연신 차를 들이붓는다. 팻시의 '연기'에 속고 있는 박사 일행은 고분고분해진 팻시의 태도가 차 처방의 효과라 확신하며 차의 양을 늘려가고, 급기야 준비된 차가 모두 동이 난다.

플루크 박사: (방백) 효험이 있어! 벌써 순종적인걸. […] 한 잔 더! 차만 한 것도 없지. 온갖 해악한 병마로부터 육신을 지켜 주니 말일세. 노라, 잔을 채워.

노라: 최대한 빨리 채우고 있어요. 한 계곡은 들이붓는 것 같네요.

팻시: (컵을 돌려주며) 참 좋은 차야, 노라. […]

플루크 박사: 몇 잔 더 들지 그래, 쭈욱. 노라, 잔 빈 거 안 보여? 한 잔 더 갖다줘. […]

노라: 이제 끝이에요. 차가 동이 났어요..

플루크 박사: (놀라 펄쩍 뛰며) 동이 났다니! 세상에, 일 갤런이?

Dr. Fluke: (*Aside.*) It's working! Obedient already. […] Have another! There's nothing like tea. Why, it will cure every ill that flesh is heir to. Norah, fill his cup.

Norah: I'm pourin' as fast as I can, sir. What a dale o' tea he do hold. Patsy. (*Handing back cup.*) Very nice tea, Norah. […]

Dr. Fluke: Try a few more cups, keep it up. Norah, don't you see this cup is empty? Pour him another. [⋯]

Norah: Faith it's time, the tay pot's impty.

Dr. Fluke: (*Jumping up surprised.*) Empty! Why girl, it holds a gallon. (101–102)

처방을 마친 박사는 약효를 최종 확인하는 절차를 밟는다. "아직도 자신이 아일랜드 사람이라고 생각하는가?"(Do you still imagine you are an Irishman?)라는 박사의 물음에 팻시는 "뼛속까지 아이리시"(Irish to the bone)라고 말한다(102). 팻시의 대답은 박사 일행을 일순간 공황 상태에 빠뜨린다. 박사는 실험의 실패로 당혹해하고 노라와 마이크는 인종불명의 요리사가 초래한 이 기막힌 상황에 질려 박사의 집을 떠날 결심에 이른다. 더욱이 지금껏 팻시의 몸에 숨어 있던 비밀 장치와 차 마시는 연기의 실상이 폭로되면서, 박사 일행의 혼돈과 충격은 극에 달한다. 이 상황은 박사 일행을 포함한 소위 '그들'의 계획, 즉 팻시를 중국인 정체성으로 고착시켜 자신의 통제 아래에 묶어 두려는 전략이 완전히 실패했음이 확인되는 순간이다. 도리어 '그들'이 팻시의 계획에 포섭되었고, 모든 것이 팻시의 주도하에 치밀하게 통제되었다는 사실이 확인된다. 아울러 이 장면은 현재 팻시가 '그들의 계획'에 당했던 홍

[그림 10] "아이리시가 일하는 법." 《하퍼스위클리》(*Harper's Weekly*) 1871년 9월 2일 자. 주정뱅이 아이리시가 화약통에 불을 붙이는 모습을 풍자하는 이 삽화는 아이리시에 사회적 반감을 표출한다. ©wikipedia.org

콩 시절의 애송이에서 강한 내성과 세련된 판단력을 지닌 개체로 진화했음을 증명한다. 그들의 계획과 시험을 견뎌 낸 팻시는 자신이 아이리시임을 다시금 선언한다.

팻시: 당신은 그것을 내 목구멍으로 결코 넣지 못할걸. (도망치려는 시도를 재개한다. 플루크 박사가 그의 멱살을 쥐다가 고무 튜브를 잡는다. 외투가 열린다. 찜질 주머니가 드러나고 모두가 깜짝 놀라 바라본다.)

마이크: 세상에, 박사님 녀석의 내장이 완전히 쏟아졌어요. (휴지) 그게 이렇게 생긴 거였나요? 전에 한 번도 본 적이 없어서요. […]

플루크 박사: (너무 당황해 찜질 주머니와 튜브를 몇 초간 들고 서 있다가, 넌더리 치며 떨어뜨린다.) 파렴치한 같으니, 자네 이게 다 뭔가?

팻시: (결연하게) 그건 내게 차를 먹여 중국인으로 되돌려 놓을 수 없다는 것을 말하지. 그들이 홍콩에서 그 수법을 썼거든!

플루크 박사: (암상스럽게) 자넨 대체 뭔가? 아일랜드인가 아니면 중국인인가?

팻시: 아일랜드인이죠, 영원히.

Patsy: You'll never put that thing down my throat. (*Renews attempts to escape. DR. FLUKE grabs at his throat and catches rubber tube. Ulster comes open. Pulls out bag of hot water and all gaze in astonishment.*)

Mike: By the powers, you've pulled the stomick clane out av 'im. (*Pause.*) Is that what it looks like? I niver seed one before. […]

Dr. Fluke: (*Is so astonished that he holds the bag by the tube for a few seconds. Drops it in disgust.*) What does this mean, you rascal?

Patsy: (*Determinedly.*) It means you can't fill me up with tea and turn me back into a Chinaman. They did that trick in Hong Kong!

Dr. Fluke: (*Crossly.*) What are you now? Irish or Chinese?

Patsy: Irish forever. (103–104)

팻시의 정체성 선언에 대해 일행의 반응이 엇갈린다. 플루크 박사는 "중국인 요리사를 고용하기로 한 계약을 준수하라"(I hired you for a Chinaman. A bargain's bargain. 104) 주장하고 마이크는 "한 집에 두 명의 아일랜드 남자가 있을 수 없다"(Two Irishmen in wan house is wan too many. 104)며 떠날 의사를 밝힌다. 팻시는 두 반응에 모두 응답한다. 그는 고용주인 박사에게 "계약은 끝났다"(That bargain is off. 104)며 일방적 계약 종료를 통보한 데 이어, 마이크에게는 "자기 자리를 지키라"(Keep your place, Mike. 104)며 일자리에 연연하지 않는 모습을 보인다. 팻시는 "나는 더 큰일이 있다"(I can do better, 104)며 말을 잇는데, 이는 그가 박사와 마이크에게 의연한 자세를 취할 수 있었던 이유에 대한 피력이다. 마지막으로 팻시는 일행이 자리한 가운데 아메리칸드림에 대한 야망과 포부를 개진하며 극의 대미를 장식한다. 그가 꿈꾸는 미래는 만인의 사랑과 존경을 받는 정치인으로서 삶이며, 이것이 바로 그가 언급했던 '더 큰일'의 실체로 밝혀진다.

> 난 지금 기회의 땅 미국에 있어. 나는 정치계로 나설 테야. 내 야망은 시의원이 되어 모든 이의 사랑과 존경을 받으며 생을 마감하는 것. [⋯] 중국과 완전히 결별한 지금 난 진정한 아일랜드 사람이 되었지. 그리고 이 자유로운 미국에서 난 이렇게 약속하겠어. 나는 정치가가 될 것이라고. 나는 더 이상 녹차를 마시지 않겠어. 그리고 이 도덕적 교훈을 명심하라고. 아주 간단해. 술병이 도져 피가 끓거든, 그냥 술을 끊는 게 상책이라는 말씀.

> I'm in America now, the land of opportunities. I'm goin' into politics. Me ambition is to be an alderman and dies beloved and respected by all. [⋯] Now I'm turned true Irishman, bad cess to all Chinee. And in this free

> Ameriky I'll have a word to say; I'm goin' into politics, I'll drink no more green tay. And for the moral of this tale, I'm sure it's very plain: When tipple stirs your blood too much, you'd better just abstain. (104–105).

앞서 박사의 차 처방이 농락당하는 장면에서 강하고 지략적인 개체로 진화한 팻시의 면모가 방증되었다면, 상기한 극의 종결부는 팻시가 체화하는 아이리시 정체성의 향후 진화 방향성까지 제시한다는 점에서 주목할 만하다. 팻시는 중국과 결별한 아일랜드인임을 자인하면서도 백인 주류사회의 필요에 의해 재단되고 정형화된 아일랜드 이민자의 이미지를 답습하기를 거부한다. 일례로 그는 아일랜드 이민자들이 '음주'라는 고질적 습성을 탈피하고 '절제'의 미덕을 갖춘 '도덕적' 시민으로 거듭날 필요성을 강조한다. 중국인이 "타락한 계급"(depraved class)으로 아일랜드인이 "금수 같은 인종"(animalistic race)으로 취급되는 이유가 바로 주류 백인들의 "도덕적 우월성"(moral superiority)에 대한 믿음에서 비롯하기 때문이다(D'Emilio 86). 아일랜드의 인종적·혈통적·선천적 유산을 잇는 한편 한층 '정제된'(refined) 사회적·문화적·후천적 인품으로의 갱신을 통해 아이리시-아메리칸 정체성으로 진화하는 것, 이것이 극의 대미를 장식하는 팻시의 최종 진술이다. 그리고 이러한 진화의 방향성 끝에서 그가 꿈꾸는 존경받는 정치인으로서 '더 나은' 생애와 마주하게 될 것을 팻시는 기약한다.

4. 새로운 에스닉 정체성을 향해

『팻시 오왕』이 등장한 19세기 후반 무렵까지 미국 드라마와 연극사를 통해 소개된 혼혈 캐릭터 유형은 다양하지 않다. 노예제 환경이 낳은 백인 남성 주인과 흑인 하녀 사이의 혼혈, 유럽 이민 환경이 낳은 미국 중산층 남성과 유럽 이주민 여성 사이의 혼혈 등이 손꼽힐 정도이다. 디온 부시코트(Dion Boucicault)의 멜로드라마 『옥토룬』(*The Octoroon*, 1859)의 여주인공인 흑백 혼혈 조이(Zoe) 그리고 제임스 헌(James A. Herne)의 『마가렛 플레밍』(*Margaret Fleming*, 1890)에 등장하는 미국 시민 남성과 독일 이주민 여성의 불륜이 낳은 이름 없는 사생아가 각각의 대표적인 예이다. 전자는 흑백 간 '인종적' 혼혈이 죽음이라는 운명과 마주하도록 결말짓는 '비극적 혼혈'(tragic mulatto) 전통을 잇는다. 후자의 경우, 부유한 중산층 공장주와 하층 여공의 불륜이 낳은 사생아는 인종적 혼혈과 구별되는 '계층적' 혼혈이라는 유형을 제시한다(박정만 2009: 56-57).[50] 『팻시 오왕』은 기존의 혼혈 유형과 차별되는, 중국과 아일랜드를 연결하는 유라시아 혼혈 캐릭터 및 그가 체현하는 새로운 인종·문화 혼종 양상을 미국 무대에 선보인다.

주동인물 팻시의 혼혈·혼종 정체성을 관통하는 주요 화두는 '진화'이다. 그는 자신을 중국인으로 고착시키려는 '그들'의 계획에 속수무책이던 과거 홍콩 시절의 그가 아니다. 미국에 입성한 현재의 그는 백인들의 계획을 무력화시킬 만큼 강한 내성과 두뇌를 갖춘 인격

50 두 작품에 대한 상세한 내용은 인용 문헌에 수록된 박정만의 2007년, 2009년도 논문을 참고할 것.

체로 진화했다. 아울러 중국-아일랜드 혼혈 팻시는 생물학적 경계의 모호성을 몸으로 체현한다. 그의 태생적 혼혈·혼종 정체성은 백인의 시선과 통제를 교란시키는 방어 수단이자 공격 무기로 기능한다. '진화된 개체' 팻시는 자신의 정체성이 그들에 의해 분류되고 결정되는 것조차 허용하지 않는다. 그의 유라시아 정체성은 전략적 모호성을 통해 그를 중국인으로 고착화시키려는 박사 일행의 노력과 의도를 좌절시킨다. 아이리시 정체성을 스스로 선택하고 규정하는 팻시의 자발적 행위는 그를 통제 가능한 범주 안에 가두려는 백인 주류 사회의 편파적 인종 이데올로기를 조롱하고 도발한다.

팻시는 자기 정체성을 스스로 결정하는 성숙한 인격체임을 스스로 증명해 보인다. 그의 몸이 체화하는 혼혈성은 박사 일행에게는 풀 수 없는 퍼즐 혹은 난공불락의 성으로 기능하지만, 팻시 자신에게는 온전히 통제 가능한 영역이다. 그는 자신의 몸에 공존·상충·혼재하는 두 개의 정체성 중 어느 것을 취하고 행사할지 여부를 스스로 판단하고 결정한다. 그가 중국인 정체성을 버리고 스스로 아일랜드인임을 선포하는 장면은, 시민으로 인정받지 못하는 것은 물론이고 독립된 인격체로도 여겨지지 않았던 '미개한' 이방인에게 선택의 자유와 권리를 부여한다는 점에서 당시까지의 드라마 전통에서 매우 이례적인 사례로 기록된다.

『팻시 오왕』은 문학적 허구와 희화라는 포장 이면에, 19세기 미국에 거주하는 유라시아 혼혈들의 위상과 이들에 대한 당대 미국 사회의 인식을 가늠케 하는 사회적·문화적 사료로서도 가치를 발한다. 극의 부제에서 확인하듯이 이 극은 관객의 웃음 유발을 도모하는 '소극'(farcical play), 보다 구체적으로 말하자면 "웃음을 통해 타자성을 격하하는"(to demean through laughter the otherness) 것을 목적하는 보드빌(vaudeville)극이다(Jones 1999; Carter 37 재인용). 이런 이유로 극 중 인물들, 특히 주동인물인 팻시의 행동이 '의도적으로' 희화되고 상당 부분 억지스럽게 과장되고 있음은 주지의 사실이다. 한편 선집의 제목과 머리말에서 표명된 것처럼 이 극이 당대 민초들의 생활상을 생생하게 반영하고자 하는 또 다른 의도를 지니고 있음을 간과할 수 없다. 즉 이 극에서 표출되는 인물들의 행위와 극 상황은 과장되고 희화된 표면적 가치 이면에, 당대 미국 사회를 관통하는 부인할 수 없는 현실의 단면을 드러낼 수밖에 없는 것이다. 특히 이 극은 세기의 전환기에 미국에 닥친 인종적 위계질서의 변화 국면과 이러한 환경 속에서 중국인 이민자와 아일랜드 이민자들이 처한 위상 변화에 대한 통찰을 보여 준다. 동시에 이 극은 인종적 측면에 추가해 문화적 혼종에 기초한 에스닉 정체성의 형성이라는 향후 미국 사회의 재편 방향성을 예견한다. 팻시가 수행하는 정체성 변신과 진화의 전개 양상은 이를 효과적으로 가시화한다.

인용 문헌

· 박정만. 「반중국인 감정과 '타자'의 역사: 헨리 그림의 *The Chinese Must Go*」. 『현대영미드라마』 17.2 (2004): 75-104.

· ---. 「정치적 논란에서 상업적 성공으로: 『옥토룬에서 표출되는 부시코트의 '정치성'』. 『미국학논집』 39.3 (2007): 85-113.

· ---. 「제임스 헌의 '진실을 위한 예술'론과 휴머니즘: *Margaret Fleming*에서의 사회적 혼혈 이슈와 여성 문제」. 『현대영미드라마』 22.2 (2009): 39-69.

· "A Lesson to John Chinaman." *Punch*, 9 May 1857, p. 185.

· "A Matter of Taste." *Harper's Weekly*, 15 Mar. 1879, p. 212.

· Carter, Gregory T. ""A Shplit Ticket, Half Irish, Half Chinay": Representations of Mixed-Race and Hybridity in Turn-of-the-Century Theatre." *Ethnic Studies Review* 31.1 (2008): 32-54.

· "Clubs and Women's Societies." *Washington Post*, 23 Feb. 1908, p. 3.

· D'Emilio, John, and Estelle B. Freeddman. *Intimate Matters: A History of Sexuality in America*. New York: Harper, 1988.

· Denison, Thomas Stewart. *Lively Plays for Live People*. Chicago: T. S. Denison, 1895.

· ---. *Patsy O'Wang*. In *Lively Plays for Live People*. 77-105.

· Dinnerstein, Leonardo, and David M. Reimers. *Ethnic Americans: A History of Immigration.* New York: Columbia UP, 2009.

· Harte, Bret. *Bret Harte's California: Letters to the Springfield Republican and Christian Register, 1866-67.* Ed. Gary Scharnhorst. Albuquerque: U of New Mexico P, 1990.

· Jones, Gavin roger. *Strange Talk: The Politics of Dialect Literature in Gilded Age America*. Berkeley: U of California P, 1999.

· Lee, Belinda. "Immigrants of a Different Color: New York Times' Representations of Chinese 1880-1892." PhD diss., Vanderbilt U, 2003.

· Lee, Robert G. *Orientals: Asian American in Popular Culture*. Philadelphia: Temple UP, 1999.

· McGill, Douglas C. "Uncovering New York City's Art Collection." New York Times (Sept 24, 1987): 17.

· Mitgang, Herbert. *The Man Who Rode the Tiger: The Life and Times of Judge Samuel Seabury*. New York: Fordham UP, 1996.

· Moon, Krystyn R. *Yellowface: Creating the Chinese in American Popular Music and Performance, 1850s-1920s*. New Brunswick, NJ: Rutgers UP, 2005.

· Ou, Hsin-yun. "Ethnic Presentations and Cultural Constructs: The Chinese/Irish Servant in *Patsy O'Wang*." *Canadian Review of American Studies* 43.3 (Winter 2013): 480-501.

· Teng, Emma Jinhua. *Eurasian: Mixed Identities in the United States, China, and Hong Kong, 1842-1943*. Berkeley: U of California P, 2013. 86-105.

· Urban, Andrew Theodore. "An Intimate World: Race, Migration, and Chinese and Irish Domestic Servants in the United States, 1850-1920." PhD Diss., U of Minnesota, 2009.

· Williams, Richard E. *Hierarchical Structures and Social Value: The Creation of Black and Irish Identities in the United States*. Cambridge: Cambridge UP, 1990.

그림 출처

[그림 01] 존 차이나맨에게도 공정하라

https://www.pinterest.com/pin/506795764287133732/

[그림 02] 『살아 있는 사람들에 대한 생생한 희곡들』 표지(1895년)

https://archive.org/details/livelyplaysforli00deni/p

[그림 03] 피시언 템플 현재 모습

https://en.wikipedia.org/wiki/Pythian_Temple_(Tacoma,_Washington)

[그림 04] 중국인에게 침해당한 또 다른 미국 산업

https://oac.cdlib.org/ark:/13030/hb496n99t9/?brand=oac4

[그림 05] 아편을 태우는 중국인들(1880년경)

https://en.wikipedia.org/wiki/History_of_opium_in_China

[그림 06] 레베카 살로메 초상

https://en.wikipedia.org/wiki/Rebecca_Salome_Foster

[그림 07] 조지 워싱턴 아포 초상

https://en.wikipedia.org/wiki/George_Appo

[그림 08] 존 차이나맨에게 주는 교훈

https://punch.photoshelter.com/image/I0000SbjXcmrMR84

[그림 09] 변발의 중국인

https://en.wikipedia.org/wiki/History_of_Chinese_Americans

[그림 10] 아이리시가 일하는 법

https://en.wikipedia.org/wiki/Anti-Irish_sentiment

[그림 01] 〈차이나타운 장면〉(*Scenes from Chinatown, San Francisco*). 존 허버트 에블린 파팅턴(John Herbert Evelyn Partington) 작(1890년대). ©the-arthenaeum.org

제7장

1890년대 중국 이민자의 삶과 문제의식[51]:

프랜시스 파워스, 『장남』

Francis Powers, *The First Born* (1897)

51 이 글은 『미국학논집』 48권 1호(2016년)에 게재된 논문 「백인이 본 차이나타운, 차이나타운이 본 미국: 사실주의극 『장남』에 비친 중국계 이민자의 삶과 문제의식」을 다듬어 정리한 것이다.

1. 미국 사실주의 드라마의 지형도와 『장남』

미국에서 사실주의 드라마가 본격화된 것은 '미국 드라마의 아버지' 유진 오닐(Eugene O'Neill)이 등장한 20세기 초반으로 여겨진다. 오닐에 이르러 미국 관객들은 사실주의, 상징주의, 표현주의 등 유럽에서 19세기 후반에 이미 태동한 다양한 현대 드라마 양식의 실험을 무대에서 볼 수 있었다. 유럽에서 사실주의 드라마가 태동해 급기야 자연주의로 진화하고 있던 19세기 후반, 미국의 주류 드라마 장르는 멜로드라마였다. 당시 미국 멜로드라마의 특징은 크게 두 가지로 요약된다. 첫 번째는 확실한 선악 구도에 따른 판에 박은 인물 설정과 권선징악 주제에 충실한 억지스러운 플롯 전개가 특징인 낭만주의극 전통이다. 두 번째는 관객의 눈을 즐겁게 하려는 목적에서 출발해 결과적으로 상업주의 무대로의 진화를 부추긴 '스펙터클 사실주의'(spectacular realism)로 이는 사회 개선을 목적으로 현실의 어두운 면을 가감 없이 묘사하고자 했던 유럽의 사실주의 전통과 차별된다.

[그림 02] 유진 오닐 초상
©wikipedia.org

오닐 이전에도 '사실주의'라는 현대적 극작 풍토가 싹트고 있었음은 부인할 수 없다. 일례로 윌리엄 본 무디(William Vaughn Moody)의 『대분수령』(*The Great Divide*, 1906)은 "최초의 현대 미국 드라마"(the first modern American drama, Wilson 340)이자 미국 드라마의 "새로운 이정표"(a new mark, Moody 721)로 평가된다. 물론 '동부와 서부의 대조'라는 새로운 미국적 주제 및 표현주의 무대 기법 실험은 본 작품의 현대성과 이정표적 위치를 설명하는 근거이다. 그럼에도 선악 구도에 따른 판에 박힌 인물 설정, 애정의 삼각관계를 축으로 한 억지스러운 이야기 전개, 볼거리 사실주의의 조합으로 요약되는 기존 멜로드라마 전통에서 크게 벗어나지는 못한 점은 본격 사실주의 드라마로서 이 극의 한계를 드러낸다.[52]

이보다 앞서 제임스 헌(James A. Herne)의 『마가렛 플레밍』(*Margaret Fleming*, 1890)은 불륜, 사생아 문제, 남녀 애정관의 이중적 잣대 등 당시로선 파격적인 사회적 이슈를 여과 없이 파고드는 타협하지 않는 사실주의를 선보인다는 점에서 "미국의 극적 사실주의"(American dramatic realism)가 본격적으로 발현된 작품으로 여겨진다(Bucks and Nethercot 313). 작가 헌이 "미국의 입센"(American Ibsen)으로 불리고 있음은(Miller 254), 그의 극이 유럽의 사실주의 전통에 입각하고 있음을 입증한다. 한편 연극사가들은 이 극을 "현대적 미국 사상극"(the modern

[그림 03] 제임스 헌 초상
©wikipedia.org

52 『대분수령』은 서부 애리조나 출신의 부랑자와 동부 뉴잉글랜드 출신 명문가 여성의 극적인 로맨스를 다룬다. 극 중 서부와 동부의 지역적 대립은 야만과 문명, 이교(paganism)과 청교도(puritanism), 자유분방함과 배타주의 등 여러 층위의 대조 의미를 상징한다. 이 작품에 대해서는 8장에서 자세히 논의할 것이다.

American drama of idea)의 시작이라 평가한다(Pizer 264; Matlaw 455). 그럼에도 억지스러운 이야기 전개 등 멜로드라마 성격에서 완전히 탈피하지 못하는 점은 사실주의 드라마로서 『마가렛 플레밍』의 미숙함을 드러낸다.[53] 이런 점에서 "현대 사실주의 드라마의 선구"(precursor of modern realism drama, Vaughn 166)로서 이 극의 평가는 사실주의의 완성의 의미로서보다는 멜로드라마 전통에서 사실주의 극작 전통으로 넘어가는 과도기적 성격에 방점을 둔 것으로 이해된다.

한편 오닐 등장 이전 미국 사실주의 드라마 발생 가능성 여부와 관련해 주목할 또 다른 작품으로 프랜시스 파워스(Francis Powers)의 1897년 극작 『장남』(*The First Born*)이 있다. 멜로드라마와 '볼거리' 창출 위주의 스펙터클 사실주의가 주류인 가운데 본격 사실주의 드라마로 가는 과도기 장르가 막 움트던 19세기 후반의 미국 연극계 상황에서 이 극은 본격 사실주의 드라마 태동 가능성을 제시하고 입증하는 근거가 된다는 점에서 중요한 사건이자 연극적 발견이다. 아울러 이 극은 당시

[그림 04] 프란시스 파워스 초상
ⓒwikipedia.org

53 『마가렛 플레밍』은 미국 동부의 백인 중산층 가족에 대한 드라마다. 남편의 불륜과 이에 충격을 받은 아내의 실명, 불륜이 낳은 사생아의 입적, 남편을 용서하는 아내와 새 출발로 이어지는 전개 구조를 지닌다. 작품에 대한 상세 설명은 박정만의 2009년 논문을 참고할 것.

미국 내 중국계 이민자들의 삶을 극화한 최초 사례라는 점 그리고 이들 '이방인'을 바라보고 기술하는 태도에 있어 기존의 백인 작가들의 경향과 차별성을 띤다는 점에서도 주목할 만한 가치를 지닌다.

2. 두 개의 시선: 관찰 대상과 주체로서 중국인

『장남』은 19세기 후반 캘리포니아 차이나타운을 배경으로 이곳에 거주하는 중국계 이민자들의 일상을 극화한 1막 2장의 극이다. 찬 왕(Chan Wang)은 아내 찬 리(Chan Lee)가 중국인 재력가 만 로우 익(Man Low Yek)과 눈이 맞아 가출한 이후 외아들 찬 토이(Chan Toy)를 홀로 키우고 있다. 찬 리는 거리에서 우연히 만난 아들을 꾀어 자신의 거처로 납치한다. 찬 왕은 아들을 구하기 위해 찬 리를 찾아가고, 둘이 실랑이를 벌이는 와중에 아들이 찬 리의 거처 이 층에서 떨어져 죽는 사고가 발생한다. 아들의 죽음에 충격을 받은 찬 리는 미쳐버리고, 찬 왕은 아내와 아들을 앗아간 주범 만 로우 익을 살해함으

로써 복수를 마감한다.[54]

『장남』은 1897년 5월 10일 샌프란시스코의 알카자 극장(Alcazar Theatre)에서 초연된 것으로 추정되며, 이곳에서 석 달간 장기 공연 후 같은 해 8월 6일과 7일 양일간 메트로폴리탄 극장(Metropolitan Theatre)에서 재공연되었다.[55] 샌프란시스코에서 흥행에 성공한 뒤 이 극은 곧바로 뉴욕 무대로 진출했고, 같은 해 10월 5일 뉴욕 맨해튼 극장(Manhattan Theatre)에서 거물급 연극 제작자 데이비드 벨라스코

---

54 이 극의 결말부는 외견상 '복수의 실행'이라는 완결된 구성 형식을 취하고 있으나 엔딩 장면이 주는 느낌은 이와 다르다. 통상적인 멜로드라마의 경우 '복수의 실행'이라는 결정적 순간 이후에 갈등 이전의 상태로 되돌아가는 구조를 지니게 된다. 일례로 극 중 찬 왕을 사모하는 옛 여인 로이 칭과 다시 결합해 행복한 결말로 마무리하는 방식이 흔하게 예견되는 극 종결 방식이라 할 수 있다. 그러나 이 극은 복수 실행 이후 문가에 기대어 담배를 물고 있는 주인공의 모습으로 끝이 난다. 이 장면은 다소 '오픈 엔딩'과 같은 느낌을 전달하면서 이후 주인공의 운명을 미지수로 남겨두는 것이다. 이러한 오픈 엔딩은 기실 입센의 사실주의 드라마의 종결 방식에서 자주 발견되고 있다. 일례로 『유령』(*Ghosts*, 1881)의 마지막 부분에서 어머니 품에 숨죽어 가는 오스왈드(Oswald)의 모습이 그렇고, 『인형의 집』(*A Doll's House*, 1879)이 집을 나가는 노라의 모습으로 종결되는 점 등이 그렇다. 유진 오닐의 경우도 『조식 전』(*Before Breakfast*, 1916)에서 남편의 죽음에 놀란 아내가 집을 나서는 장면으로 끝이 나며 그의 초기 해양극이 모두 오픈 엔딩으로 마감된다. 이런 점에서 『장남』 역시 당대 사실주의 드라마에서 자주 발견되는 종결 방식을 사용하는 것으로 보이며, 이는 기존 멜로드라마의 종결 방식과 크게 차별된다.

55 『장남』의 공연 기록에 대한 최초 근거는 1897년 5월 9일 자 신문 《샌프란시스코 콜》(*San Francisco Call*)의 기사에서 발견된다. 이 기사는 "다음 날 저녁"(tomorrow evening) 알카자 극장에서 이 극이 상연될 것이라고 소개하고 있으며, 이를 통해 『장남』의 초연일이 추정 가능하다. 아울러 같은 해 8월 3일 자 신문 《새크라멘토 데일리 유니온》(*Sacramento Daily Union*)의 기사에서 이 극이 "알카자 극장에서 석 달간 공연되며 흥행 성공을 거뒀다"(made such a success that it ran for three months at the Alcazar Theatre)는 소개와 함께 메트로폴리탄 극장 재공연 소식을 알렸다.

(David Belasco) 연출로 브로드웨이 무대에 처음 소개되었다(Winter, vol. 1: 447-51). 공연 다음 날 10월 6일 자 《샌프란시스코 크로니클》(*San Francisco Chronicle*)은 『장남』이 "동부에서 대대적인 인기몰이 중"(score big sweep in the East)이라고 대서특필했다.

주목할 점은 당시 언론이 이구동성으로 『장남』이 지니는 사실주의 드라마로서 면모에 대해 관심과 칭찬을 아끼지 않았다는 점이다. 일례로 1897년 8월 13일 자 《데일리 아스토리안》(*Daily Astorian*)은 극 중 무대와 의상의 정확성을 강조하면서 "모든 면에서 차이나타운 그 자체"(Chinatown in everything)라고 평했고, 같은 해 10월 6일 자 《샌프란시스코 크로니클》은 이 극이 "시종일관 매우 사실적이며 예술적"(highly realistic and throughly artistic from first to last)인 무대를 선보였다고 호평했다. 1898년 12월 26일 자 《샌프란시스코 콜》은 이 극에 대해 "중국인 거주지 삶에 대한 비상한 탐구"(remarkable study of life in the Chinese quarter)라 일괄했다.

LITTLE TOTS PLAY THE FIRST BORN

Present a Notable Performance.

A PICTURE IN CHINESE LIFE

GIVEN IN A MANNER CREDITABLE TO PROFESSIONALS.

People in the Audience Aroused to Such a Pitch That They Shout Bravos to the Young Actors.

[그림 05] 『장남』 공연 기사. 《샌프란시스코 콜》(*San Francisco Call*) 1989년 12월 26일 자. © chroniclingamerica.loc.gov

특히 《샌프란시스코 콜》 기사에 등장한 '비상한 탐구'라는 표현이 주목할 만한데, 이는 사실주의 드라마 성립을 위한 필수 요건이기 때문이다. '예리한 관찰자'(an acute observer)로서 작가의 태도를 피력하기 때문이다. 실제로 작가는 극의 집필을 위해 샌프란시스코의 차이나타운에 장기간 거주하면서 이곳 중국계 이민자들의 삶을 꼼꼼히 기록한 것으로 전해진다. 이러한 점은 『장남』 초연 무렵 언론 보도 내용을 통해서 확인된다.

> 그는 아침에는 채소 장수와 생선 장수의 노점들을 어슬렁거리며, 오후에는 번창한 상인들과 담소를 나누며 시간을 보냈다. 그는 이 그림 같은 지역에서 보고 알아낸 지식을 한껏 빨아들였고, 그의 짧은 극은 모든 중국적인 풍물로 충만하다. […] 이 극의 모든 것은 면밀하게 탐구되었고, 가히 예술적이라 할 작가의 섬세한 손길로 충만하며, 파워스 씨가 관찰 대상을 얼마나 잘 이해하고 있는지를 보여 준다. […] 대부분의 일반인들은 알아채지 못한 채 스쳐 보낼 중국인의 삶에 대한 이러한 다각적 파노라마를 파워스 씨는 거울을 비추듯 포착했다.

> His mornings were spent in ramblings among the vegetable and fish mongers' stalls; his afternoon in conversation with the prosperous merchants. He has drunk deep of the lore that is to be found in the picturesque region, and his little play is saturated with all things Chinese. […] Everything in the play has been carefully studied out, and it is full of little touches that are really artistic and show how well Mr. Powers understands his subject. […] Tthe manifold panorama of Chinese life, all unobserved by us for the most part, passes in review. Mr. Powers has caught it as in a mirror. (*San Francisco Chronicle*, 16 May 1897: 32)

작가의 상기한 관찰과 기록 태도는 기존 백인 작가들이 중국계 이민자에 대해 회자되는 일부 사실과 이에 기초한 백인 사회의 주관적이고 편협한 견해에 크게 의존했던 것과 비교하면 매우 이례적인 것이다.

일례로 극 중 언급되는 '식스컴퍼니(Six companies), 닝양회(Ning Yung Association), 삼읍회(Sam Yup Association), 사읍회(See Yup Association) 등

은 당시 실재했던 차이나타운의 중국계 이민자 조직들의 이름으로 이는 이 극이 실제 사실의 기록에 기반하고 있음을 방증한다.[56] 극 도입부의 무대 세트 묘사에서 언급되는 '닝양 사원'(Joss House of Ning Yung Association) 역시 샌프란시스코 차이나타운에 실재했던 건물로 당시 언론에 따르면 "미국에서 최고, 최대의 가장 화려한 동양 사원"(the oldest and largest and richest Oriental temple in America)으로 유명했다(*Indianapolis Journals*, 3 Dec. 1900: 3). 찬 토이의 죽음 직후 시작되는 2장의 공간적 배경은 아편굴로 자욱한 담배연기 사이로 테이블에서 마작을 즐기는 중국인들 모습이 소개된다. 찬 왕의 동료들은 마작을 하면서 아이의 장례식에 참석한 이야기, 찬 왕에 대한 걱정, 만 로우 익에 대한 원성의 표현을 주고받는다. 여기서 아편굴에 대한 묘사는 중국계 이민자들의 생활환경에 대한 관찰의 역할을 할 뿐, 아편 태우는 행위가 미국 사회의

[그림 06] 샌프란시스코 식스컴퍼니 임원들 ©wikipedia.org

56 닝양회는 1853년 중국 광동 출신 이민자들이 결성한 최대 규모의 조직이었고, 삼읍회(三邑會)는 광동 세 개 지역 출신 이민자, 사읍회(四邑會)는 광동 네 개 지역 출신 이민자가 주축이 되어 모두 1851년에 결성되었다(Nee 230; Lyman 307). 『장남』에서 극 중 경쟁자로 등장하는 찬 리와 만 로우 익은 각각 사읍회와 삼읍회의 일원으로 설정된다. 식스컴퍼니는 상기한 조직들을 포함한 총 6개의 주요 중국계 이민자 조직으로 구성된 중국인 권익보호단체이다(Yung et al. 18-23).

정신을 좀먹는 중국인에 대한 비방적 은유이자 중국계 이민자에 대한 타입을 규정하는 개념으로 활용되는 기존의 문학 관행과 거리가 멀다.

냉철한 관찰자 혹은 객관적 기록자로서 작가의 태도는 극 중 중국계 이민자들의 언어 행위에 대한 묘사에서도 발견된다. 예를 들어 작가는 중국어 원어를 표기할 경우 영어 음가와 의미를 병기하는데, 이는 중국인이 구사하는 언어의 음가와 의미를 적확하게 전달하려는 작가의 의도와 노력의 결과로 이해된다.

> 세탁부가 세탁소 출입문으로 건너와 안에 있는 사람들에게 소리친다. "닝나 닝나."("열어, 열어.") […] 계산대 뒤에서 섬 초우가 중국말로 말하는 소리가 들린다. "케 히 고우 도 문 호우 쉐이."("문간에 서 있어.") […] 첨 워이가 홉 키에게 다가가 말한다, "홉 키! 피디!"("빨리 와 봐.") 홉 키가 대답한다. "밋-호우-로우"("뭔데 그래?") 웨이 겟이 홉 키를 불러 말한다. "시 입 산 만 치."("사읍회 관련 글이야, 읽어 봐.") 홉 키는 의자에서 일어나 게시판으로 걸어간다. […] 그는 퐁 겟의 가게로 건너가 들어가면서 퐁 겟에게 소리친다. "웨이 아, 퐁."("이리 와 봐, 퐁.") 퐁 겟이 대답한다. "찬 고어!"("알았어!")

> A Laundryman crosses to laundry door, calls to those inside, "*Ning–na, Ning–na.*"("Open, open.") […] A voice from behind counter, SUM CHOW, speaks Chinese, "*Ke hi gow do moon how suey.*"("Stand from that doorway.") […] CHUM WOE then goes to him and says "*Hop Kee! Fidee!*"("Hurry up.") HOP KEE replies "*Met–how–low*"("What is it?") WAY GET calls to HOP KEE "*See YIP, san man chee.*"("Read about See Yip society.") HOP KEE gets up from stool and goes to bulletin board. […] He goes to Fong Get's store, crying out as he enters to Fong Get "*Way ah,*

Fong."("Come here, Fong.") Fong Get replies "*Chan gore!*"("Sure!")(152–57)

이처럼 차이나타운을 구성하는 다양한 삶의 조각들에 대한 묘사는 중국계 이민자들에 대한 윤리적·종교적·인종적 열등성을 유도하기 위한 근거로 제시되기보다 이들에 대한 있는 그대로의 모습에 대한 객관적 기록으로서 이해된다. 그 결과 『장남』이 묘사하는 중국계 이민자들의 다각적 삶과 언행은 기존 극작에 만연했던 이방인에 대한 희화화 혹은 악의적 묘사 일변도로부터 거리를 두고자 하는 작가의 진지함과 진정성 그리고 가치중립적 태도를 반영한다.

냉철한 관찰자, 가치중립적 기록자로서 작가의 태도는 결과적으로 극 중 차이나타운 거주민들을 '타입'(type)이 아닌 '개인'(individual)으로 거듭나게 한다. 이는 당시 이 극에 대한 언론의 반응에서도 입증된다. 『장남』이 1919년 11월 스탠포드 대학교에서 공연되었을 당시, 대학신문의 리뷰는 이 극이 "개인적 관심사를 지닌 수많은 조연급 등장인물로 충만하다"(filled with many minor characters of individual interest)고 지적하면서, "이들은 모두 타입이 아닌 개인"(none of these are types; rather they seem to be individual creations)이라 평했다(*Stanford Daily* 1).

실제로 극 중 중국계 이민자들은 보모(nurse), 의사(physician), 담뱃대 수선공(pipe-bowl mender), 안내원(guide), 음식 행상(restaurant vendors), 세탁부(laundryman), 화류계 여인(demimonde), 점쟁이(fortune teller), 이발사(barber), 건달(highbinders) 등 다양한 직종의 군상이다. 아울러 이들은 저마다 분주한 일상을 살며, 주동인물 찬 왕 및 주변 인물들 역시 상기한 일상의 군중의 일부로 그려진다. 찬 왕뿐만이 아니라 차이나타운 구성원 모두가 저마다 고민과 고충을 안고 있다. 때문에 아내의 배신과 아들의 죽음 등 찬 왕이 겪는 생의 고초는 특별할 것 없는 차이나타운의 일상이 되며, 찬 왕은 영웅적 인물이라기보다 주변 인물들과 다를 바 없는 차이나타운의 일개 구성원 중 하나일 뿐이다.

타입이 아닌 개인으로서 인물 구현은 멜로드라마 전통인 영웅과 악당의 이분법적 인물 구도에서 벗어나 사회적·경제적·심리적 맥락을 수반하는 한층 입체적이고 개성적인 일상의 인물을 닮아 있으며, 이런 의미에서 『장남』을 구성하는 개인으로서 인물 군상은 이 극이 사실주의의 본령에 도달해 있음을 방증한다.

극 중 중국계 이민자들이 타입이 아닌 개인으로 묘사되고 있음은, 이들이 작가를 포함한 백인 주류사회의 편견적 시선으로부터 자유로운 상태임을 말해 준다. 극 중 인물들을 백인 주류사회의 편견으로부터 안전하게 하려는 작가의 배려는 중국계 이민자들의 공동체 차이나타운을 극의 공간적 배경으로 설정하는 점에서도 찾아볼 수 있다. 차이나타운은 정치·경제·종교·문화·교육적으로 자급자족한 중국인들이 공동사회이다. 작가는 중국계 이민자들의 삶과 갈등 요소들을 차이나타운 공동사회 구성원 내부의 현안으로 다룸으로써 백인 주류사회의 시선으로부터 독립성을 확보

[그림 07] 차이나타운 상가 거리 풍경(1895년경) ©wikimedia.org

하며, 결과적으로 중국계 이민자들에게 극 행위와 서사의 주체로서 권위를 부여한다. 비록 극의 안팎에 출몰하긴 하지만 백색/백인 세계는 중국인 공동사회의 주변에 머무를 뿐, 이들이 전개하는 극 행위와 서사에 간섭하지 않는다. 극 중 갈등은 외적 요인에서 비롯된 것이라기보다는 이 극에 등장하는 중국계 이민자 자신들이 초래한 결과인 것이다.

결과적으로 이 작품은 두 개의 시선을 갖게 되는데, 첫 번째는 중국인을 관찰하는 백인 극작가 파워스의 시선, 두 번째는 극 중 서사의 주체로서 중국인들의 시선이다. 작가의 시선이 객관적 거리와 중립성을 지키는 가운데 극 중 중국인들의 시선은 그들의 사회를 구성하고 지배하는 주류 시선이 되며, 그들은 목소리는 극을 지배하는 주류 목소리가 된다. 즉 중국인 자치공동체인 이곳에서 이방인이 되는 쪽은 백인 사회와 그 구성원이다. 미국이라는 타지에서 중국계 이민자들이 겪는 것처럼 차이나타운에서 백인은 중국인들의 시선에 의해 관찰 대상이 되고 타자가 되며 타입으로 왜곡되는 아이러니가 발생한다. 일례로 찬 토이의 장례식장에서 찬 왕을 감시하는 백인 형사들은 중국계 이민자들에 의해 '야만적인 악마'로 규정된다.

첨 워이: 장례식을 치르느라 찬 왕은 거의 거덜이 났어. 그리고 형사들이 그를 감시하고 있더군.

콰 키: 어째서 그가 법에 어긋나는 죄를 지은 일이 없는데.

첨 워이: 아무렴. 하지만 그가 곧 죄를 지을 것이라고 생각하나 봐.

콰 키: 이미 지은 죄가 아니라 앞으로 죄를 지을 것 같아 체포하는 경우라니, 저런 야만스러운 백인 악마들 같으니라구.

Chum Woe: The funeral has almost beggared Chan Wang, and the law officers are on the lookout for him.

Kwa Kee: Why, he had committed no crime gainst their laws.

Chum Woe: No, but they are afraid he will.

Kwa Kee: What a barbarous lot the white devils are to arrest a man not for what he has done, but for what they think he will do. (166–67)

반대로 이들은 '동양 고전'(study of the Classics)에 해박한 차이나타운의 원로 한의사 포우 랜(Dr. Pow Len)을 미국적 가치관과 대립되는 중국적 가치관의 모델로 내세우는데, 여기서 그가 겸비한 연륜·지혜·학식은 '야만스러운 악마'인 백인이 결여한 중국인 인격과 품위를 구성하는 요소로 부각된다.

콰 키: 우리가 그처럼 연륜 있고 지혜로우며 학식 높은 분의 은혜를 입고 있다는 게 얼마나 다행스러운지 몰라. 그분이 우리 차이나타운에서 가장 위대한 학자라는 거야.

Kwa Kee: How fortunate our society was in securing the services of such an ancient, wise, and learned man. They say he is the greatest scholar in our quarter. (167)

중국이 이민자들이 감행하는 '백인 타자화'는 급기야 백인의 문화에 대한 조롱과 희화로까지 확대된다. 이러한 점은 차이나타운 거주민들이 최근 미국에 도착한 불법 입국자 덕 로우(Duck Low)에게 미국의 해수욕 문화를 설명하는 장면에서 잘 드러난다.

콰 키: 여기에 좀 더 있다 보면 그보다 더 기묘한 광경을 보게 될 거네, 덕 로우. 이 땅 끝자락에 엄청나게 큰 목욕탕이 하나 있는데, 그 안에 사는 괴물처럼 거대한 뱀 한 마리가 바다에서 물을 빨아들였다가 목욕탕 안으로 도로 뱉어 낸다니까. (휴지) 글쎄, 여기에서 남자들과 여자들이 같이 목욕을 한대요.

덕 로우: 남녀가, 함께? 말도 안 돼!

포우 렌: 정말 통탄할 일이지.

Kwa Kee: You will see stranger sights than that, Duck Kow, if you remain here lng enough. There is situated at the end of the land, an enormous bath house, where they keep a monstrous snake who sucks water up from the sea, and spits it out again into the bath house. (*Pause.*) In this place men and women bathe together.

Duck Low: Men and women—together? Impossible!

Dr. Pow Len: Such is the lamentable fact. (169)

미국 문학 전통에서 시선의 주체는 백인이었고, 반대급부로 흑인, 인디언 원주민, 중국인 등 유색인종들은 백인 작가의 일방적 시선의 대상이어야 했다. 이들 유색인종 캐릭터들은 스테레오 타입이라는 왜곡된 희화화와 단순화의 펜 끝에 제물이 되어야 했다. 상기한 대화에서 이러한 관계가 역전된다. 이제 중국계 이민자들이 시선의 주체가 되고, 백인들의 문화는 이들 유색인들의 왜곡된 시선의 대상이 된다. 그 결과 백인들은 '악마' 혹은 '야만인'이라는 타입으로 단순화되고, 그들의 문화는 중국계 이민자들이 놀리는 희화와 조롱의 혀끝에서 농락당하며 그들의 야만성을 발현하는 증거가 된다. 즉 남녀가 함께 즐기는 백인들의 해수욕 문화는 중국인들에겐 통탄을 금치 못할

부도덕한 행위로 낙인찍힌다.

3. 중국계 이민자의 문제의식

『장남』에서 주목할 필요가 있는 또 다른 점은 극 중 인물들이 당대 현실에 대해 반응하는 태도와 문제의식이다. 이는 기존의 백인 극작에 등장하는 중국계 이민자 캐릭터들이 본인이 처한 상황에 대한 일차적 감정 표출에 국한된 몰비판적 반응을 보이는 관행과 차별된다. 『장남』이 현실에 대한 문제의식을 표출한다는 사실은 이 극이 흥미 본위의 기존 멜로드라마와 달리 사회의 부당함을 폭로하고, 궁극적으로 사회의 개선을 목적하는 사실주의 극의 노선을 따르고 있음을 입증하는 근거이기도 하다.

[그림 08] 영화 〈장남〉 포스터(1921년). 원작 극본을 각색한 무성영화로 셋슈 하야카와(Sessue Hayakawa)가 주인공 역을 맡았다. ©wikipedia.org

이 극이 표출하는 문제의식은 대부분 중국계 이민자 사회 내부의 요인에서 기인하며, 구체적으로는 개인적 층위에서 사회적 층위로 복잡하게 얽혀 있는 지역감정, 불공정 경제, 계층 대립, 정경유착의 폐단 등으로 요약된다. 극 중 찬 왕과 만 로우 익의 반목과 대립은 상기한 문제들을 입체적으로 구현한다. 두 인물의 갈등은 우선 각자의 출신지인 중국 북동부 산동(Shantung) 지역과 남부 광동(Canton) 지역 간 반목을 표출한다. 일례로 찬 왕은 동족인 자신의 아내를 앗아간 만 로우 익을 두고 "광동의 개"(the Cantonese dog, 163)라 욕하고 만 로우 익 밑에서 일하는 섬 초우(Sum Chow)를 "광동의 노예"(Canton slave, 164)라 부른다.

아울러 주변 인물들의 대화를 통해 상기한 지역감정이 미국 이민 시절 이전부터 있었던 뿌리 깊은 갈등이었음을 짐작할 수 있다. 극 초반 화류계 여인 로이 칭(Loey Tsing)과 담뱃대 수선공 홉 키(Hop Kee)가 찬 왕의 근황에 대해 이야기하던 중 광동 여인과 산동 여인에 대한 평가가 언급된다.

> 로이 칭: 찬 왕과 아들을 버리고 만 로우 익에게 간 그 여자 있잖아요. […] 광동 여자들은 원래 예의도 없고 목소리는 엄청 크고 그렇거든요. […] 그 여자는 사고뭉치에다 사치도 심할 게 뻔해요. 그[찬 왕]가 광동 지방 출신의 여자와 결혼하다니, 정말 바보짓이었어요.
>
> 홉 키: 그가 산동 지방 출신의 여자와 결혼했다면 정말 현명한 선택이었겠지.

> Loey Tsing: The woman who deserts Chan Wang, let alone her child, for Man Low Yek, […] These Canton women have no manners and are too loud of voice. […] She must have been troublesome and expensive. What a fool he was to marry a woman from the province of Quong Tong.
>
> Hop Kee: How wise he would have been had he married a woman from the province of Shantung. (155–56)

찬 왕과 같이 산동 출신인 로이 칭은 사실 미국으로 오기 전 찬 왕의 옛 연인이었으나, 어려운 가정형편 때문에 광동 출신인 만 로우 익의 몸종으로 팔려 미국으로 오게 되면서 찬 왕과 이별했던 과거가 있다. 이후 만 로우 익은 로이 칭을 화류계로 팔아 버리고 대신 찬 왕의 아내 찬 리를 다시 꾀어내 앗아간 상황인 것이다. 이러한 정황을 감안하면 위 대화는 산동 출신 찬 왕과 광동 출신 찬 리가 애초부터 어울리지 않는 인연이었고, 동향인 만 로우 익과 찬 리의 부정한 결합은 예견된 결과였다는 정서를 표출한다. 이와 관련해 극 후반부에서 아들을 잃은 찬 왕과 로이 칭의 해후 장면은 이루지 못한 사랑에 대한 안타까움을 전한다.

> 로이 칭: 당신을 오래전부터 연모해 왔지요, 찬 오라버니. 그러다 광동 여자 찬 리가 당신의 아내가 되었고 당신의 슬픔이 시작되었죠. 그녀가 당신을 떠났을 때 난 기뻤지만 한편으론 그녀를 저주했어요. […] 당신에게 슬픔을 주었기 때문이죠. […] 만 로우 익이 당신에게서 아내를 꾀어 낸 것처럼 나도 당신 가정에서 당신을 꾀어냈어야 했어요. 허나 그건 있을 수 없는 일. 난 내가 탐하는 모든 걸 잃을 운명이거든요. 고향, 아버지, 어머니, 형제자매, 자존심… 모두를. (운다.)
>
> 찬 왕: 진정해요, 진정해. 슬픈 누이여, 산동 지방은 여전히 중국에 있고, 아직도 그곳에선 꽃이 피고 있잖소.

> Loey Tsing: I have thought of you softly, friend Chan, for a long time before your sorrow came upon you, when the Canton woman, Chan Lee, was your wife, and when she deserted you, I felt pleased, and yet I cursed her […] because she have you sorrow. […] I should have enticed you from your home as Man Low Yek enticed your wife from you, but it was not to be. I was born to lose all I ever set my heart on. Home, father, mother, brothers and sisters, self-respect — all (*Weeps.*)

Chan Wang: Peace. Peace. My sister in sorrow, the province of Shantung is still in China, and flowers yet grow there. (171–72)

찬 왕과 만 로우 익의 대결 구도는 두 남자가 속한 사읍회와 삼읍회 간 갈등으로 불거지면서 경제와 계층 문제와 결부된 사회적 층위로 확장된다. 만 로우 익은 차이나타운의 재력가로 미국 및 중국 정치권력과 결탁해 자신의 삼읍회 조직을 확대하고 중국인 상권을 장악하려는 야심을 가진다. 만 로우 익에 대한 찬 왕의 저항은 자연스럽게 자신이 속한 군소 소직 사읍회의 저항을 대변하는 성격을 띤다. 두 조직의 갈등은 중국 총영사관 명의의 공고문이 마을 게시판에 내걸리면서 전면적으로 표출된다.

짐은 이 도시의 중국인 거주민들에게 고하노니 만 로우 익과 삼읍회에 대한 불매동맹은 이 나라의 법에 저촉되는 행위이며, 이에 사읍회 성원들에게 경고하노니 존엄하신 우리 천황 폐하께서 이들의 모반 행위에 대해 심히 불쾌하게 생각하시는바, 삼읍회 상인들에 대한 이러한 행동을 중지하지 않을 시에는 중국에 있는 이들의 일가친척에 즉각적인 보복이 돌아가게 될 것임을 알리는 바이다. 총영사 첸 옌 윙, 3월 6일.

We inform the Chinese residents of this city that the boycott declared against Man Low Yek and others of the Sam Yip Association is contrary to the laws of this country, and we wish to warn members of the See Yip that this celestial majesty, our Emperor, is displeased with their conspiracies and will take swift vengeance on their relatives in China, in this way against the Sam Yip merchants is not stopped. Chen Yen Wing, Consul–General. Third Moon, Sixteenth Day. (158–9)

1890년대 들어 차이나타운 내 중국인 조직들의 경쟁이 가열되면서 이들의 폭력적인 상권 다툼은 비일비재했고, 중국 영사관이 개입해 폭력을 금하는 공고문을 내고 필요에 따라 관련자들을 엄중 처벌하는 등 특단의 조치를 내리는 일이 흔하게 발생했다. 일례로 1893년 3월 샌프란시스코 차이나타운에 걸린 중국 총영사 명의의 공고문은 명에 불복하는 자들을 "참수형에 처하고 가족, 부모, 형제, 자매에게도 치욕을 줄 것"이라고 경고하는데(Quin 132), 이는 극 중 공고문 내용과 매우 흡사하다. 이런 점에서 극 중 중국 총영사의 공고문은 현실에 대한 기록으로서 『장남』의 성격을 한 번 더 입증한다.

Sam Yup Association
Main Office
San Francisco, Calif., U.S.A.
Certificate
Name Poon Yin Kin
Age 40
District Nam Hoy
Residence San Francisco, Cal.
A 611
John J. Leo
PRESIDENT

[그림 09] 삼읍회 회원증. UC 버클리 도서관 소장. ©wikipedia.org

주목할 것은 공고문에 대한 차이나타운 주민들의 반응 태도이다. 그들은 언급한 두 조직의 갈등 상황에서 한쪽의 입장을 편파적으로 두둔하는 총영사의 태도를 문제 삼는다.

홈 키: 총영사가 무슨 권한으로 사읍회가 하는 일에 간섭이랍니까?

포우 렌: 권한은 무슨, […] 이 야만국의 법이 불매동맹을 금한다는 것을 분명히 하려는 게지.

첨 워이: 사읍회의 고충은 어떻게 하구요? […] 법이라뇨? 백인 악마들의 법이요? 그게 중국인에게 무슨 소용이죠? 삼읍회의 재력가들이 아무런 제재도 받지 않고 사읍회를 해체하도록 용인해 준 거잖아요. 총영사는 이 사실에 대해 알고 있기는 한 것인가요?

Hop Kee. What power had the Consul-General to interfere with the doings of the See Yip Tongs?

Dr. Pow Len. None whatever, […] he makes clear to them that laws of this barbarous country forbid the boycott.

Chum Woe. What about the grievances of the See Yips? […] What law? The law of the white devils? Of what use is that to a Chinaman? Are wealthy men of the Sam Yip Association to be permitted to break up the See Yip Tong without resistance? Has the Consul-General taken into consideration that fact? (159)

아울러 이들은 모든 것이 만 로우 익의 계획에서 비롯되었고, 총영사의 편파적인 판단 배후에 금권과 관건이 결탁한 정경유착의 폐단이 있음을 파악한다.

첨 워이: 만 로우 익이 점점 더 뻔뻔해지고 있어요. 그는 지난밤 총영사 첸 옌 윙에게 성대한 잔치를 베풀고, 그 자리에서 사읍회를 해체해야 한다고 열변을 토했어요. 그는 우리 조직이 반동분자, 이 나라와 우리 모국 모두의 적, 영업 훼방꾼, 불매운동꾼, 백인 악마들이 무서워하는 살인자로 구성되었다고 공언했다구요.

Chum Woe. Man Low Yek is getting bold again. He have a great feast the other night to the Consul-General, Chen Yen Wing, and swore to do all in his power to break up the See Yip Tong. He declared our association to be a band of conspirators, enemies not only of the laws of this country, but to our own as well, disturbers of trade, boycotters and murders whose deeds have shocked the white devils. (167)

이 지점에서 『장남』의 문제의식은 중국계 이민자 사회의 영역을 넘어서 미국의 법 체제와 인권의 대립이라는 보다 큰 사회적 맥락과 맞닿는다. 즉 극 중 중국인 캐릭터들은 중국인 사회 내부의 복잡한 권력 구조는 물론 그들의 직면한 현실이 미국 법이라는 외적 요인과도 무관하지 않음을 인지하는 '사회적으로' 의식화된 개인으로 묘사된다. 이는 기존 중국인을 다룬 극에서 백인 작가의 일방적 시선의 대상일 수밖에 없었던, 때문에 스테레오 타입이라는 왜곡된 단순화의 펜 끝에 제물이 되어야 했던 중국인 캐릭터들의 운명과 차별된다. 아울러 이 극이 당대 차이나타운의 현실에 대한 객관적 관찰과 기록의 성격을 지님을 감안할 때, 상기한 차별적 캐릭터들은 당대 중국인의 모습에 대한 진솔한 반영으로 이해할 수 있다. 즉 이 극은 기존의 문학에서 찾아볼 수 없는 한층 성숙한 인지 능력과 고양된 의식을 지닌 개인으로 중국인 캐릭터를 소개하고 있으며, 이는 초기 이민 시절에 비해 많이 달라진 중국계 이민자들의 의식 수준을 반영한다.

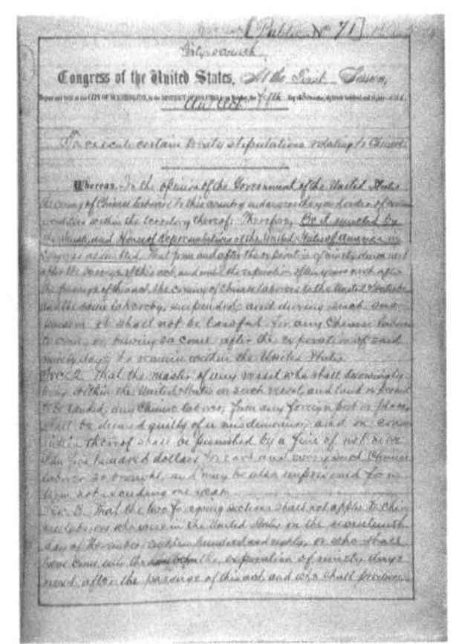

[그림 10] 중국인 배척법안 첫 페이지
©wikipedia.org

그러나 당시 중국계 이민자의 고양된 의식 수준과는 달리 그들의 사회적 지위와 입지가 현실적으로 보다 불리한 방향으로 움직였다. 1850년 캘리포니아 금광 노동자로 미국에 처음 정착한 이래 중국계 이민자들은 저임금과 근면성을 무기로 노동시장을 잠식해 갔고, 이는 백인 노동자들의 인종적 반감을 부추겼다.[57] 소위 '반중국인 감정'(anti-Chinese sentiment)의 여파로 1882년 중국인 배척법(Chinese Exclusion Act)이 의회를 통과했는데, 중국인의 미국 이민을 10년간 금하는 것을 골자로 하는 이 법은 미국 의회가 특정 인종과 국적을 대상으로 이민을 통제한 최초 사례로 여겨진다. 1888년 스코트 법(Scott Act)은 미국 시민이 된 중국계 이민자라도 중국을 방문하고 돌아올 때 미리 발급받은 거주증명서를 제출할 것을 강제했고, 이 조치로 이십만 명에 이르는 중국계 미국인이 입국 불허를 당했다. 1892년 그리어리 법(Greary Act)은 중국인 배척법을 10년간 연장하고 1902년에는 종료 시한 없이 재차 연장되었다. 그 결과 1882년에 29,213명에 달했던 중국계 이민자 수가 중국인 배척법 시행 직후인 1883년에는 2,000명 이상이 줄었고, 그리어리 법 시행 직후인 1893년에는 고작 472명의 중국인이 미국 입국을 승인받았다(Moy 51). 상기 사례들은 '미국에서 출생한 사람은 미국 시민이다'라는 속지주의 원칙의 법적 토대가 되는 1868년 수정헌법 14조에 위배되는 것으로

---

57 1877년 백인 실업자들이 주축이 되어 결성한 캘리포니아 노동당(Workingmen's Party of California)은 집회 때마다 '중국인은 물러가라'(The Chinese Must Go)라는 슬로건을 내걸며 중국계 이민자에 대한 반감을 표출했다. 헨리 그림(Henry Grimm)의 1879년도 극 『중국인은 물러가라』(*The Chinese Must Go*)는 이러한 상황을 잘 반영한다. 반중국인 집회 상연을 목적으로 집필된 이 극은 집회 슬로건을 제목을 삼고 있으며, 극 중 중국인 이민자 캐릭터에 대한 편파적인 왜곡과 희화화를 보여준다.

[58], 유독 중국인만이 예외적으로 법적 보호의 사각지대에 놓여 있던 19세기 후반 상황을 방증한다.

당시 중국계 이민자들이 처한 차별적 현실은 극 중 불법 입국자인 덕 로우에게 콰 키(Kwa Kee)가 전하는 말을 통해서도 묘사된다.

> 콰 키: 이 나라의 법에 따르면, 이곳에 사는 모든 중국인들이 커다란 명부에 이름을 등록하게 되어 있어. 그리고 이 나라 거주자임을 식별할 수 있게 증명사진도 찍어 둬야 하지. 혹 중국에 갔다가 여기로 돌아올 때는, 자네가 처음 미국에 오는 사람이 아니란 걸 증명하려면 아까 그 사진을 법관에게 보여 줘야 해. 이곳 야만인들은 누가 누군지 분간할 줄을 모르니까 말이야.

> Kwa Kee: Well, according to the laws of this country, every Chinaman residing here is expected to register his name in a big book, and have his portrait taken in order that he may be identified as a resident of this country; should he visit China and wish to return here, he must show his portrait to the law officers, so they will be able to tell he is not a newcomer, for these barbarians cannot tell us from each other. (168)

한편 중국계 이민자들은 입국 금지와 시민권 박탈 등 차별적 조치에 맞서 법적으로 대응하는 적극적인 자세를 취했다. 실제로 19세기 후반에서 20세기 초반까지 미연방대법원에 제소된 중국인 및 아시아

58 1868년 수정헌법 14조는 "미국에서 출생했거나 귀화한 모든 사람들 그리하여 사법권에 예속된 사람들은 모두 그들이 거주하는 주와 미국의 시민이다"는 내용으로 원래 남북전쟁 직후 자유민이 된 흑인에게 시민권을 주기 위해 제정되었다.

이민자 관련 재판이 170회 이상이나 되었다. 그중 주목할 사례는 『장남』이 집필된 1897년에 있었던 '웡 킴 아크 대 미연방'(Wong Kim Ark vs. The United States) 판례다. 웡은 1873년 샌프란시스코에서 중국인 부모 사이에서 태어났다. 세관원으로 일하던 그는 1894년 중국에 계신 부모님을 방문하고 이듬해 1895년에 귀국하다가 입국을 거절당했다. 1892년 그리어리 법이 발효됨에 따라 중국인 배척법이 10년간 연장되면서, 미국 출생 여부와 상관없이 '중국인'으로 간주된 그의 입국이 불허된 것이었다. 웡은 이에 국가를 상대로 법적 소송에 들어갔고 1897년 대법원 심리에서 6:2 판결로 승소했다. 이 판결은 수정헌법 14조에 명시된 '미국에서 출생한 사람은 미국 시민'이라는 속지주의 원칙을 적용한 사례로 미국 내 중국계 이민자 및 여타 소수인종 구성원에 대한 처우와 인권에 대한 인식의 전환을 가져온 역사적 사례로 평가된다.

작가가 상기한 법적 공방에 대해 알고 있었는지 여부는 알 수 없으나, '웡 킴 아크' 판례가 있던 해에 『장남』이 집필되었다는 사실은 우연의 일치를 넘어 중요한 시사점을 남긴다. 즉 이 극은 당대 중국계 이민자들의 의식 수준, 이들에 대한 백인 주류사회의 의식 변화와 그로 인한 미국 시민으로서 중국계 이민자들의 사회적 지위 변화를 반영할 뿐만 아니라, 이러한 사회의 움직임이 문학과 연극 등의 문화 콘텐츠를 통해 일반 대중에게 파급되는 당시 상황을 입증한다는 것이다.

이와 관련해, 앞서 콰 키가 덕 로우에게 이야기하는 장면을 다시 소환할 필요가 있다. 이 장면에서 전자는 중국인에 대한 엄격한 이민 통제의 실상—거주자 명부 등록 및 출입국 시 거주증명서 제출 등—

을 이야기하고 있지만, 정작 이야기를 듣는 후자가 불법 입국자라는 사실은 철통같아 보이는 미국 법망에 이미 구멍이 났음을 말해 준다. 그는 중국인에 대한 반감이 비교적 덜한 캐나다를 통해 아메리카에 상륙한 뒤, "백인 악마들이 총애하는 야만족"(a savage race much favored by the white devils, 168) 인디언으로 변장해 국경을 넘어 미국에 입성했다고 말하는데, 덕 로우의 이와 같은 '불법 입국' 무용담은 미국 이민법의 실효성에 근본적인 의문을 제기한다(Guterman 45). 더욱 주목할 것은 상기한 중국인에 대한 이민 통제의 실상에 이어서 콰 키가 전하는 또 다른 이야기인데, 이는 덕 로우의 경우보다 더욱 기발한 수법으로 미국 이민법의 구멍을 찾아 역이용하는 중국계 이민자들의 발칙한 실상에 대한 것이다.

콰 키: 내 친구 첨 워이의 동생에 비하면 자네의 입국 방법은 아무것도 아니야. […] 내 친구 첨 워이는 법을 준수했지. 커다란 명부에 이름을 적고, 증명사진도 찍고 그리고 중국에 있는 동생에게 보냈지. 동생은 그걸 가지고 이 나라에 무사히 들어왔지.

덕 로우: 하지만 어떻게 그럴 수 있지? 분명 탄로가 났을 텐데.

콰 키: 천만의 말씀. 둘이 똑같이 생겼거든. 첨 워이와 그의 잘난 동생은 쌍둥이거든.

Kwa Kee: Your entry into this country was scarcely as wonderful as was that of the brother of our good Chum Woe. […] Our friend Chum Woe complied with the law, wrote his name in the big book and had his portrait taken, sent it to his brother in China, who with it passed safely into this country.

Duck Low: But how could he do so? Surely he was recognized.

Kwa Kee: Not a bit of it. They are as like as two nuts. Chum Woe and his excellent brother are twins. (168)

두 남자의 대화는 범법자로서 중국인의 이미지를 강화시키는 한편 그럴 수밖에 없는 중국계 이민자들의 현실을 함께 부각시킨다. 더욱 중요한 점은, 덕 로우와 첨 워이의 동생 등 불법 입국자의 존재는 중국인 배척법의 목적이 실패했음을 말해 준다. 중국인 배척법은 미국에게 보다 위험한 형태의 중국인 입국자를 양산해 낼 뿐, 결국 중국인의 완전한 배척은 실현 불가라는 것이다(Guterman 45). 앞서 미국의 해수욕 문화에 대한 대화에 이어 이번에는 불법 입국 무용담을 통해 덕 로우와 콰 키는 대화는 중국인과 미국의 관계를 한 번 더 전복하며, 시선과 서사의 주체로서 중국인의 위치가 유지되는 가운데, 중국인을 통제하는 미국적 기제가 희화의 대상이 되는 아이러니가 발생하며, 결과적으로 백인의 철통같은 법망은 두 중국계 이민자의 혀끝에서 또다시 농락당한다.

4. 타입이 아닌 개인, 중국인 이민자의 초상

프랜시스 파워스의 『장남』은 19세기 후반 멜로드라마 일변도의 미국 극작 풍토에서 자생적인 본격 사실주의 드라마가 태동하고 있었음을 입증한다는 점에서 중요한 의미를 갖는다. 극에서 발견되는 가치중립적 관찰자로서 작가의 입장과 태도, 타입이 아닌 개인으로서 중국계 이민자에 대한 묘사 그리고 당대 사회 현실에 대한 이들 이민자들의 문제의식 제시 등은 『장남』 사실주의 드라마의 본령에 진입하고 있음을 방증한다. 사실주의 드라마로서 이 극의 가장 큰 미덕은 백인 작가가 관찰자로서 가치중립적인 거리를 유지하는 가운데, 관찰 대상인 차이나타운 거주민들에게 시선과 서사의 주체로서 입장을 부여한다는 점이다. 결과적으로 『장남』은 중국인 이민자들이 말하는 자신의 이야기이자 그들이 보는 미국의 이야기가 된다. 작가는 이것을 독자에게 전달하는 역할에 충실할 뿐이다.

이러한 점에 대한 평가는 비단 초연 당시뿐만 아니라 한 세기가 지난 지금에도 비평가들에 의해 인정받고 있다. 당대를 대표하는 사실주의 작가 프랭크 노리스(Frank Norris, 1870-1902)는 『장남』을 "중국인의 관점에서"(from the Chinese point of view) 그려진 "사진을 보듯 실물에 가까운"(as true to life as a photograph) 중국계 이민자의 삶에 대한 사실적 재연이라고 평가했다(McElrath 48 재인용), 2015년에 출간된 『옥스포드 무용·연극 편람』(*The Oxford Handbook of Dance and Theatre*)에서는 중국인을 소재로 한 초기 미국 드라마 중 "중국인에 대한 진실하고 진지한 초상"(the portrayal of Chinese with the apparent sincerity and seriousness)에 해

[그림 11] 브로드웨이 공연 포스터(1897년). 당대 거물급 연극 제작자 데이비드 벨라스코(David Belasco)의 1897년 연출로 10월 5일 맨해튼 극장(Manhattan Theatre)에서 공연되었다. 미국 국회도서관 소장. ©log.gov

당하는 유일한 예로 이 극을 평가한다(Lei 675).

『장남』은 또한 19세기 후반 당시 중국계 이민자의 달라진 입지와 사회적 지위 및 한층 성숙해진 의식 수준과 문제의식을 극화한다. 이 극이 현실의 객관적 관찰과 기록에 충실하다는 점을 감안할 때, 상기한 점은 1850년대 초창기 이민 시절에 비해 많이 달라진 중국계 이민자의 삶과 환경에 대한 진솔한 반영으로 볼 수 있다. 이와 관련해, 『장남』이 1897년 샌프란시스코 초연은 물론 곧바로 이어진 브로드웨이 무대에서 흥행에 성공하면서 동부와 서부 관객 모두에게 환영받았다는 사실은 두 가지 면에서 의미가 크다. 첫째, 극에서 소개되는 '타입이 아닌' 그리고 '사회적으로 의식화된' 개인으로서 중국인이 백인 주류사회에서 수용되고 있음을 입증한다는 것이다. 둘째, 중국계 이민자에 대한 백인 사회의 인식 변화와 그로 인한 중국계 이민자들의 달라진 사회적 입지 등을 포함한 사회적 움직임이 연극이라는 문화 콘텐츠를 통해 일반 대중에게 파급되고 있음에 대한 증거인 점이다.

『장남』은 19세기 후반 당대 중국계 이민자의 삶에 대한 사실주의적 극화이자 이들의 문제의식과 이와 관련된 미국 사회 현실의 변화와 움직임에 대한 객관적 관찰과 기록이기도 하다. 이 극은 문학작품으로서 가치를 넘어서, 미국 이민사의 중요한 부분인 중국인 문제(Chinese question)에 대한 19세기 후반 미국 백인 주류사회의 정서를 가늠케 하는 문화사적 사료로서 가치를 발한다.

인용 문헌

· 박정만. 「제임스 헌의 '진실을 위한 예술'론과 휴머니즘: *Margaret Fleming*에서의 사회적 혼혈 이슈와 여성 문제」. 『현대영미드라마』 22.2 (2009): 39-69.

· Bucks, Dorothy S. and Arthur H. Nethercot. "Ibsen and Herne's *Margaret Fleming*: A Study of the Early Ibsen Movement in America." *American Literature* 17.4 (1946): 311-33.

· Guterman, Gad. *Performance, Identity, and Immigrant Law: A Theatre of Undocumentedness*. New York: Palgrave MacMillan, 2014.

· Lei, Daphne P. "Dance Your Opera, Mime Your Words: (Mis)translate the Chinese Body on the International State." *The Oxford Handbook of Dance and Theatre*. Ed. Nadine George-Graves. Oxford: Oxford UP, 2015. 669-690.

· Lyman, Stanford M. *Civilization: Contents, Discontents, Malcontents, and Other Essays in Social Theory*. Fayetteville: U of Arkansas P, 1900.

· Matlaw, Myron, ed. *Nineteenth Century American Plays*. New York: Applause, 2001.

· McElrath, Joseph R. Jr., "Beyond San Francisco: Frank Norris's Invention of Northern California." *San Francisco in Fiction: Essays in Regional Literature*. Ed. David Fine, and Paul Skenazy. U of New Mexico P, 1995. 35-55.

· Miller, Tice L. "Plays and Playwrights: Civil War to 1896." *The Cambridge History of American Theatre*. Vol. 2. Ed. Don B. Wilmeth, and Christopher Bigsby. Cambridge: Cambridge UP, 1999. 233-61.

· Moody, Richard, ed. *Dramas from the American Theatre 1762-1909*. New York:

Houghton Milffin, 1969.

· Moy, James S. *Marginal Sights: Staging the Chinese in America*. Iowa City: U of Iowa P, 1993.

· Nee, Victor G., and Brett De Bary Nee. *Longtime Californ': A Documentary Study of an American Chinatown*. Stanford: Stanford UP, 1986.

· Pizer, Donald. "An 1890 Account of *Margaret Fleming*." *American Literature* 27.2 (1955): 264-67.

· Powers, Frank. *The Frist Born*. In *The Chinese Other 1850-1925: An Anthology of Plays*. Ed. Dave Williams. Lanham: UP of America, 1997. 150-73.

· Quin, Yucheng. *The Diplomacy of Nationalism: The Six Companies and China's Policy Toward Exclusion*. Honolulu: U of Hawaii P, 2009.

· Wilson, Garff B. *Three Hundred Years of American Drama and Theatre: from Ye Bare and Ye Cubb to Hair*. Englewood Cliffs: Prentice-Hall, 1973.

· Winter, William. *The Life of David Belasco*. 2 vols. New York: Moffatt, Yard and Co., 1918.

· Moody, Richard, ed. *Dramas from the American Theatre 1762-1909*. New York: Houghton Milffin, 1969.

·

· Vaughn, Jack A. *Early American Dramatists: From the Beginning to 1900*. New York: Frederick Ungar, 1981.

· Yung, Judy, Gordon H. Chang, and Him Mark Lai, comp. and eds. "Documents of the Chinese Six Companies Pertaining to Immigration." *Chinese American*

Voices: from the Gold Rush to the Present. Berkeley: U of California P, 2006. 17–25.

신문 기사

· "Amusement." *Sacramento Daily Union*, 3 Aug. 1897: 7. Print.

· "Feast of Lit Sing Gung." *Indianapolis Journals*, 3 Dec. 1900: 3.

· "Francis Powers and His Chinese Play: Clever Oriental Drama." *San Francisco Chronicle*, 16 May 1897: 32.

· "Little Tots Play *The First Born*." *San Francisco Call*, 26 Dec. 1898: 7.

· "The First Born." *Daily Astorian*, 13 Aug. 1897: 4.

· "*The First Born* Cast Faces Spotlight Tonight." *Stanford Daily Palo Alto*, 7 Nov. 1919: 1+.

· "*The First Born* Welcomed in New York: Francis Powers' Chinese Play Score Big Sweeps in the East." *San Francisco Chronicle*, 6 Oct 1897: 1.

· "The Stage." *San Francisco Call*, 6 May 1897: 25.

그림 출처

[그림 01] 차이나타운 장면

https://www.the-athenaeum.org/art/detail.php?ID=302366

[그림 02] 유진 오닐 초상

https://en.wikipedia.org/wiki/Eugene_O%27Neill

[그림 03] 제임스 헌 초상

https://en.wikipedia.org/wiki/James_A._Herne

[그림 04] 프랜시스 파워스

https://en.wikipedia.org/wiki/Francis_Powers

[그림 05] 『장남』 공연 기사

https://chroniclingamerica.loc.gov/lccn/sn85066387/1898-12-26/ed-1/seq-7/

[그림 06] 샌프란시스코 식스컴퍼니 임원들

https://en.wikipedia.org/wiki/Chinese_Consolidated_Benevolent_Association

[그림 07] 차이나타운 상가 거리 풍경

https://commons.wikimedia.org/wiki/File:Chinatown,_San_Francisco,_California,_ca_1895_(HESTER_220).jpeg

[그림 08] 영화 『장남』 포스터(1921년)

https://en.wikipedia.org/wiki/The_First_Born_(1921_film)

[그림 09] 삽엽회 회원증

https://en.wikipedia.org/wiki/History_of_Chinese_Americans

[그림 10] 중국인 배척법안 첫 페이지

https://en.wikipedia.org/wiki/Chinese_Exclusion_Act

[그림 11] 브로드웨이 공연 포스터(1897년)

https://www.loc.gov/resource/var.2115/

[그림 01] 〈물을 사수하라〉(*Fight for the Waterhole*). 프레데릭 레밍턴(Frederic Remington) 작(1903년). 프레데릭 레밍턴은 서부의 삶을 화폭에 구현한 대표적인 미국 화가였다. 그가 포착한 서부의 카우보이들은 선량한 사람에서 무법자에 이르기까지 다양한 모습을 띠는데, 이들은 공히 생존을 위해 투쟁하는 현실의 인간이라는 공통점을 갖는다. 인디언 원주민, 문명의 울타리를 치기 시작한 동부 백인, 험악한 기후와 야생의 환경은 이들이 이겨 내야 할 적이며, 『대분수령』에 등장하는 겐트 일행 역시 이러한 운명으로부터 자유롭지 못하다. 휴스턴 미술관(The Museum of Fine Art, Huston) 소장.ⓒwikipedia.org

제8장

1900년대 미국적 풍토와 사상의 무대 재현[59]:

윌리엄 본 무디, 『대분수령』

William Vaughn Moody, *The Great Divide* (1906)

59 이 글은 『현대영미드라마』 21권 2호(2008년)에 게재된 논문 "Reconsidering 'A New Mark' in American Drama: William Vaughn Moody's *The Great Divide*"를 번역·수정해 정리한 것이다.

1. 미국 드라마의 새로운 이정표

미국 극작가 윌리엄 본 무디(William Vaughan Moody, 1869-1910)의 희곡 『대분수령』(*The Great Divide*)이 뉴욕에서 초연된 것은 1906년 10월 3일이었다. 다음 날 일간지 《뉴욕 선》(*New York Sun*)에 실린 공연 리뷰는 이 극을 "미국 드라마의 새로운 이정표"(a new mark in American drama)라 격찬해 마지않았다(Moody 721 인용). 60여 년 후, 미국 연극사학자 리처드 무디(Richard Moody)와 가프 윌슨(Garff B. Wilson)은 《뉴욕 선》의 어조를 상기하듯 이 극에 "최초 미국 현대 드라마"(the first modern American drama)라는 문학사적 가치를 부여했다(Moody 727, Wilson 340).

[그림 02] 윌리엄 본 무디 초상(1906년)
©wikipedia.org

20세기가 도래하기 전부터 미국 연극계가 연극 산업을 위한 기간 시설의 발전 측면에서 이미 현대적 모습을 갖추기 시작했음은 부인할 수 없는 사실이다. 1869년의 대륙횡단철도(transcontinental railroads) 제1 구간이 완공되고 이어진 후속 확장 공사가 이어지면서, 동부 해안에서 서부 해안에 이르는 광대한 미국 영토는 로키산맥이라는 거대한 지리적 장벽을 극복하고 마침내 철길로 연결되었다. 그 결과 대도시를 거점으로 하는 유명 극단과 스타급 배우들의 전국 순회공연이 가능해졌고, 뉴욕의 브로드웨이 등 대도시 특정 지역에 밀집되었던 관극 기회 및 관객층을 지방으로 분산하는 효과를 낳았다. 이는 다시 유명 극단과 인기 배우들의 지방 순회 필요를 더욱 부추기는 요인으로 작용했고, 연쇄적 상승작용에 탄력을 받아 미국 전역을 통해 잠재 관객 수가 더욱 급증하게 되었다.

당대 과학기술의 발전은 무대 위에 실감 나고 흥미진진한 장면을 구현하는 것을 가능케 했는데, 이는 보다 자극적인 볼거리를 찾아 극장을 방문한 관객의 기호와 눈높이를 한층 세련되게 만드는 데 기여했다. 연극은 이제 어엿한 기업이 되었고, 연극 제작자들은 어느새 기업가로 변모해 있었다. 이들은 여느 직종의 비즈니스맨과 다를 바 없이 관객 동원과 고객 확보를 통해 흥행 수입을 극대화하고 궁극적으로 치열한 연극 시장에서 최후의 승자가 되기 위해 혈안이 되어 있었다. 그들은 관객의 고양된 기호를 충족시키고 이 잠재 관객을 단골고객으로 만들기 위해, 소위 '스펙터클 사실주의'(spectacular-realism)라 일컬어지는 보다 장대하고 실감 나는 장관을 무대 위에 창출해 내고자 전력투구했다. 이처럼 무디의 『대분수령』이 초연되었을 무렵, 미국 연극은 산업이라 해도 좋을 만큼 이미 대규모화되어 있었고, 극장 설비 및 관객 편의시설 등을 포함한 제반 여건이 탄탄하게 구축되어 있었다(Londré and Watermeier 168-259; Frick 196-232).

당시 극장을 지배한 장르는 멜로드라마였다. 자연 당대 극작가들은 시대의 조류에 맞추어 멜로드라마를 양산해 내는 일에 주력했다. 멜로드라마는 이전 시대에 이어 세기의 전환기를 맞아서도 여전히 대중에게 가장 인기 높은 여흥 거리였던 것이다. 연극 제작자들 역시 관객의 기호를 충족시키고 흥행에 성공하기 위한 가장 쉽고 빠른 길이 멜로드라마 제작임을 확신했으며, 이 흥행수표를 무대 위의 멋진 볼거리를 재창출해 내는 작업에 매진했다. 요약하면 무디의 『대분수령』의 초연이 있었던 20세기 첫 십 년대까지 미국 연극의 현대화는 특히 무대 제작 분야를 통해 괄목할 만한 성과를 보였던 반면 극작 분야에서는 여전히 과거의 전통을 답습하는 수준에 머물러 있었다.

사실적이고 흥미진진한 볼거리를 포함하는『대분수령』은 당대 연극 제작자들이 찾고 있던 '이상적' 대본이자 당대 극작가들에게 요구되는 극작의 '모범' 답안이었다. 애정의 삼각관계(romantic triangle)와 위기 구조(crisis plot) 등 멜로드라마의 전형적 장치를 답습함으로써, 이 극은 과거 극작 전통—유럽의 극작 전통을 포함하는—에 다분히 충실한 극이다. 한편 이 극에 대한 동시대 반응과 60년 후의 평가는 사뭇 논란의 여지를 남긴다. 즉 초연 당시 이 극을 '미국 드라마의 새로운 이정표'라 격찬한《뉴욕 선》의 반응과 2세대 이후 학자인 리처드 무디의 '최초 미국 현대 드라마'라는 평가는, 과거 멜로드라마 전통의 답습이라는 혹은 새로움과는 다소 거리가 있는 이 극의 '액면' 가치와 상충하는 것이다. 여기에서 중요한 질문 하나가 제기된다.『대분수령』이 멜로드라마라는 '어제의 극작 전통'에 대한 충실도에도 불구하고 '새로운 이정표'와 '미국 최초 현대 드라마'라는 타이틀을 거머쥘 수 있었던 구체적 요인이 무엇인가?

2. 사상낭만극, 시사적 사실주의

가프 윌슨(Garff B. Wilson)은 20세기 첫 십 년대에 쓰인 미국 극들을 극작 목적 및 성격에 따라 크게 네 부류로 나누는데, 오락극(plays written to amuse), 사상오락극(plays offering entertainment with ideas), 현실

도피낭만극(romantic escapist plays), 사상낭만극(romantic plays with ideas)이 그것이다. 윌슨은 무디의 『대분수령』을 네 번째 부류인 '사상낭만극'으로 분류한다(325-40).

윌슨에 따르면, 첫 번째 부류에 속하는 오락극의 유일한 목적은 말 그대로 "웃음을 유발하는"(create laughter) 것으로 주로 사투리나 과장된 행동의 묘사를 통해 "유명한 미국 인물을 희화하는"(caricaturing well-known American types or characters) 수법에 의존했다(325). 이런 부류의 극들은 대부분 "미국 삶의 다양한 측면", 특히 부귀와 영화를 맹목적으로 탐하는 이들을 유쾌하게 풍자하는 소극-멜로드라마(farce-melodrama)의 형태를 띠었다(326).[60] 두 번째 부류인 사상오락극은 소위 '사

[그림 03] 『시골 의원님』의 주연배우 매클린 아버클(Maclyn Arbuckle, 1904년경). 하버드 도서관 소장. ©wikipedia.org

60 1900년대를 대표하는 오락극으로 조지 에이드(George Ade)의 『시골 의원님』(*The County Chairman*, 1903)과 『대학가 과부』(*The College Widow*, 1904), 앨리스 라이스(Alice Hegen Rice)의 『배추밭의 위그스 부인』(*Mrs. Wiggs of the Cabbage Patch*, 1903), 조지 코헨(George M. Cohen)의 『왈링포드의 일확천금』(*Get-Rich-Quick-Wallingford*, 1910) 등이 있다. 윈첼 스미스(Winchell Smith)의 『백만장자 브루스터』(*Brewster's Millions*, 1906)와 『재산을 노리는 구혼자』(*The Fortune Hunter*, 1909)는 특히 소극-드라마에 속한다(Wilson 325-26).

회희극'(social comedy)이라 불리기도 하는데, 이러한 부류의 극은 희극적 상황 자체를 목적하기보다 사상이나 관념을 달하는 수단으로 활용한다(Wilson 328). 당대의 특정 사회문제를 다루고 이와 관련된 이슈들을 동시대 관객에게 폭로한다는 점에서 이 극들은 첫 번째 부류와 비교할 때보다 진지한 경향을 띤다. '사회희극' 부류 중 가장 성공적인 작품은 랭던 미첼(Langdon Mitchell)의 『뉴욕의 사상』(*The New York Idea*, 1906)이다. 이 극은 결혼과 이혼을 대수롭지 않게 받아들이는 상류 사회의 태도를 풍자한다(Wilson 328-30).

하지만 가프 윌슨이 지적하는 것처럼 상기한 주제들을 다루는 방식에 있어 '사회희극'이 보이는 진지함은 여전히 만족할 만한 수준은 되지 못한 것이 사실이다.

> [사상오락극의] 접근법은 종종 포복절도할 수준에 이를 정도로 완전히 희극적이었다. 가끔은 가볍고 섬세하게 접근하기도 했다. 또 가끔은 전체적으로 진지한 가운데 재치와 유머를 간간이 발산하기도 했다.
>
> Sometimes the treatment is wholly comic to the extent of being farcical; sometimes it is light and delicate; other times it is mostly serious with only an occasional touch of wit or humor. (Wilson 328)

소위 '사상극'(thesis play)라 불리는 극 장르에 대한 동시대의 관심을 반영하고 있음에도 불구하고 이러한 부류의 극들은 여전히 희극적인 성격을 유지했다. 극 전개 과정에서 사상을 전달하는 수단으로 희극적 상황들이 빈번하게 개입함으로써 사상 자체의 심각성이 희석되고, 그 결과 사상과 희극적 상황 간의 관계는 애초 의도와는 다른 방향으로 전세가 역전되는 결과를 초래했다. 자연 무대를 바라보는 관객의 입장에서 극의 초점이 사상에서 희극적 상황으로 진지함에서 흥행적 요소로 이동했다. 요약하면 언급한 두 부류의 극들이 최종적으로 발하는 효과는 사상이라는 진지한 요소를 탑재했다는 사실 여부와 상관없이 의도했든 의도하지 않았든 결국엔 흥행이라는 가치로 수렴되었던 것이다.

세 번째 부류인 현실도피낭만극은 말 그대로 낭만적 현실도피 혹은 현실도피적 연애담을 주제로 한다. 이 극들에서 발견되는 낭만적 연애담은 대부분 태생적으로 이국적인 소재인데, 이들은 종종 초자연적 세계나 동아시아 혹은 중동 지역의 지방색이 농후한 동양적 장면과 한데 어우러졌다. 대표적인 예가 데이비드 벨라스코(David Belasco)와 존 루터 롱(John Luther Long)이 공저해 1900년 3월 5일 뉴욕에서 초연된 『나비부인』(*Madame Butterfly*)이다. 아서 홉슨 퀸(Arthur Hobson Quinn)이 “일본의 비극”(“tragedy of Japan”, 177)이라 명명한 이 극은 일본을 배경으로 미국 해군 병사와 일본 여인 초초상(Cho-Cho-San)의 사랑 이야기를 전한다. 미국 병사는 여인을 버리고 본국으로 떠나고, 홀로 남은 여인은 남성의 배신 행각을 깨닫고 자살로 생을 마감한다. 20세기의 첫 십 년대를 대표하는 또 다른 현실도피 낭만극으로 에드워드 노블록(Edward Knoblock)의 ‘아라비안나이트’풍 낭만극 『키스밋』(*Kismet*, 1911), 리처드 툴리(Richard W. Tully)의 『낙원의 새』(*The Bird of Paradise*, 1912)와 『텐트공 오마르』(*Omar the Tentmaker*, 1912)이 있는데, 툴리의 두 작품은 각 하와이와 고대 페르시아를 배경으로 한다. 그 외에 에드워드 셸던(Edward Sheldon)의 『낙원의 정원』(*The Garden of Paradise*, 1914)은 덴마크 작가 안데르센의 동화 ‘인어공

주’(Little Mermaid)에서 소재를 취한 극이다(Quinn 129-134, 177-180). 상기한 이국적 주제들은 화려하고 흥미진진한 볼거리로 포장되어 무대 위에 재현되었고, 이러한 환상적 무대로의 몰입을 통해 관객들은 일상의 노동과 스트레스에서 ‘도피’해 한시적이나마 기분 전환을 만끽할 수 있었다. 세 번째 부류의 극들이 천착한 현실도피라는 낭만적 주제는 다분히 흥행적 성격을 지녔다.

[그림 04] 『키스밋』 초연 때 하즈(Hajj) 역의 오스카 애쉬(Oscar Asche). 1911년 11월 29일 자 《배니티페어》(*Vanity Fair*) 게재. 호주국립도서관 소장. ©wikipedia.org

[그림 05] 『낙원의 새』 신문 광고 (1916년경) ©wikipedia.org

앞서 본 것처럼 상기한 세 부류의 극들은 내용과 형태의 차이에도 불구하고 단 하나의 동일한 목적을 공유했다. 그것은 대중을 즐겁게 하는 것이었고, 이는 다름 아닌 흥행 수입이라는 궁극적 목적으로 귀결될 것이었다. 대중적 인기와 흥행 성공으로 요약되는 당대 미국 연극업계의 궁극적 목적 아래, 사상이나 낭만적 주제와 같은 내용적 측면은 보다 자극적이고 화려한 볼거리 창출을 위한 수단적 요소로 기능이 제한되었다. 결과적으로 세기의 전환기에 유럽에서 사상이라는 요소가 ‘사실주의극’(realism drama) 태동의 핵심 가치로 부상하면서 사회 개혁이라는 시대 요구에 대한 문학계의 ‘현실 참여’ 역할을 이끌었다면, 동시대 미국의 경우 사상이라는 요소는 사회문제를 반영하는 거울로서 발전할 잠재성을 갖는 데 실패했던 것이다.

네 번째 부류인 사상낭만극에서 다루어지는 낭만적 주제의 경우, 세 번째 부류 극에서 발견되는 낭만적 주제와는 차별된다. 즉 사상낭만극은 미국의 토착 연애담을 소재로 한다. 또한 세 번째 부류의 극들이 언급했듯이 관객에게 하룻밤의 도피적 위안을 제공하는 것을 최선의 목적으로 삼은 반면 사상낭만극은 말 그대로 사상이라는 요소를 전방에 내세워 궁극적인 목적으로 표방했다. 윌리엄 본 무디의 『대분수령』이 바로 이 부류를 대표하는 작품이다.

이 극은 두 개의 지리적 배경을 갖는데, 애리조나에 위치한 야생의 광야와 매사추세츠의 문명화된 도시가 그것이다. 극 중 여주인공 루스 조던(Ruth Jordan)은 뉴잉글랜드 출신의 아가씨로 오빠가 개발 중에 있는 애리조나 목장에 체류하던 중 오빠의 오두막에 홀로 남게 된다. 그때 술에 취한 세 명의 부랑자가 오두막을 침입해 루스를 겁탈하려 한다. 위기를 모면하기 위해 루스는 무리 중 가장 젊고 잘생긴 겐트(Ghent)에게 거래를 제안한다. 즉 자신을 구해 준다면 그와 결혼하겠다는 것이다. 거래를 수락한 겐트는 일행 중 한 명을 돈으로 매수하고 또 다른 한 명은 총싸움 대결을 통해 제거한다. 약속대로 루스가 겐트와 결혼하기 위해 오빠의 오두막을 떠나면서 1막이 끝난다. 극의 나머지는 미국 동부 청교도 사회의 엄격한 '규율'(inhibition)을 대표하는 루스 그리고 미국 서부 변방의 속박받지 않는 삶과 '자유'(freedom)를 대표하는 겐트 사이의 1년에 걸친 갈등에 대한 이야기이다. 그사이 겐트는 광산업을 통해 부자가 되었다. 그는 또한 아내에게 헌신적인 자상한 남편이기도 하다. 하지만 결혼 당시의 치욕스러운 기억을 떨쳐 버리지 못하는 루스는 겐트의 사랑을 좀처럼 받아들이지 못한다. 그녀는 결국 남편을 떠나 매사추세츠의 친정집에 머물면서 자신이 자초한 부끄러운 결혼을 참회하는 나날을 보낸다. 극의 마지막에 이르러, 루스는 참회와 고통만으로 과거의 죄를 씻을 수 없음을 깨닫는다. 그녀는 겐트가 청교도적 시각에서 새로 거듭난 인간일 수 있다는 인식에 도달하고 비로소 자신이 그를 사랑하고 있음을 인정하게 된다.

극의 플롯에서 보듯 『대분수령』에서 가장 두드러진 사상은 '동서 대조'(East-West contrast)이다(Quinn 11-12). 이 주제는 무엇보다 주동인물인 루스와 겐트 사이의 대조적 면모에서 구체화된다. 아서 홉슨 퀸(Arthur Hobson Quinn)의 표현을 빌리자면, 루스가 "동부 뉴잉글랜드의 유서 깊은 가문의 후손이자 청교도 전통과 규율이라는 유산의 상속자"(a product of generations of New England ancestry, of inherited Puritan traditions and inhibitions)인 반면 겐트는 "자신의 충동에 충실하고 스스로 자기 삶의 입법자일 수 있는 서부의 자유로운 영혼"(the freer spirit of the West, who is the master of his own impulses and is his own lawgiver)이다(11-12). 퀸의 묘사에서 감지하듯 두 인물은 지리적, 도덕적, 문화적 측면에 걸친 다층적 측면에서 대립 쌍을 이루는데, 구체적으로 동부 뉴잉글랜드와 서부 변방의 대립(New England vs. Western Frontier), 기독교 사회의 기성 도덕률과 새롭게 부상하는 보헤미안 정서의 대립(established moral principles vs. uprising bohemian spirit), 규율과 자유의지의 대립(restriction vs. free will), 의존성과 독립성의 대조(dependence vs. independence) 등이 그것이다. 두 인물이 체화하는 다층적 대립 쌍들은 톱니처럼 맞물려 앞서 언급한 '동서 대조'라는 거대 주제를 구축한다.

극 중 '동서 대조' 주제는 당대에 실제 발생했던, 때문에 작가 무디가 익히 잘 알고 있었을 일련의 사건들—'골드러시'(Gold Rush)로 잘 알려진 서부의 금광 개발, 동부 자본과 인력의 서부 유입, 두 지역 문화의 조우 등—을 반영한다. 주목할 것은 글 중 '동서 대조' 주제가 작가 개인의 실제 체험에 기초한다는 점이다. 『대분수령』 집필이 완성될 시점, 무디는 이미 두 번에 걸쳐 서부를 방문한 터였다. 1901년 8월, 무디는 콜로라도의 로키산맥으로 2주간의 야영을 떠났다. 이 여행에서 그는 미국을 동과 서로 가르는 그리고 태평양 방면 물길과 대서양 방면 물길의 분기점이 되는 대륙분수령(the Continental Divide)의 정상에 올랐다(Halpern 116). 무디의 전기 작가 마틴 할펀(Martin Halpern)이 주장하는 것처럼 무디가 야생의 서부에서 목도한 이 장면이 바로 『대분수령』의 배경이 되었다(116). 1904년 봄 애리조나 사막을 향해 떠난 무디의 두 번째 서부 여행

[그림 06] 미국의 동서를 가르는 대륙 분수령들 ©wikipedia.org

[그림 07] 오색사막, 애리조나 ©wikipedia.org

은 『대분수령』의 배경 설정에 보다 직접적인 영향을 미쳤다. 특히 무디가 오색사막(the Painted Desert)의 험준한 자연미에서 얻은 영감은 극의 1막과 2막의 지리적 배경으로 가시화되었다(Halpern 117).

리차드 무디(Richard Moody)를 위시해 많은 비평가들이 이 극의 애리조나 배경을 '사실적'(realistic) 혹은 '그림같이 생생한'(picturesque) 것으로 평했다(727). 이 극에서 발견되는 소위 '그림 같은 사실주의'(picturesque realism)는 관객 대중의 눈을 즐겁게 하려는 목적은 물론, 미국 사회의 당대의 관심사에 대한 거울처럼 비추어 주는 보다 중요한 역할을 수행한다. 이 점은 『대분수령』을 첫 번째 부류인 오락극과 차별되게 하는 이유 중 하나이다. 또한 두 번째 부류인 사상오락극의 경우와 달리, 『대분수령』이 취하는 낭만적 주제는 흥미진진한 볼거리 창출을 넘어 동부와 서부라는 문화적·지리적 공간의 충돌과 이에 대한 당대 미국 시민의 정서적 반응을 반영하는 진지한 사상을 제시한다. 마지막으로 세 번째 부류인 현실도피낭만극의 경우와 달리 『대분수령』에 등장하는 낭만적 공간은 이국적 환경이 아니라 미국의 토착 환경을 제시한다. 이런 점에서 이 극의 배경, 특히 애리조나의 야생적 풍광이 발산하는 사실적 기법과 느낌은 기존의 미국 연극계가 천착해 온 스펙터클 사실주의를 넘어, '시사적 사실주의'(topical realism)라는 새로운 미국적 문학 전통을 제시하는 것으로 볼 수 있다.

윌슨이 사상낭만극으로 분류한 『대분수령』은 낭만적 주제의 독창성과 사상 중심성이라는 측면에서 이처럼 상기한 세 부류의 동시대 극들과 차별된다. 최소 이 두 가지 특징은 1906년 초연 직후 이 극에게 헌정된 '미국 드라마의 새로운 이정표'라는 문학사적 의미가 지극히 타당한 것임을 입증하는 중요한 증거가 된다.

3. 동서 대조, 미국적 주제

해결해야 할 숙제가 여전히 남았다. 리처드 무디와 가프 월슨은 어떤 근거에서 『대분수령』을 미국 최초의 현대 드라마로 선택했을까? 이러한 결정에 이르기 위해 두 학자는 이 극이 동시대 극들과 차별되는 심지어 이 극이 속한 네 번째 부류인 사상낭만극과도 차별되는 특별함을 분명 발견했을 것이 분명하지만, 정작 두 학자는 구체적인 이유를 적시하지 않고 있다. 다만 월슨의 언급을 통해 『대분수령』이 갖고 있는 것으로 여겨지는 현대성이 어떠한 것인지를 간접적으로 확인할 수 있고, 또한 이를 바탕으로 구체적 근거를 추론해 볼 수 있다.

> 이 극은 멜로드라마, 감상주의, 인위적 행동이라는 고질병으로부터 자유로운 그리고 진중한 주제에 설득력 있는 극적 의상을 입힐 수 있는 미국 태생 극작가를 선보인다.
>
> It shows a native dramatist who is free of the blight of melodrama, sentimentality, and contrived action and who is able to clothe a significant theme in convincing dramatic apparel. (340)

위 언급에서 주목할 것은 무디를 '진중한 주제에 설득력 있는, 극적 의상을 입힐 수 있는 극작가'라고 표현한 부분이다. 바꿔 말하면 극작을 통해 진지한 사상을 도출시키고 이것을 신빙성 있는 현실적 주제로 이끌어 내는 데 무디가 성공했다는 것이다. 부인할 수 없는 사실은 윌슨이 지적한 상기한 면모가 기실 네 번째 부류에 속하는 다른 극들에서도 자주 발견된다는 것이다. 일례로 동시대 작가 퍼시 맥케이(Percy McKaye) 역시 진지한 사상을 지닌 극을 집필했다. 그의 사회문제극(social problem play) 『반결혼』(*Anti-Matrimony*, 1910)은 제목이 암시하듯 결혼 문화와 관련된 동시대 도덕성을 풍자하고 사상극(thesis play) 『내일』(*Tomorrow*, 1913)은 우생학(eugenics)의 중요성을 다룬다. 이처럼 맥케이는 윌슨이 지적하듯이 "미국 연극계에 보다 진지한, 보다 고양된, 보다 신중한 종류의 드라마의 실례를 제공했던" 것이다(Wilson 336, 337). 때문에 극작가 무디가 진중하고 설득력 있는 사상을 작품 속에 끌어들였다는 것 자체가 윌슨이 지적한 『대분수령』이 지니는 특별함, 다시 말해서 이 작품이 미국 드라마의 새 이정표일 수 있는 타당성을 입증하는 충분한 근거는 되지 못한다. 이 시점에서 논의의 방향은 수정을 요하게 된다. 즉 이 극이 특별함을 '어떻게' 극대화하고 있으며, 결과적으로 다른 작품들과의 차별성을 확보하고 있는지 문제로 논의 방향이 옮겨져야 한다는 말이다. 이런 관점에서 필자는 극작가 무디가 극 속에 진중한 사상을 도출하고 있을 뿐 아니라 이를 전면에 표방하

[그림 08] 퍼시 맥케이 초상 ©wikimedia.org

여, 그 진지함을 희석하지 않고 시종일관 작품의 중심으로 살아남을 수 있게 한다는 사실에 주목하고, 이것을 『대분수령』이 갖는 특별함에 대한 타당한 근거 가능성으로 삼고자 한다.

앞서 말했듯이, 『대분수령』에서 가장 두드러진 사상은 '동서 대조' 주제이다. 이 주제는 극의 초입부터 등장해 막과 장이 이어지는 동안 한순간도 주도권을 잃지 않는다. 남녀 주인공의 낭만적 사랑 이야기를 포함해 작품에서 발견되는 매력적인 멜로드라마적 요소들이 많음에도 불구하고 이 주제는 한시도 독자와 관객의 주의로부터 벗어나지 않고 극의 마지막 장면까지 긴장감을 유지한다. 예를 들어, 1막은 남부 애리조나에 위치한 오두막집에 대한 상세한 묘사로 시작한다. 오두막의 실내는 변방에서의 살아가는 데 필요한 가재도구 일색이며, 이는 서부의 야생적 풍광에 대한 발현인 것이다.

> 남부 애리조나에 있는 필립 조단의 오두막 실내. 때는 어느 봄날의 늦은 오후. 조악하게 지어진 너른 방 곳곳에 담요, 오지그릇, 총기류, 지역 인디언 부족민의 성상들로 장식되어 있고, 벽에는 사냥의 노획물, 사냥칼, 말안장, 고삐, 말 등에 걸 자루, 밧줄, 그 밖에 변방 생활의 가재도구들이 걸려 있다. 방 뒤편 아래쪽에 길게 난 창문을 통해 내다보이는 사막은 강렬한 빛깔을 발하고 있으며, 군데군데 화려한 꽃이 만개한 거대한 선인장의 거친 자태로 덮여 있다.

> Interior of Philip Jordan's cabin in southern Arizona, on a late afternoon in spring. A large room rudely built, adorned with blankets, pottery, weapons, and sacred images of the local Indian tribes, and hung with trophies of the chase, together with hunting-knives, saddles, bridles, nose-bags for horses, lariats, and other paraphernalia of frontier life.

Through a long low window at the back the desert is seen, intensely colored, and covered with the uncouth shapes of giant cacti, dotted with bunches of gorgeous bloom. (728)

위의 장면은 당대 독자들이 무대를 통해 간절히 보고자 했던 그림일 수 있다. 당시 동부의 미국 시민들은 서부에 대한 묘한 동경에 사로잡혀 있었다. 1850년대에 서부 캘리포니아 지역에서 금광이 발견되면서 일확천금을 꿈꾸는 동부인이 대거 서부로 쇄도했고, 이는 '골드러시'(Gold Rush)라 불리는 서부 이주 붐을 낳았다. '서부를 쟁취하라'(winning the West)라는 표어는 미국 전역에 팽배한 시대의 정신이 되었으며, 이는 반대급부로 서부에 대한 동부인들의 상상과 기대감을 더욱 부채질했다.[61] 동부인들에게 비친 서부는 아메리칸드림을 실현시켜 줄 잠재적 유토피아였던 것이다. 이러한 정황으로 미루어, 상기한 『대분수령』의 1막 무대 장면은 단지 서부에 대한 묘사라는 이유만으로도 초입부터 관객 혹은 독자의 열광적인 환영을 받아 내기에 충

61 미국 26대 대통령 시어도어 루즈벨트(Theodore Roosevelt, 1858–1919)의 문집 『서부의 쟁취』(*The Winning of the West*)가 발간된 것은 『대분수령』의 초연 1년 전인 1905년의 일이었다. 이 문집의 제목은 '서부를 쟁취하라'는 국가적 시대정신을 반영한다. 아울러 '카우보이' 기질을 타고난 루즈벨트 대통령 자신이 19세기 말에서 20세기 초반에 걸쳐 전역에 팽배한 '남성적 미국'(masculine America)과 '변방 개척정신'(frontier spirit)의 모델이었다. '서부를 쟁취하라'는 시대정신은 대중오락 매체와 공간을 통해 전용됨으로써 대중 속에 자연스럽게 침투했다. 예를 들어, 애니메이션 영화 〈서부를 쟁취하라〉(*Wining the West*, 1946)는 서부에 이주한 생쥐 정착민들을 인디언으로부터 구해 주는 마이티 마우스(Mighty Mouse)라는 영웅적 동물 캐릭터를 선보였다. 유사한 제목의 〈서부의 쟁취〉(*Winning of the West*, 1953)는 무법자 무리와 이들로부터 가족과 마을을 보호하려는 서부 개척민들 간의 총격을 주요 테마로 한 전형적인 '웨스턴 마카로니'(western macaroni) 영화이다.

분했다. “변방 생활의 가재도구”(paraphernalia of frontier life, 728)는 ‘문명화된’ 관객들의 야생의 풍광을 향한 도피적 열망을 재촉했을 것이고, “거대한 선인장의 거친 자태”(uncouth shapes of giant cacti, 728)는 서부에 존재하는 미지의 세계에 대한 뉴욕 사람들의 상상력을 촉발시켰을 것이며, “지역 인디언 부족민의 성상”(sacred images of the local Indian tribes, 728)은 원시 세계에 대한 속세 인간들의 호기심을 자극했을 것이다.[62]

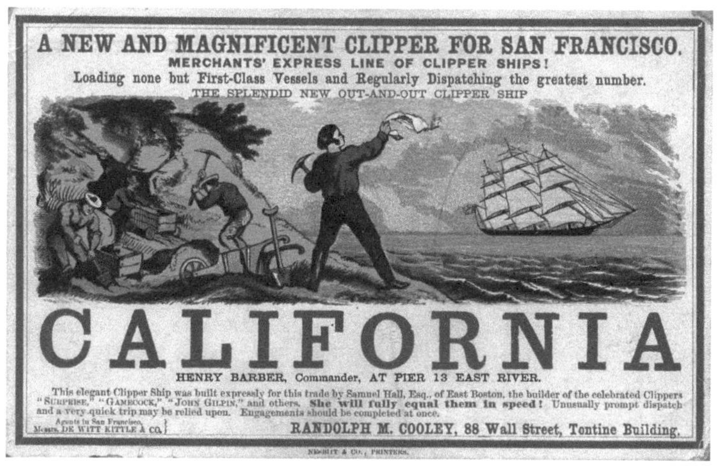

[그림 09] 골드러시 붐이 낳은 캘리포니아행 쾌속 범선 광고(1850년 1월) ©wikipedia.org

동시대 극작품 대부분이 그러하듯이, 이러한 무대 설정은 잠재성 측면에서 관객의 눈을 즐겁게 만들 수 있는 오락적 성격이 다분했다. 이 무대 지문에 이어지는 극 행동은—두 남녀 주인공의 우연한 만남

62 극 중 무대 지문에서 묘사된 지역 인디언의 성상들은 작가 무디가 1904년 애리조나 여행 중에 경험한 호피족 인디언(the Hopi Indians)과의 만남에서 비롯되었다.

과 사랑의 전개—낭만적 멜로드라마에 대한 관객 대중의 일반적 기대를 지속적으로 충족시키기에 부족함이 없다. 때문에 최소 2막이 종료될 때까지, 『대분수령』은 앞서 언급한 세 부류에 속하는 극들—오락극, 사상오락극, 현실도피낭만극—과 특별히 차별성을 드러내지 않는다. 아울러 이 시점까지 이 극은 '서부'라는 주제를 제외하고는 네 번째 부류인 사상낭만극에 속하는 동시대 여타 극들과도 딱히 차별될 만한 특별한 점을 제시하지 않는다. 하지만 3막의 시작과 함께 『대분수령』은 다른 극들처럼 평범하지 않음을 그리고 1막에서 제시한 서부에 대한 묘사가 단지 관객을 즐겁게 하려는 오락적 목적에 있지 않음을 처음으로 증명해 보인다. 3막은 동부에 위치한 여주인공 루스의 친정집에 대한 묘사로 시작한다.

> 매사추세츠주 밀포드 코너스에 있는 조단 부인의 집 거실. 빛이 바랬지만 예전의 기품을 여실히 드러내는 고풍스러운 뉴잉글랜드풍 실내다. 벽에는 가족의 초상화들이 걸려 있다. 몇몇은 18세기 성직복 차림, 한 명은 독립전쟁 당시 제복 차림이다. [⋯] 뒤편으로 벽난로가 있고 그 위로 난 창문에 커튼이 드리워져 있다. 왼편에는 램프, 책, 잡지가 놓인 작은 탁자가 있고, 오른편 벽난로 근처에 램프와 반짇고리가 놓인 바느질 탁자가 있다. 책장과 책상이 방 앞쪽 반대편 구석을 차지하고 있다.

> Sitting-room of Mrs. Jordan's house at Milford Corners, Massachusetts. An old-fashioned New England interior, faded but showing sings of former distinction. The walls are hung with family portraits, several in clerical attire of the eighteenth century, one in the uniform of the Revolutionary War. [⋯] At the back is a fireplace, flanked by windows, the curtains of which are drawn. On the left is a small table, with a lamp,

books, and magazines; on the right, near the fireplace, a sewing table, with lamp and sewing-basket. A book-case and a writing-desk occupy opposite corners of the room, forward. (748)

"고풍스러운 뉴잉글랜드풍 실내"라는 표현에서 보듯 루스의 모친인 조던 부인의 방은 오랫동안 잘 정돈된 모습을 띠며, 이는 애리조나의 광야에 방치되듯 서 있는 루스의 새로운 거주지와 대조된다. 이 지점에 이르러, 극장에 운집한 동부 관객들은 일견 친숙한 그림과 마주치게 되는데, 이러한 무대 세트는 그들의 눈에 그리 흥미롭거나 매력적인 대상이 아니다. 만약 관객들이 1막에서 보았던 서부의 무대 세트를 기억하고 있다면, 그들은 자연스럽게 현재 목도하는 동부의 무대 세트와의 '차이'를 감지하게 되고, 결과적으로 '동서 대조'라는 핵심 주제에 대한 인식을 목격하게 된다. 다시 말해서, 극 초반에 관객의 눈을 자극했던 '서부'의 이미지와 주제는 관객의 기억 속에 잠재되었다가 극의 말미에 소환되는 과정을 통해, 초반의 생명력을 상실하지 않고 다시금 무대를 지배한다. 동부 가정의 실내라는 공간 속으로 재생된 광활한 서부의 이미지와 주제는 동부의 이미지와 주제와 팽팽한 긴장을 유지하면서 한데 어우러짐으로써 '동서 대조' 주제를 시각적·정서적으로 완성하는 것이다.

여기서 주목할 것은 무대 위 소품들이 물질성에서 상징성으로 변모하고 급기야 '동서 대조'라는 추상성을 강화하게 이끄는 소위 '대위법 병치'(contrapuntal juxtaposition)라는 메커니즘이다. 3막의 무대 지시문에 거론되는 다양한 물건들은 자체로 특별한 상징적 의미를 갖지 않는다. 당시 유럽에서 한창 유행하던 사실주의 또는 자연주의 무대 관행을 시연하듯, 무대 세트를 채우는 이 물건들은 '생의 한 조각'(a slice of life)을 고스란히 반영하는 일상의 가재도구일 뿐이다. 그러나 1막에서의 변방 생활에 대한 기억이 재생되어 3막을 바라보는 관객의 정서에 침투하게 되면서, 3막 무대 소품들은 관객의 기억 속에 내재한 1막의 무대 소품들과 병치를 이루게 된다. 그 결과, 3막의 무대 소품들은 원래의 물질성에 덧붙여, 1막의 무대 소품이 상징하는 '서부'라는 추상적 사상과 대조되는 '동부'라는 대위법적 상징성을 띠게 된다. 관객의 기억에 각인된 '서부'와 그들이 눈에 비친 '동부'는 궁극적으로 '동서 대조'라는 거대 사상을 견인한다.

일례로 1막의 무대를 장식하는 서부 변방 생활의 가재도구—총기류, 사냥의 노획물, 사냥칼, 말안장, 고삐, 밧줄 등—에 대한 기억과의 대위법 병치를 통해, 3막 무대를 채운 물건들—벽난로 가구, 책, 잡지, 책장, 책상 등—은 문명(civilization)을 상징하게 되고 반대급부로 1막의 소품들은 야생 혹은 야만성에 대한 상징물이 된다. 두 장 모두에 등장하는 창문의 경우, 이러한 대위법 병치 메커니즘을 통해서 두 개의 상반된 의미를 갖게 된다. 즉 1막에서 강렬한 빛깔의 사막이 내다보이는 창문은 서부 지형의 광활함과 개방성을 상징하며, 연쇄작용으로 남자 주인공 겐트의 자유분방한 성경을 재현한다. 반면 3막에서 커튼이 처진 창문은 동부 전통 사회의 고립성과 배타주의에 대한 상징이 되며, 나아가 여주인공 루스에게 요구되는 도덕적 원칙과 엄격성을 재현한다. 동부와 서부의 지역적·문화적 대조는 심지어 이교(paganism)와 기독교(christianity) 간의 대조로까지 확장되는데, 이는 1막에서 "지역 인디언 부족민의 성상들"(728)과 3막에서 "18세기 성직복 차림의 초상"(748) 간의 대위법 병치에서 효과적으로 가시화된다. 이러한 상징적 장치를 극작에 도입한 것은 우연의 결과라기보다 '동서 대조'의 다층적 성격을 강화하기 위한 작가의 의도로 볼 수 있으며, 이 점은 극작가 무디의 생애를 탐구해 온 학자 데이비드 헨리(David D. Henry)의 아래와 같은 진술에서 확인된다.

> 루스와 겐트의 충돌은 동부의 오래된 청교도 문명과 신개척지 서부의 대담하고 충동적인 기질 간의 상징적 충돌을 함의한다. 무디가 이러한 의미를 우리에게 선사할 의도였음은 의심의 여지가 없다.

> [T]the conflict between Ruth and Ghent as a symbolic conflict between the age old Puritanic civilization of the East and the daring, bold impulse of the new West. There is no doubt that Moody intended to give us this representation. (Henry 190)

이처럼 대위법 병치 메커니즘은 동부의 무대 공간에 서부의 사상을 소환시켜 두 대조적 주제를 충돌시키고 궁극적으로 하나의 거대 주제로 융합시킴으로써 '동서 대조' 주제를 극의 구심점으로 전면에 부각시키는 한편, 상기한 주제가 극의 초반부터 마지막까지 시종일관 관성을 잃지 않고 팽팽한 긴장감을 유지하도록 견인한다.

대위법 병치는 극 중 작가의 표현주의(expressionism) 기법 실험에서도 발견된다. 극작·연극 기법으로서 표현주의는 "인간 정서와 정신 상태의 외적 표출"(outward projection of human emotions and mental state)로 간단히 정의된다(Brockett 433). 대표적인 예가 2막에서 무대 배경 그림의 채도와 명도가 변화하는 장면이다. 막이 오르면 겐트와 루스의 서부 신혼집이 보인다. 둘이 거주하는 오두막은 광대한 산세가 내려다보이는 언덕에 자리하고 있으며, 저 멀리 산자락과 봉우리들이 "오후의 볕에 심홍색으로 물들어 있다"(crimsoned by the afternoon light, 737). 새신랑 겐트는 이곳 사랑의 보금자리에서 루스와의 행복한 앞날을 기대하며 '핑크빛' 단꿈에 젖어 있다. 막 초반 심홍색으로 물든 산의 모습은 겐트의 내면 상태에 대한 외적 표출인 것이다. 이와 대조적으로 루스는 여전히 겐트의 사랑을 받아들일 생각이 없다. 오히려 그녀는 겐트로부터 벗어나고자 안간힘을 쓴다. 결국 그녀는 결혼 서약의 상징인 목걸이를 풀어 겐트에게 돌려주고 애리조나를 떠나 매사추세츠에 있는 친정집으로 떠난다. 홀로 남은 겐트는 멀어져 가는 루스를 망연자실 쳐다볼 뿐이다. 2막의 끝에 "석양빛이 스러지고, 산자락엔 어느새 어둠이 내려앉아 있다"(the sunset light has faded, and darkness had begun to settle over the mountain world, 748). 동부로 떠나가는 연인을 멍청히 바라볼 수밖에 없는 서부 사내의 괴로운 심정이 희미해지는 석양빛과 산자락의 어둠이라는 외적 환경에 투사되는 방식을 통해, 켄트의 외로움이 효과적으로 표출된다.

요약하면 미국 드라마의 새로운 이정표로서 『대분수령』의 위치는 단순히 이 극이 진지한 사상을 다루고 있다는 점에서뿐만 아니라, 상기 주제를 전면에 내세워 마지막 순간까지 진지함을 잃지 않음으로써 오락적 가치를 지배하는 극의 핵심 요소로 이끌고 있다는 점에서 입증된다. 아울러 상징주의와 표현주의 연극 기법의 실험은 진지한 주제의 전면 부각이라는 목표를 위한 실질적 전략으로 기능한다. 바렛 클라크(Barret Clark)는 극작가 무디가 미국 드라마에 "어떤 가능성들로 향하는 길을 제시했다"(pointed a way to what possibility lay beyond, 258)고 말한다. 상기한 무디의 극작 의도와 연극적 실험은 클라크가 말한 '가능성들'의 구체적 형태일 것이다.

4. 미국 드라마의 '대분수령'

앞서 언급한 '가능성들'—오락적 기능에 우선해 진지한 사상을 극의 전면에 부각시키려는 무디의 의도와 이러한 의도를 현실화할 실천 전략으로서 연극적 실험으로 요약되는—에 대한 이해는 미국 드라마의 새로운 이정표라는 『대분수령』의 문학사적 위상을 재고하는 데 도움을 준다. 무엇보다 이 극은 상징주의와 표현주의 연극 실험이 상업적 성공으로 이어질 수 있는 문을 열었다는 점에서, 또한 이는 당대 미국 연극 산업의 관행에 지대한 영향을 끼쳤다는 점에서 새로운 이정표였던 것이다.

유럽의 연극계가 수 세기에 걸쳐 '후원제도'(patronage system) 전통의 수혜를 받아 국가와 종교단체의 경제적 지원을 받아 왔던 것과 달리, 외부의 경제적 지원이 태생적으로 전무했던 미국 연극계는 흥행 수입에 전적으로 의존해야 했다. 이러한 환경 속에서 미국의 연극 시장에서 생존하기 위한 최대 관건은 무엇보다 흥행 성적과 상업적 성공이었다. 이런 관점에서 볼 때 『대분수령』이 오락성보다 사상과 주제라는 가치에 방점을 두고 있다는 사실은 분명 당대 미국 연극계의 관행에 역행하는 일이었다. 그러나 결과는 예상 밖이었다. 1906년 프린세스 극장(Princess Theatre)에서의 초연은 흥행을 예견했고, 이는 무디가 그의 절친 데니얼 그레고리 메이슨(Daniel Gregory Mason)에게 보낸 10월 12일 자 편지에서 확인되는데, 내용에 따르면 초연 당시 이 극에 대한 관객의 반응은 "우레와 같은"(a sea of storm) 것이었다(Mason 162).[63] 초연 이후 한 주 분량의 입장권이 서너 일 전부터 매진 사례를 이루었고, 매일 밤 수백 명에 달하는 이들이 표를 구하지 못하고 집으로 돌아가야 했다(Mason 162). 초연 직후 이어진 전국 순회공연에서 이 공연은 2년여의 장기 흥행을 구가했다. 이 극은 또한 1917년에 무성영화(silent film), 1924년에는 발성영화(talkie film)로까지 제작되어 상영됨으로써 당시의 인기를 확인했다(Halpern 118).

[그림 10] 데니얼 그레고리 메이슨 초상 ©wikipedia.org

『대분수령』의 성공은 동시대 미국의 상업 연극계에 변화를 가져왔다는 점에서 일종의 충격이었다. 이러한 점은 뉴욕의 헤럴드 스퀘어 극장(Herald Square Theatre)의 배우 겸 극단장이었던 류 필즈(Lew Fields)의 반응에서 입증된다. 『대분수령』이 한창 대중적 인기를 구가하던 무렵 그의 극단은 헤럴드 스퀘어 극장에서 뮤지컬 코미디 『마을 어귀』(*About Town*)를 공연 중에 있었다. 당시 공연 리뷰에 따르면, "여성과 의상의 만화경"(a Kaleidoscope of Girls and Costumes)이라는 부제를 단 이 극은 프랑스 마을을 배경으로 여성 코러스 가수들로 꽉 찬 무

63 데니얼 메이슨은 피아노 제조업체 메이슨 앤드 햄린(Mason & Hamlin Co.) 회사의 창업주인 헨리 메이슨(Henry Mason)의 아들이다. 1894년 봄 우연한 첫 만남 이후 데니얼 메이슨과 무디는 음악과 문학에 대한 관심을 공유했다. 데니얼 메이슨에 대한 자세한 정보는 *Maurice F. Brown, Estranging Dawn: The Life and Works of William Vaughan Moody*(Carbondale: Southern Illinois UP, 1973)을 참고할 것.

대를 선보였는데, 무대 위 여성들은 노래하고 춤추는 가운데 빈번하게 다채로운 의상을 갈아입는 진풍경을 연출했다(*New York Times*, 13 Aug. 1906). 이처럼 『마을 어귀』는 전적으로 관객의 눈을 즐겁게 하기 위해 의도된 오락 연극의 전형이었다.

[그림 11] 류 필즈 초상
ⓒwikipedia.org

『대분수령』 초연 약 일주일 후인 10월 11일, 《뉴욕타임즈》는 흥미로운 기사를 게재했다. 내용인즉 류 필즈가 『대분수령』을 익살 희극(burlesque) 형식으로 각색해 공연을 준비 중이고, 원작을 참조하기 위해 자신의 극단 배우들을 이끌고 그날 오후에 『대분수령』이 공연 중인 프린세스 극장을 찾을 예정이라는 것이었다. 또한 필즈가 일주일 이상 원작을 탐독했으며, 『대결정』(*The Great Decide*)이라는 제목의 각색본이 신속하게 집필 중이라고 기사는 덧붙였다. 아울러 기사는 재미난 정보를 추가로 전했는데, 필즈의 각색 극이 '성전환 배역'(transsexual characterization)을 선보일 것이며, 필즈 자신이 여주인공 루스를 연기하고 극단의 주연급 여배우가 겐트 역을 맡을 것이라는 내용이었다(New York Times, 11 Oct. 1906). 필즈의 이 같은 노력—흥행작의 대중적 인기에 편승하고 성공 요소를 전용하는 등—은 흥행 성공이 당대 미국 연극계가 지향하는 최선의 목적이었을 감안할 때 매우 당연한 반응으로 이해된다. 특히 남녀의 '옷 바꿔 입기'(cross-dressing)이라는 기발한 장치의 고안은 관객으로부터 웃음을 유발해 내려는 필즈의 상업적 의도를 잘 반영한다.

그러나 결과는 예상을 벗어났다. 필즈가 각색한 『대결정』은 신문지상에서 보도한 그의 애초 계획과 달랐던 것이다. 초연일인 1906년 11월 15일 밤, 관객은 성전환 배역이라든가 남녀의 옷 바꿔 입기 같은 것은 전혀 보지 못했다. 당시 공연 리뷰에 따르면, 겐트 역은 남자배우 F. 데일리(F. Daily)가 연기했고 루스 역은 여성 배우 블랑슈 링(Blanche Ring)이 연기했다(*New York Times*, 16 Nov. 1906). 애초 계획이 갑자기 변경된 이유에 대해서는 알려진 바 없다. 하지만 극단장 류 필즈의 이 같은 '대결정'이 초래할 결과는 분명했다. 그의 각색극 『대결정』은 원작 『대분수령』의 속편에 다름 아니었던 것이다. 단, 원작과 달리 이 속편은 인디언의 무언극과 춤, 화려한 의상으로 단장한 여성무희들의 합창 등 관객의 눈을 즐겁게 할 다채로운 볼거리로 풍미를 더한 '흥겨운' 극이었다. 원작의 플롯과 성 역할이 유지됨으로써, '동서 대조' 주제 역시 각색과 편집의 칼날에도 불구하고 속편 무대 위에서—최소한 겐트와 루스의 '성 대결'(battle of sexes)을 통해서—생존해 있었다.

다른 시각에서 성전환 배역과 남녀의 옷 바꿔 입기 등을 포함한 소위 '복장도착'(transvestism) 장치를 포기한 것은 일견 전통적으로 용인되던 성 역할 관행에 새로운 차원을 부가하는 효과를 창출하기도 한다. 이와 관련해 주목할 점은 『대결정』에서 등장인물의 성별이 원작과 같이 유지됨으로써 오히려 전통적인 남녀의 성 역할이 전복되고 있다는 것이다. 필즈의 각색극에서 루스는 남편감을 직접 선택하는 적극적이고 당찬 여성으로 그려진다. 그녀는 "루스의 오두막에 침입하는 실수"(the mistake of entering the cabin of Ruth)를 범한 세 명의 남자 탈옥수 중 한 명을 골라잡는다. 루스에게 "매수된"(purchased) 겐트는 "자유를 되찾을 몸값을 벌기 위해"(to earn money enough to buy his freedom) 루스 밑에서 허드렛일을 하는 희생양이 된다(*New York Times*, 16 Nov. 1906). 만일 복장도착이 애초 계획처럼 수행되었다면, 무대 위에는 여성 인물을 연기하는 '남자'가 남성 인물을 연기하는 '여성'을 선택하는 그림이 제시될 것이다. 아울러 이 그림을 통해 전통적인 남녀 성 역할은 손상받지 않은 채 온전히 유지된다. 그러나 실제 무대에서 『대결정』은 복장도착 장치를 포기했고, 이러한 결정은 일련의 도발적인 무대 그림을 창출하게 된다. 선택자로서 권위를 누리는 여성, 선택을 기다리는 남성의 수동적 위치, 그로 인한 전통적인 남녀 성 역할의 전복, 궁극적으로 '새로운 여성' 타입 제시가 그것이다.

『대결정』의 초연일인 1906년 11월 15일 밤, 원작가인 윌리엄 무디 역시 객석에 있었다. 장차 아내가 될 연인 해리엇 브레이너드(Harriet Brainerd)에게 보낸 11월 7일 자 편지에서 무디는 필즈의 각색극이 "눈물 나게 웃긴"(excruciating funny) 것이었을 뿐만 아니라 "타당한 사회비판"(sound criticism)도 다분히 포함하고 있다고 평했다(Letter to Harriet 316). '타당한 사회비판'이 무엇인지 구체적으로 설명하지는 않지만, 무디는 상업극의 전형인 이 각색극의 무대에서 진지한 주제 혹은 사상을 읽어 내었던 것은 분명해 보인다.

무디가 말하듯, 각색극 『대결정』 공연은 기존의 익살 희극과는 다소 차별되는 것이었다. 익살 희극이라는 속편의 액면가치 이면에 '동서 대조'라는 원작의 핵심 주제가 관통하고 있었으며, 이 주제는 루스와 겐트의 성 대결을 통해 효과적으로 재현되었다. 아울러 『대결정』은 한 걸음 더 나아가 '새로운 여성'이라는 또 하나의 사상을 익살 희극 특유의 코믹하고 도발적인 방식으로 제시했던 것이다. 상기한 도발성은 의복도착 장치의 포기라는 류 필즈의 '대선택'에서 비롯된다. 상기한 장치의 포기가 결과적으로 전통적인 남녀 성 역할을 전복하는 사뭇 '진중한' 효과를 창출했다는 점에서 그리고 이러한 진중한 이슈를 상업극 특유의 '코믹함'으로 엮어내는 새로움을 선보였다는 점에서 신선한 연극적 실험이라 할 수 있다. 물론 필즈의 '대결정'이 언급한 사상의 진중함을 의도한 것인지, 아니면 단지 흥행을 목적으로 한 것이고 사상의 진중함은 기대하지 않은 부가적 결과였는지는 좀 더 연구되어야 할 문제이다. 무디의 『대분수령』이 "과거와 미래의 경계를 나누는"(marks the dividing line between the past and the future) 미국 드라마의 새로운 이정표가 되었다면(Mailly; quoted in Wolter 252), 원작의 속편인 익살 희극 『대결정』은 의복도착이라는 상투적 희극성을 포기하는 대신 희극 무대에 '진중함'이라는 색채를 확보하는 가능성을 제시했다는 점에서 제목처럼 미국 연극계의 '대결정'이었던 것이다. 마틴 할펀(Martin Halpern)이 지적하듯, 『대분수령』은 "상업극의 진부함을 비범하고 진중한 사상의 중요성에 적응시키는"(adapt commercial-theatre commonplaces to the service of uncommon and serious ideas) 길을 열었으며, 이런 이유로 이 극은 "미국 드라마 사에 있어 하나의 중대 사건"(a major event in the history of American drama)이었다(132).

『대분수령』의 상업적 성공과 당대 연극계에 미친 영향과 함께 간과하지 말아야 할 또 한 가지가 있다. 이 극의 등장으로 인해 미국 연극이 떠안고 있던 고질적인 불명예—흥행 수입과 상업적 성공을 맹목적으로 지향한 나머지 예술적 실험 정신을 태생적으로 결여할 수밖에 없다는 수치스러운 평판과 그로 인해 불거진 영국 및 유럽 연극에 대한 만성적 열등감—를 비로소 청산할 기회가 마련된 것이다. 당시까지 유럽의 드라마는 사실주의(realism)와 자연주의(naturalism) 외에 상징주의(symbolism)와 같은 비/반사실주의(anti-/a-realism) 같은 근대적(modern) 예술 양식의 실험을 통해 한층 성숙해진 사회적·미학적 의식에 도달해 있었다. 반면 미국 드라마는 여전히 전근대적(pre-modern) 극 양식인 멜로드라마 단계에 머물러 있었다. 물론 사실주의적 실험이 있긴 했으나 유럽의 사실주의가 사회적 메시지를 통해 관객을 삶의 진실에 눈뜨게 하려는 고차원적 목적을 지닌 반면, 초창기 미국의 사실주의는 자극적이고 생생한 볼거리 창출로 관객의 눈을 즐겁게 하려는 일차적이고 말초적인 목적을 지향했다. 설상가상 연극계의 뿌리 깊은 상업주의는 미국의 연극 토양에 예술적 실험이 정착할 기회를 지체시키고 있었다. 이런 상황에서 『대분수령』의 등장은 미국 드라마에 상징주의와 표현주의 등 예술 양식 실험이 이미 행해지고 있음을 증명하며, 상기한 미국 연극계의 불명예로부터 자유로워질 수 있는 근거를 마련했다는 점에서 중요성을 갖는다.

실제로 『대분수령』이 초연 3년 후인 1909년 영국 런던에서 공연되었을 때, 지역 언론매체는 이 극이 당대 영국 드라마를 능가하는 우월성을 지녔음을 토로했다.

> 작금의 미국 극작가들은 우리[영국] 극작가들을 감히 비교할 엄두가 나지 않을 정도로 훨씬 앞질러 있다. 이에 대한 좋은 예로서 『대분수령』은 작가의 진지함, 무언가 대단한 것을 무대에 구현하려는 그의 욕망을 잘 드러낸다.

> The people who are writing drama for the American theatres are so far ahead of ours that they can hardly be compared. 'The Great Divide' supplies an excellent example of the American's earnestness, of his desire

to put on the stage something. (Weekly Dispatch, 19 Sept. 1909; quoted in Henry 176)

지금까지 논의한 대로 미국 드라마의 새로운 이정표로서 『대분수령』이 지니는 문학사적 중요성을 재고함으로써, 우리는 당대 언론과 비평가들이 한목소리로 이 극의 새로움과 차별성에 대해 찬사를 보낸 이유를 보다 구체적으로 이해할 수 있다.[64] 동시대 미국 사상극의 열렬한 옹호자 중 한 명인 퍼시 맥케이 역시 미국 드라마의 새로운 이정표로서 『대분수령』의 위상을 인정했다. 극작가 무디에게 헌정한 송시에서 맥케이는 이 극이 말 그대로 미국 드라마의 '대분수령'이라는 점을 분명히 밝혔다.

그 큰 믿음 미국의 기쁨
고귀한 의지로 인류의 조류를 바꾸고
그는 태양이 내려앉은 대분수령 위에 불타오르네
이 미약한 인간은
비좁은 극장 지붕의 지평을 넓혀,
예술에 새로운 자오선을 그었네
더욱 강한 열정의 홍수로
전 세계를 뒤덮어 버렸네
마침내, 우리 피에 흐르는 고귀함을 재촉해

64 《뉴욕 선》(*New York Sun*)은 이 극을 "멜로드라마가 아니라 진정한 창작극의 관점에서"(in the manner not of melodrama but of true and original drama) 비범하고 선풍적인 극이라고 평가했으며(1906년 10월 4일 자, Hewitt 재인용 294), 《뉴욕 타임즈》는 이 극을 멜로드라마 상위 등급으로 분류했다(1906년 10월 5일 자).

멋진 민주국가를 건설하네

The joy of that large faith American
In the high will which turns the human tide
He blazed across the sun-crowned Great Divide
To make in art a new meridian,
Stretching the puny man
Of our pent theatre' roof, to arch a flood
Of mightier passion cosmopolitan
And build, in nobler urgings of our blood,
The excellent democracy of man ("Uriel" stanza xxv)

[그림 12] 『대분수령』 2막 모습. 버지니아 박물관 극장, 리치몬드, 1970년 재공연. ©wikipedia.org

『대분수령』의 사실적인 무대 세트는 관객에게 단순히 흥미진진한 눈요깃거리를 제공하기보다 '동서 대조'라는 극의 핵심 주제를 전달하는 목적성을 띤다는 점에서 동시대 미국의 스펙터클 사실주의 계열의 극들과 차별성을 갖는다. 이 극은 또한 상기한 주제의 진중함이 극의 마지막 순간까지 팽팽하게 긴장감을 유지하면서 시종일관 관객의 마음에 각인되도록 운용함으로써, 현실도피적 로맨스에 천착하는 하룻밤 여흥 목적의 동시대 낭만극들과도 차별된다. 아울러 극작가 무디의 상징주의··표현주의 연극 기법 실험은 상기한 주제의 깊이와 강도를 효과적으로 강화한다. 이처럼 『대분수령』은 동시대 미국 연극의 관행인 '스펙터클 사실주의'를 넘어 소위 '관념적 사실주의'(conceptual realism)이라 할 새로운 연극 전통을 예견하고 있다는 점에서 미국 최초의 현대극이자 미국 드라마의 새로운 이정표가 될 수 있었던 것이다. 『대분수령』의 성공적인 장기 흥행은 진지한 사상과 연극적 실험을 포함한 극도 상업적으로 성공할 수 있다는 가능성을 몸소 보여줌으로써 당대 미국 연극계의 상업주의 관행에 변화를 견인하는 역할을 했다. 이 극이 미국 드라마 전통에 남긴 또 하나 중요한 공헌은 새로운 연극 양식과 기법의 실험을 실천함으로써 미국 드라마가 유럽, 특히 영국 드라마에 예술성 측면에서 한참 뒤처져 왔다는 불명예와 열등감을 떨어내는 근거를 마련했다는 점이다. 미국적 주제와 다양한 연극적 실험으로 무장한 새로운 사실주의를 선보임으로써 그리고 이러한 새로움을 통해 기존 미국 연극 산업의 관행에 변화를 견인함으로써, 윌리엄 본 무디의 『대분수령』은 말 그대로 미국 드라마의 거대한 분수령이 되었던 것이다.

인용 문헌

· Brockett, G. Oscar. *History of the Theatre*. 9th ed. Boston: Allyn and Bacon, 2003.

· Brown, Maurice F. *Estranging Dawn: The Life and Works of William Vaughan Moody*. Carbondale: Southern Illinois UP, 1973.

· Clark, Barrett H. *The British and American Drama of Today*. New York: Henry Holt, 1915.

· Frick, John. "A Changing Theatre: New York and Beyond." *The Cambridge History of American Theatre, Vol II: 1870-1945*. Eds. Don B. Wilmeth and Christopher Bigsby. Cambridge: Cambridge UP, 1999. 196-232.

· Halpern, Martin. *William Vaughn Moody*. New York: Twayne, 1964.

· Henry, David D. *William Vaughn Moody: A Study*. Boston: Bruce Humphries, 1934.

· Hewitt, Barnard. *Theatre U.S.A. 1665 to 1957*. New York: McGraw-Hill, 1959.

· Londré, Felicia Hardison, and Daniel J. Watermeier. *The History of North American Theatre*. New York: Continuum, 1998.

· Mackaye, Percy. *Uriel and Other Poems*. Boston and New York: Houghton Mifflin, 1912.

· Mailly, W. "The Season's Social Drama" [originally in *The Arena* (1907)]. *The Dawning of American Drama: American Dramatic Criticism 1746-1915*. Ed. Jürgen C. Wolter. Westport: Greenwood, 1993. 251-252.

· Mason, Daniel Gregory, ed. *Some Letters of William Vaughan Moody.* New York: Houghton Mifflin, 1913.

· Moody, Richard, ed. *Dramas from the American Theatre 1762-1909*. New York: Houghton Milffin, 1969.

· Moody, William Vaughan. *The Great Divide*. In *Dramas from the American Theatre 1762-1909*. Ed. Richard Moody. New York: Houghton Milffin, 1969.

· -----. *Letter to Harriet*. Ed. Percy Mackaye. Boston: Houghton Mifflin, 1935.

· Wilson, Garff B. *Three Hundred Years of American Drama and Theatre: from* Ye Bare and Ye Cubb *to* Hair. Englewood Cliffs: Prentice-Hall, 1973.

· Quinn, Arthur Hobson. *A History of the American Drama from the Civil War to the Present Day.* Vol. I & II. New York: Appleton-Century-Crofts, 1936.

그림 출처

[그림 01] 물을 사수하라
https://en.wikipedia.org/wiki/Frederic_Remington

[그림 02] 윌리엄 본 무디 초상(1906년)
https://en.wikipedia.org/wiki/William_Vaughn_Moody

[그림 03] 『시골 의원님』의 주연배우 매클린 아버클(Maclyn Arbuckle, 1904년경)
https://en.wikipedia.org/wiki/The_County_Chairman_(play)

[그림 04] 『키스밋』 초연 때 하즈(Hajj) 역의 오스카 애쉬(Oscar Asche, 1911년)
https://en.wikipedia.org/wiki/Kismet_(play)

[그림 05] 『낙원의 새』 신문 광고(1916년경)
https://en.wikipedia.org/wiki/Richard_Walton_Tully

[그림 06] 미국의 동서를 가르는 대륙 분수령들
https://en.wikipedia.org/wiki/Continental_Divide_of_the_Americas

[그림 07] 오색 사막, 애리조나
https://en.wikipedia.org/wiki/Painted_Desert_(Arizona)

[그림 08] 퍼시 멕케이 초상
https://commons.wikimedia.org/wiki/File:Percy_MacKaye_in_1916.jpg

[그림 09] 골드러시 붐이 낳은 캘리포니아행 쾌속 범선 광고
https://en.wikipedia.org/wiki/Gold_rush

[그림 10] 데니얼 그레고리 메이슨 초상
https://en.wikipedia.org/wiki/Daniel_Gregory_Mason

[그림 11] 류 필즈 초상
https://en.wikipedia.org/wiki/Lew_Fields

[그림 12] 『대분수령』 2막 모습
https://en.wikipedia.org/wiki/William_Vaughn_Moody

색인

ㅅ

ㅈ

ㅎ

무대 위의 국가:

초기 드라마에 재현된 미국

초판 인쇄 2020년 10월 08일
초판 발행 2020년 10월 15일

지은이 박정만
발행인 김인철
총괄·기획 윤성우 Director, University Knowledge Press
편집장 신선호 Executive Knowledge Contents Creator
도서편집 이근영 Contents Creator
디자인 우승민 Designer
고승현 Designer
재무관리 하누리 Managing Creator
전자책·사전 장혜린 Contents Creator
발행처 한국외국어대학교 지식출판콘텐츠원
02450 서울특별시 동대문구 이문로 107
전화 02)2173-2493~7 FAX 02)2173-3363
홈페이지 http://press.hufs.ac.kr
전자우편 press@hufs.ac.kr
출판등록 제6-6호(1969. 4. 30)
인쇄·제본 (주)트윈벨미디어 02)2088-1810

ISBN 979-11-5901-800-8 [03940] 정가: 22,000원

* 잘못된 책은 교환하여 드립니다.

HU:NE 은 한국외국어대학교출판부의 어학도서, 사회과학도서, 지역학 도서 Sub Brand이다. 한국외대의 영문명인 HUFS, 현명한 국제전문가 양성(International+Intelligent)의 의미를 담고 있으며, 휴인(携引)의 뜻인 '이끌다, 끌고 나가다'라는 의미처럼 출판계를 이끄는 리더로서, 혁신의 이미지를 담고 있다.